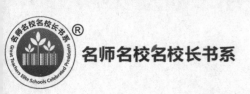

名师名校名校长书系

U0570852

管丽／著

守为育儿

二十年教与学随想录

东北师范大学出版社

长春

图书在版编目（CIP）数据

守着窗儿：二十年教与学随想录 / 管丽著. —长春：东北师范大学出版社, 2019.3
ISBN 978-7-5681-5630-1

Ⅰ.①守… Ⅱ.①管… Ⅲ.①小学—教学研究—文集
Ⅳ.①G622.0–53

中国版本图书馆CIP数据核字（2019）第060119号

□策划创意：刘　鹏

□责任编辑：李占伟　刘贝贝　　□封面设计：姜　龙
□责任校对：刘彦妮　张小娅　　□责任印制：张允豪

东北师范大学出版社出版发行
长春净月经济开发区金宝街 118 号（邮政编码：130117）
电话：0431-84568033
网址：http://www.nenup.com
北京言之凿文化发展有限公司设计部制版
廊坊市金朗印刷有限公司印装
廊坊市广阳区廊万路 18 号（邮编：065000）
2022年6月第1版　2022年6月第1次印刷
幅面尺寸：170mm×240mm　印张：14.5　字数：300千

定价：45.00元

序言

经廿年

经廿年
简历，一间小学而已
溪水静流
潜行，一心教育罢了
白驹过隙
书生意气不误人子弟
初心始终牢记不改
为人师表博爱育学生
匠心情怀最难将息
纤巧粉笔"守着窗儿"
春来秋往圣贤庸行
三尺讲台思量点滴
砥砺教诲大人小心

经廿年
琐碎勤勉
反思之
这些文章
结集聊作纪念
我这二十年
青春时光
教育人生
不返
不短

管 丽

2018 年 8 月 13 日草就

目录

第一篇 教育故事

第二篇　教育成长

第三篇　思考教育

第四篇 创新教育

教育故事

我与文本——教导有方

你喜欢哪个版本

　　翻开《义务教育课程标准实验教科书语文》二年级下册第一单元的第三篇课文《笋芽儿》，在第八页图文并茂的文本中，你会被一行注释吸引——本文根据倪树根作品改写。在备课时，我发现课文改动是非常大的。原文作者倪树根在拟人化的童话散文里，绘声绘色地叙述了笋芽儿克服重重困难钻出地面的生长过程，到"啊，多么明亮，多么美丽的世界呀"结尾，非常饱满地塑造了稚嫩又奋力生长的笋芽儿、温柔的春雨姑娘、有大嗓门的雷公公和慈爱的竹妈妈等形象，让读者读来倍感真实而印象深刻。而本册教材中的这篇文章略去了对笋芽儿如何克服重重困难的具体描绘，跳跃性地用了一个"终于"就让笋芽钻出了地面，接着将明亮又美丽的世界写具体了。我想：这样改动大概是源于本单元的主题是"走进春天，发现美丽"吧！但说句实话，我更加喜欢原文，紧凑而有童趣，童话味更佳，符合二年级学生身心发展的特点，更容易被低年龄段的学生接受。课本中的文字多少有点儿"狗尾续貂"的嫌疑，显得生硬了——当然，这只是我的印象。学生们会喜欢哪个版本呢？还是值得去检验一下的。于是在备课准备素材时，我特意下载了原文的朗读录音。

　　为了让学生在阅读中积累语言，结合语文学习观察大自然，用口头或图文等方式表达自己的观察所得，语文教师在课堂教学中就要做出很好的示范。这节课我采用的是边讲述边绘画的方式，用创设情境的阅读策略引导学生读书，边读边写下关键词促进学生理解，在故事情境内师生共同完成对课文的整体感知和细节品读。具体怎么做呢？在扫清了生字障碍后，我先请学生用自己喜欢的方式读课文，然后齐读，再请个别学生展示读，然后让学生合上书，一起来回顾，到细节处再翻开书读出滋味：

　　师：春天万物萌动，在我们不经意的时候，就会有新生命诞生了！看——（板书采用了简笔画的方式，画了一条水平线，上面长着青草）在大地

的怀抱中，有个懒宝宝正在睡大觉，于是春天派出她的使者去唤醒这个懒宝宝，这个使者叫——（板书：雨丝的简笔画）

生：春雨姑娘。（师板书：温柔的春雨）

师：正睡得香的笋芽儿被她吵醒了，于是撒娇地说——（学生读课文）既然都醒了，看看是怎么回事吧！唉，怎么这么黑啊？

生：因为在地底下啊！（师在横线以下写：漆黑）

师：一点儿也不好玩，还是继续睡觉吧！

……

就这样，说着、画着、读着，课文的内容在一幅简笔画中形象地呈现出来，课文中的关键信息也在黑板上定格了。那美丽春天的描写句自然也被学生诵读了。在完成文本解读后，我提醒学生看第8页最下面那行字——本文根据倪树根作品改写。

师：同学们，改写之前的文章，你们想不想看看？管老师下载了原文的朗读，请大家看着课文，听听原文朗读，对比一下有什么不一样，好吗？

打开录音，孩子们边看边听。"不一样了！"学生发现了不一样的地方了，在忽而议论纷纷、忽而安静聆听中，我们的录音结束了！

师：你们听出不一样了吗？谁来说说，你更喜欢课本上的课文，还是录音里的课文？说说理由！

生：我更喜欢没改过的。因为原文里笋芽儿不畏困难，妈妈劝他，他还说他不怕，很勇敢啊！

生：我也喜欢没改过的！我们课文就用一个"终于"，可是在原来的文章中，我们就看得很具体了，有石头啊、树根啊……这才是"终于"啊，不像课文里太突然了！

生：我很喜欢录音的文章，它不但让我知道笋芽儿是怎么长大的，还让我看到一个非常不怕困难、非常勇敢的笋芽儿，而且那里面竹妈妈好担心笋芽儿，不让他独立，可笋芽儿他自己却非要独立。遇到了石头，他还很会想办法，身体侧一侧，从旁边钻出来，很聪明啊！

……

令我有些意外的是学生一边倒的喜欢原文，叫起来7名学生，仅有1名学生说喜欢课文，因为它写出了春天的美丽。再遍及到全班，也仅有这一名学生喜欢改写的课文。课程改革不断推进，我们的教材也在不停改动，或者微调，或者更换。这篇文章显然属于微调，从原来的第二课移到第三课，而且内容也做了改写，目的是想让教材更接近学生的生活，让学生更乐于接受。虽然这让许多专家和学者们费神，但是从一线教学实践来看，我不得不说并不是所有的编排都成功。譬如这篇文章，不仅我喜欢原文，46名学生中有45名喜欢原文，这可能是人教版教材的编委们没有想到的吧！学生才是学习和发展的主体，在要求我们教学应遵循学生身心发展规律的时候，教材的选编原则是不是也应切实地结合学生的认知能力呢？我们无法左右教材编委，但在教学时应要懂得取舍，善于筛选，恰当处理教材，千万不要过于"权威"化课本。要爱护学生的好奇心、求知欲，充分激发学生的主动意识和进取精神，不妨让学生自主选择一下。

比较中，优劣立现，二年级的学生也有自己的评价欣赏能力，这是阅读能力的一个方面。在全民推广阅读的时代背景下，培养出有阅读能力的学生是语文教师责无旁贷的工作目标。那么学生的阅读能力主要包括什么呢？从长期的阅读实践中不难发现，读者的认读能力、理解能力、评价欣赏能力和迁移运用能力都会影响其对作品的把握。对于小学二年级的学生来说，识字量有限，认读能力的培养是阅读教学的侧重点，但是到了二年级下学期，需要在识字基础上适当加重阅读中的理解、评价、欣赏和运用。借助不同的文本提升阅读能力，是我们语文教学中坚定不移的培养目标之一。

（2017年2月19日）

一堂"化装"课

人教版第五册语文书第一单元围绕着丰富多彩的学生生活多侧面选材，贴近学生，但真正让学生领略文字中的学生生活有多美好，仅仅阅读显然滋味不够。正所谓"教有常法，教无定法，贵在得法"，教学内容决定了教学方式，要立足于学生的认知规律，以学生发展为本采取不同的教学方式，才能让学生从文字里感受到儿童美就美在天真、美在可爱、美在活泼。譬如《金色的草地》中兄弟俩在草地上吹蒲公英玩儿，不妨真的让学生身临其境来表演一下。而发现蒲公英有趣的变化现象，不妨让学生将自己的手掌心涂成黄色，然后边读课文里"张开""合拢"等句子，边看自己的手带来的视觉效果，学生不但学得兴致盎然，记得也清晰无比。再看《槐乡的孩子》爬树割槐花的场面，现在的学生都在大城市里生长，并且人身安全等问题被过度重视，他们何曾有过这些体验啊？没有体验过，怎么能感受到文字里的情意呢？我决定现场取材：几张废纸、一支铅笔和一方讲台，让学生自己创作重现现场。男生以讲台为树爬上去，站稳扶住，再将纸撕一撕做槐花，举着铅笔当镰刀，双手配合着，割一下就撒点儿碎"槐花"，几名女生在"槐花"飘下时忙着捡……课堂里笑声不断，这种靠比喻激发出的想象让学生的再创作充满着趣味。

这一单元除了课文，就连镶嵌在语文园地"日积月累"板块里的古诗——描画了一个小孩儿初学钓鱼时的情景——都充满了童真、童趣！相较于现代文，学生对古诗词里的生活在感悟理解上的障碍略多一些。为此，除了教学内容，还得要激发学生学习古诗的兴趣。最有效的方法就是加强对诗歌的品读，这样，不仅有助于学生理解诗歌，还有利于学生体会中国古代语言的魅力，更容易与诗人跨越时空对话，从而沉浸在诗歌的意境之中。那么，要怎么品读《小儿垂钓》才能让学生轻轻松松解得对、记得住、背得全呢？

虽说诗里讲的内容易于理解，可是"路人借问遥招手，怕得鱼惊不应人"的表达会产生理解误区，到底摇手的是路人还是小儿呢？这就涉及古诗的美，美在韵律，美在节奏，美在意境。这样的概念绝不是讲解的，而是要让学生在体验中自悟。于是读通、读顺了古诗之后，我打算挑战一下冰心的"断言"，她曾说："除了宇宙，最可爱的就是儿童。一个成人再也无法变成儿童，儿童世界永远是一个人最眷恋的'精神家园'。"我要当"小儿"，找名学生作搭档——路人张。然后任务来了，在我们表演前，全班学生得给"我"化化装，给我按照《小儿垂钓》里小儿的形象设计一下。

第一个化装师说："老师，您得拿一个钓鱼竿，要不怎么钓鱼啊？""这是给我设计道具了，是吧？对，我得找个钓鱼竿！"教室里什么符合这个设计呢？孩子们说是扫把。但我拿了垃圾铲来替代，全班学生大笑！这是孩子们就着诗名找到了化装的依据。

第二个化装师一来就指责我："老师，您姿势不对，不是站着，您得坐下。""好，坐下，坐哪儿合适？""讲台边！""这样坐吗？"我也不管形象和卫生了，就屈膝坐在学生指定的位置，"是这样吗？""不对，您得盘起腿坐才更像小孩子。"我手拿钩鱼竿（垃圾铲），盘腿坐在莓苔（讲台），等待下一个化装师继续设计。

第三个化装师出现了。"您得把头发放下来，搞乱，因为您看诗里都说了蓬头稚子，对吧！"没错啊，我扎着马尾辫，还整齐得很呢。"有道理！好的……"我边说边摘下绑绳，头发散落下来，依然很整齐啊！"啊！老师真的拆头发啊？"下面的议论炸开了。"我还该把头发整乱吧！"我不等学生回应，用手把头发弄乱，引得学生哄堂大笑。"够乱了吗？这样你们满意吗？"我弄完乱发了，也得把学生的思绪拉回来啊！"行了，行了！"这下我的形象彻底崩塌，当"小儿"嘛，豁出去了！

第四个化装师都迫不及待啦！"您这么坐也不妥吧，应该是侧着身子，而且要注意河边有很多草，您都没有准备好绿草！草还很深哦，差不多要把身体遮住，'侧坐莓苔草映身'啊！""你太棒了！不过你不能怪我，要怪我的第二个化装师，"我指着第二个化装师说，"你注意到了吧，你不合格哦，现在我"炒"了你！看看人家，化得多细致多到位！那我就坐在讲桌边，这样斜倚着，把讲桌当作河边茅草吧，可以吗？""可以！"

第五个化装师毫不示弱，也来纠错了，只是还不那么坚定："我觉得您头发还得绑一下，这是古诗，那自然讲的就是古人，古时候小孩子一般头上都会扎一个结吧？"正好早晨班长在操场上捡到一条红领巾，交到大队部时没找到人，就带回班放在讲桌上了。我顺手拿起来，把乱发随意地卷成结，然后把红领巾绕上去。"太对了！我们上学期演成语故事也讲过这首诗是唐朝诗人写的，应该是唐朝儿童的样子才对啊！"我边说边用这条红领巾绑好了！学生看着我的样子，都笑了："像了！"

……

学生为我化装完毕，没有人要补充了，我们再读一遍诗歌看看有没有遗漏——道具、布景、形象，全对上了，接下来就是表演了。因为化装过程有点儿长，我的搭档路人张都忘了自己的身份了，大家请他参加表演，他竟然来了一句："让我想想……我要说什么呀？"他本能地嘀咕着。"刚才我化装的时候，你就要想自己的台词啊，现在才想啊？""我没问过路啊，不知道怎么问……啊，我想起来了，可以了！"他摇着手向我走来，"小朋友，你知道……"没等他说完，我就制止了他，我预设的难点果然出现了！"他表演的对吗？这个摇手的人到底是路人还是小儿？"被我的问题噎在过道上的"路人张"明显感觉到自己表演错了，他又低声读了一遍《小儿垂钓》，想寻得正解。但是下面的学生已经迫不及待地举起一片"手森林"："路人！""为什么？""小儿专心在钓鱼啊，他根本就不会发现有路人来，怎么会向他招手呢？""摇手的意思是怕把鱼惊得上不了钩，当然就是钓鱼的人才会怕！"……这些学生逻辑思维还挺严密，太有理有据了！

难题解除，表演起来就顺畅多了，换个路人唐吧！我手拿"钓鱼竿"（垃圾铲），侧坐在"莓苔"（讲台）上，专心致志地看着"河面"（教室空地）。这时，路人唐远远走来，打招呼说："请问……"没等他说完，我即刻摇手，并将手指压在嘴上，发出"嘘——"一声……至此，一首古诗还需要逐词逐句解释吗？还需要品析小儿形象吗？还需要讲这首诗歌的意境吗？一切不讲自明啦！古人用精练的语言描写的一切原来不逊于现代文洋洋洒洒的描写啊！

这堂语文课堂上的"化装"把古诗的美完整地显性化了，学生兴趣不减，继续读那些写儿童的古诗——《池上》《所见》《牧童》《与小女》……领略不同的儿童，感受语言带来的触动！下课时间到了，我没能及时卸"装"，引来其他班学生的驻足，这倒叫我们班的学生无比自豪："老师，他们都想这么上课呢！"其实，把学习的主动权交给学生，有时候其实就差一个换位！一位教师无法变回学生，但是却可以有点儿孩子气，可以不拘形式地选择教学形式，让学生乐于接受。

（2017年9月16日）

为"丑"正名

——《丑小鸭》教后记

人教版语文二年级下册第二十八课的《丑小鸭》已经不能说是安徒生的作品了，它只是用了原作的故事框架，但是表达甚至部分故事情节都是改编者的意思和方式。因此，谈及此文，批判者甚多。一位被邀至我们学校的童话作家就曾说："要读读原著你才知道怎么写，譬如'乡下真是非常美丽'，课文里压根儿没有出现，可原著中却用了'小麦是金黄的，燕麦是绿油油的，干草在绿色的牧场上堆成垛，鹳鸟用它又长又红的腿子在散着步……'。"近些年的阅读推广如火如荼，一线的教师也往往因为这篇课文离原著较远，把更多的精力放在拓展阅读上，尤其是公开课，这种现象更是不乏其陈。

继2009年之后，我又一次要以这篇课文为例上课，这次是作为骨干教师给年轻教师做一次公开性的示范教学。算来这是我第四次执教《丑小鸭》了，因为这次不仅要考虑"备学生"，还要思考给"听课的年轻教师"讲什么，对所以以往的教学设计我将弃之不用，另起炉灶。"教材无非是个例子"（叶圣陶），这个例子要如何认识、如何运用呢？这就是我本次教学的切入口——一方面想给年轻教师一个导向；另一方面也想证明被大家痛批的改编之作教学资源丰富，值得钻研，关键要落实好"教师主导"这个理念。

一、教师主导——情境化教学引导语，让故事连贯，促进学生的理解向深度推进

备教材是上好课的基本前提，让我们先认真研读一下教材——入编教材的《丑小鸭》讲的是丑小鸭因"丑"而到处受人欺负，在经历种种挫折之后由丑变美获得新生的故事。读一读不难发现，改编后的故事缺乏连贯性，照"文以载道"的中国文学传统套出的文本主题"坚守梦想，不断努力奋斗"更加显得牵强附会，也是这篇课文不好教的原因。

这让我想起了教学改革之初的教材培训，也让我想起了我画中国画时体悟到的"留白"境界。二年级的学生非常喜欢故事。既然如此，教师要开发资源：不连贯的地方完全可以借用原著故事，有所筛选地作为课堂串词，并依据教学环节的需要创设课堂情境，帮助学生理解文本。总之，既要立足教师主导，也要立足文本本身。

课文写了丑小鸭的出生即受欺负、离家出走受磨难和发现自己美丽共三个阶段。受了欺负就离家出走，似乎说得过去，但是会给这个年龄段的学生造成非常负面的影响——受委屈了就采用极端方式去应对，离家出走就是选择之一。所以在研读教材时，我认为这两个阶段课文给出的信息量不足以支撑丑小鸭离家出走。于是结合学生成长的实际需要和原著，我将文本缺乏的必要动机和目的通过"感知性活动"将其补回来——受欺负让丑小鸭越来越自卑，加之鸭妈妈的爱还不够，它觉得自己要找到"欣赏自己"的朋友，换个环境也许自

己还能找回自信，于是决定离家出走。

课文中，丑小鸭受磨难和发现美丽之间的逻辑关联性即使成人也很难找到，更何况是二年级的学生，我们有必要借助原著中的故事让其联系得更紧密一些。于是，我将丑小鸭的遭遇和丑小鸭的行为分开来，用"支架"引导学生理解丑小鸭在逆境中的力量来源，从而让学生感知到这两个阶段之间的内在联系在于逆境中永不放弃对美丽的追求。如此一来，课文主题水到渠成，顺利走进了学生的心田。

《语文新课程标准》指出："阅读是学生的个性化行为，不应以教师的分析来代替学生的阅读实践。"因为每名学生的阅读能力、生活经历、价值取向都有所不同，他们对语文材料的反应和处理也是多元化的，就如一千个读者眼中有一千个哈姆雷特。所以，在课堂教学中尊重学生的独特体验至关重要。但是文本也是有价值导向的，这就需要教师发挥主导作用，"授之以鱼，不如授之以渔"。教师要妥善地教给学生理解问题的方法，既尊重其独特体验，又让其准确抓住要害关键，向深度推进。在《丑小鸭》这一课的教学实践中，我采用的就是故事情境化——不动声色地借用原著，又结合学生生活实际进行考量，有所取舍，有所强化。因为语文教学不需要面面俱到，能够一课一得足矣。

二、教师主导——模版式支架，让表达有方法，促进学生表达准确、规范、流畅和优美

这是一篇童话，尽管与原著有很大出入，但依然是童话。《语文新课程标准》中指出第一学段（1～2年级）对童话等文学作品的阅读的具体目标要求是——阅读浅显的童话、寓言、故事，向往美好的情境，关心自然和生命，对感兴趣的人物和事件有自己的感受和想法，并乐于与人交流。"向往美好的情境"在备教材中我们已经落实，其他三点就需要"备学生"了。

"备学生"是设计教学的关键，也是从教学设计到教学实施转变顺畅的必要保障。"备学生"就是站在学生知识水平、理解能力层面去看学习难点在哪里。站在学生的立场寻找这篇课文的教学难点：第一，对丑小鸭的认识。是长得丑吗？不，只是长得特别而已，于是人们（特别是亲人）习惯从自己的角度去评判，让丑小鸭备受打击。这个难点实际上就是"关心自然和生命"在这一课的具体落点。第二，丑小鸭到底有什么梦想？课文没有直接写，只有一句

话："丑小鸭望着洁白美丽的天鹅，又惊奇又羡慕。"但二年级的学生很难将其往梦想、坚持上靠拢。第三，因二年级学生的表达能力有限，通常，即使有想法、有感受也讲不出来、道不明白，这是一个非常客观的现实。

找到难点后就需要教师"搭梯子"了。这一课我的教学设计思路很简单，就是以词带句，从句中突破难点来进行阅读教学。二年级的教学还是以生字学习为主，课堂的读写活动理应立足于词和句。在这样的基调中，通过"学习单"的方式，我给学生送上三个支架来解决以上三个难点。第一个支架是"看图模仿"，说出丑小鸭与其他小鸭的不同，在认知上打下基调——丑小鸭就是一个"特殊分子"，叫它"丑小鸭"的人是有偏见的，造成了丑小鸭的自卑。第二个支架是自卑的丑小鸭离家出走时留给妈妈的便条模版，把丑小鸭出走的原因、出走后的打算等个性化理解的地方留空，让学生自己思考后填写。第三个支架是关于"梦想""坚持"的名言，让学生读后找到合适的一句话，安慰在困难中甚至被冻僵了的丑小鸭。

在支架的帮助下，学生的理解向纵深推进，而表达的热情也随之高涨。那些优美的表达通过模仿、填空和"安慰"自然地成为学生表达方式的引导，既降低知识点的难度，也提高了学生的理解能力，更加修正了学生认识问题的角度，可谓一举多得。

三、学生主体——感知性活动，给想象插上翅膀

细研文本，我发现改编后的文本语言更符合二年级学生的理解水平和表达习惯，非常富有节奏美。像叠词、排比句式等，增加了文字的美感，让这篇童话更容易朗读。只有学生发现了这些特点，我才能在教学中教出文字的美。为了让学生感受到美的氛围，感知性活动（感知性活动是个体各种感官在学习过程中进行视、听、闻、触动等感知外界事物特征的活动，从中产生对学习对象的兴趣和注意，观察了解学习对象的特征和联系，激发对感知到的表象进行想象、思考，从而既获得认识的提高，又发展其感知能力）必不可少。这一课我也要让感知性活动发挥功能，引导学生充分想象。

课文中，丑小鸭每经历一个阶段，我就选择三个词语，然后让学生以词找句来读，体会出词意，领悟其中的感情。而与教学难点关联的地方设计了感知性活动，促进学生主动学习。下面以"出生受欺负"为例具体阐述"感知性活动"，以引导学生展开充分的想象。

"出生受欺负"的丑小鸭，我选取了三个词语，分别是"剩下""裂开"和"离开"，对应的句子分别是"一只只小鸭子都从蛋壳里钻出来了，就剩下一个特别的蛋""过了好几天，这个蛋才慢慢裂开，钻出了一只又大又丑的鸭子"和"丑小鸭感到非常孤单，就钻出篱笆，离开了家"。当这三句话出现在课件上平行排列时，学生稍一注意就能发现三句话中都有一个词——"钻出"，可这三个"钻出"的情景相同吗？显然不一样，那么第一个感知性活动就是去体验这一不同点——请一名学生扮演鸭妈妈，再请几名学生扮演其他的小鸭，我参与其中扮演丑小鸭，师生共同演绎第一个"钻出"和第二个"钻出"。在表演前，我提醒学生回忆《笋芽儿》那一课里，笋芽儿钻出地面时说过的话，这样以旧带新，学生充分展现了自己的想象力，表现出刚出生时的快乐和兴奋，以及鸭妈妈的喜悦之情。就在学生表演这种生命诞生时的惊喜之时，"我"——丑小鸭还是一个特别大的蛋躲在"鸭妈妈"屁股底下着急呢！终于，"我"钻出来了，其他小鸭子开始七嘴八舌……学生第一重感知推动着第二重感知活动，看看这个"又大又丑"的丑小鸭图片，再对比看看其他小鸭的图片，进行了对比说话填空。学生找到了它们的特点不一样，并谈了自己的看法，进而知道了"丑小鸭"这个名字给丑小鸭带来的就是"自卑"。第三重感知性活动是让学生体会丑小鸭受到"亲人的欺负"，抓住了"咬""啄"，让学生以手代替故事中角色的嘴，同桌之间互相"咬"和"啄"，然后说说体会。因为鸭子和公鸡的嘴形不一样，所以虽然它们都是用嘴欺负丑小鸭，但用词不同，准确用对词语很有必要。再看图扮演一下养鸭的小姑娘讨厌丑小鸭，口头的严厉配合着动作和表情，从而可以传神地把欺负进行到底。第四重感知性活动是"边流泪边写下便条"，让学生体会一番丑小鸭无可奈何的选择和一心渴望被认同、被肯定的美好愿望。

在这四重感知性活动中，一个因为丑而受欺负、越来越自卑的丑小鸭不甘心的形象建立起来了，它要离家出走去寻找认同它的人，会经历什么呢？我们仍旧通过以词找句来设计感知性活动，或看图体会，或换位体验，或善良地安慰，或在配乐中观赏……这些感知性活动促进了学生的想象，让丑小鸭的形象变得丰满起来——受尽折磨但依然坚强，最终找回自己；让情感体验变得饱满起来——忍饥挨饿、孤苦伶仃的丑小鸭怀揣梦想，走出自卑，重获自信，拥有美丽。课文的主题也好，语言文字的表达方式也好，都水到渠成地输送给了学生。

感知性活动发挥功能时，课堂上自然就见不到老师烦琐地分析，可是难点和重点又都一个个不攻自破，学生的学习兴趣盎然，课堂效果就会轻松愉快。

四、学生主体——自主性体验，提高阅读的兴趣

以词语为突破口，通过不同的方式让学生自主地读和悟，在读中想象，在想象中表达，在表达中领悟，再把自己的领悟通过朗读表现出来，通过表演展示出来，通过书写呈现出来，这是我第四次示范教学《丑小鸭》的整体思路。我主导的教学是为学生的学习服务的，目的就是让他们自主地体验语言文字的魅力，从而提高阅读的兴趣。

兴趣要建立在"有趣"之上，而有趣并不是仅仅图一个"乐"，而是知道其奥妙所在，从而产生愉悦感，并好奇地深入探究。

中国语言文字的有趣点之一就是表达形式的多样性，教学时我特别重视引导学生自主体验。在《丑小鸭》这一课里，改编者很用心，同样是外貌描写，丑小鸭的"丑"是后置，而白天鹅的"美"是前置，需要学生对比着读才能体会出情感不一样的用意。这细微的差别就是"语感"所在。这样的发现多了，学生对语言文字的兴趣何愁不提高呢？

《丑小鸭》的故事出自安徒生笔下，家喻户晓，而且创作时间久远，在现实中存在许多改编的版本，我们的课文就是改编，变成动画片也是改编，演成童话剧也需要改编。既然有这么多版本的《丑小鸭》，我是不是可以让学生自主评判哪一个更好呢？于是，我将我知道的几个《丑小鸭》动画片下载下来，有迪士尼早期的版本，有印度版本的，还有讲故事版本的，在课堂上带着学生一起观看，然后对照着阅读课文（这一操作在示范教学中没有呈现，于第一课时完成）。这样，学生兴趣不减，并且在接受续写《丑小鸭》的作业时，也更得心应手。更关键的是，学生会自觉找来《安徒生童话》进行阅读，他们想看看原著到底是什么样子的，能创作出这么多版本。

《语文课程标准》再三强调，语文教学要重视培养学生良好的语感，最根本的一条就是要引导学生加强语言积累和感悟。我的这次示范教学就此实践给年轻教师看，期望能达到抛砖引玉之效。但教学是遗憾的艺术，这次教学中存在的问题有：仍有三名学生融不进课堂，自顾自地玩乐；学生们的思考速度跟不上我时，我理应等一等，但还是会因为赶内容而明知故犯地进入下一个环

节。这些都是我在教学实践中需要不断思考并找出解决办法的问题，因为"一切为了学生"不应该成为空谈，而是在实施教育的过程中应该时时刻刻遵守的原则。希望通过我们的教学，让孩子爱上语文、爱上阅读、轻松学习、愉快成长。

（2017年6月12日）

不忘主题　开放研读

——《盘古开天地》教后记

　　人教版三年级上册第五单元，旨在通过课文将学生带进中国传统文化，或感受古代思想家的人格魅力和智慧之光；或踏上想象之旅，在神话故事里感知人类、宇宙起源的美妙想象；或通过实体建筑来触摸古代人民的智慧，认识更多的能工巧匠；或通过名画鉴赏来领略古代绘画艺术的独特风格和高超技法等。总之，本单元是要在有限篇章的学习中，让孩子们逐渐构建起自己对"中国传统文化"的初步认知网，开启研究我国五千年文明史之门。《盘古开天地》就是其中一篇课文，并且是"神话"担当。这篇课文怎么教？许多名家都曾执教过，但是比较遗憾的是至今没有看到任何一个人是在"传统文化"这个大框架下教习这篇课文。语文教学富有很大的弹性，如何教出语文味，还能带给学生一个新世界，让他们饶有兴趣地探究呢？这就是主题教学需要追寻的效果！具体到这篇课文，我做了如下思考、教学设计和教学实施。

一、关于神话

　　"神话故事"这个概念到底要不要给三年级学生讲呢？要讲！为什么？第一，在单元导语中明确出现了"了解古代神话故事"；第二，学生接触故事以来，已经读过或者听过许多神话故事了，这种量的累积给概念归纳提供了现实基础。

　　"神话故事"这个概念内容太多，要给学生拣要点说，毕竟才三年级，长篇大论等于没有说，精简观点反而会印象深刻。"神话故事是民间文学的一种，是远古时期人民的集体口头创作。""古代神话一般集中表现两个主题：其一，讲人类起源，世界是怎么来的；其二，讲人们崇拜的、具有传奇性的英雄故事。"

这个概念说了，学生能理解吗？必须要用学生能够接受的方式才行。于是教学设计为看图片说神话故事，用形象来帮助理解概念。图片一出，学生对"神话故事"的熟悉感就来了——《后羿射日》《嫦娥奔月》《精卫填海》《女娲补天》……在一张张神话故事的图片里，学生开始讲了起来。我接着提问："其中一个故事还成为我们蛇口的某地标志哦，想得起来吗？"在蛇口长大的学生自然无比自豪地告诉我那个雕塑就在海上世界……就这样，远古的神话被拉进了现实生活，学生对神话故事的理解也就轻松了许多。接着再去看看这些神话人物，他们惊奇地发现，怎么好多都是女的呢？正好给他们讲一下人类最早的社会是"母系社会"，所以以女性为主的神话并不稀奇。再回到本课课题《盘古开天地》："这是英雄的故事，还是人类起源的故事呢？你看着课题想问些什么呢？"我们常常会说"生活中遇到什么，要多问几个为什么"。但是我们的课堂上，如果问题都是老师在问，学生只会养成回答问题的习惯，而不是提出问题的习惯，因此在教学中，要留出时间供学生们提有价值的问题，会围绕话题质疑，入课环节完全是普及知识的、引发兴趣的。

二、关于《盘古开天地》

故事本身就是孩子们喜欢的，所以即使老师不讲学生自己也能读。只有在老师带领下读这个神话故事与他自己读得有所区别，学生才会爱上老师的语文课。那么，孩子们能够读懂这个神话故事的哪些内容呢？生字词，他们借助于字词典能读懂；故事情节，他们自己能看得懂；不可思议的描述，他们能感知得到。他们难把握的知识点有：为什么这样想象而不是那样想象？故事传递出的哪些精神是我们中华民族的文化品质？故事写法有什么特别的地方呢？我在做教学设计时，凡是学生自己能读懂、自己可以学会的，就设计展示交流，以便巩固提高；凡是学生自己办不到的，我就来搭设平台，帮助他们够得着。

关于为什么这样想象而不是那样想象，我决定用"古今对照"的方式，将古书中的记载读出来，让学生对照着读。因为神话原本是口头创作，版本必定很多，所以《山海经》有记载，《太平御史》也有描述……不同的古书，所载大同小异，就是这个小异最有说道，因此激发学生自己展开想象做再创作也就不那么难了。古人的想象也不是没有依据的，比如，关于天地分开的描写："轻而清的东西，缓缓上升，变成了天；重而浊的东西，慢慢下降，变成了地。"在《太平御史》中就说"天地混沌如鸡子"，这就将学生拉回现实中："打鸡蛋时，是蛋清先落下还是蛋黄先落下呢？"孩子们回忆起来可有意思了："我吃荷包蛋时就发现有蛋黄的地方蛋白是薄薄的一层，显然是蛋黄重，先占了位置。""蛋黄通常是'嘣'就掉了，而蛋清是慢慢滑出来的。"如此看来，学生对天地分开的描写是找到生活原型了。再读时就有画面感了，当我以此描述指出天的特点就是空灵，地带给我们的感觉就是厚重时，共鸣者就多了。

《盘古开天地》这个课题对应着课文中的一句话，也就是中心句。学生迅速找到了："人类的老祖宗盘古，用他的整个身体创造了美丽的宇宙。"好好认识我们的老祖宗盘古，在他做的一件件事情中，除了感受到他比我们身边的人"力气大"以外，和其他让我们佩服的人一样，都具有"坚韧不拔的意志"和"甘于牺牲的精神"。所以，神话故事里的人物就是我们对于我们自身的期望，只要我们具备这样的意志和精神，一样能够成为传奇人物，这就是我们中华民族的精神力量所在！

三、关于句词锤炼

学生自己学是知道"是什么"，但是为什么"是"的问题，尤其是在表达时为什么用这个词而不用其他近似地表达，三年级的学生还没有能力去考究，需要老师带着领略文字的美感。

《盘古开天地》是几个作者合作而成的作品，在遣词造句上的考究相较于个人创作而言又更进一层，所以这一课中可以指导的语言点是比较多的。比如，上文关于天地分开的描述，就是用反义词和近义词来表现天地形象和分开的情景的，非常巧妙。因此，教学设计只需要点出来让学生自己找，就能体会其妙处所在。

再如第二段中："他见周围一片漆黑，就抡起大斧头，朝眼前的黑暗猛劈过去。"一个"抡"，一个"劈"，与这个"猛"字搭配得多么巧妙！学生怎么体会这种"浑然天成"的用词呢？我自毁形象地做了三个动作，让学生选择哪个是"抡"，初步感知其力度、意念和目标感后，说出自己的理由，然后带着感受读句子，一切意思不说自明了！只见一些学生读到此处不由自主地提高了嗓门，甚至抬起手来配合朗读，这是走进文字里了。

再看第四段，在对盘古倒下后用整个身体创造出来的美丽宇宙的描写中，发现标点符号的精妙使用。学生很快发现，"隆隆的雷声"之前的表达结构是"他怎样的什么"，而之后的表达结构是"他的什么"。只有连续两个或两个以上相同的表达结构才形成排比，分句间可用分号隔开，这一点在观察后不说自明了。因此，这一段是用了两个排比句来表现盘古创造的美丽宇宙，一个省略号更将"整个身体"的概念道尽了。学生一边感受着盘古自我牺牲的奉献精神，一边领略着汉字组合带来的奇妙画面感。

《盘古开天地》是神话故事，讲述中华民族的祖先为民造福的故事，知道我们中华民族有一位这样的祖先是不是特别自豪呢？了解了这样的祖先是不是特别骄傲呢？那不妨将他的事迹写成一首小诗，我们来颂扬一下吧！从文化经典里看到的故事我们是可以再创作的，只要肯阅读、会思考、善学习，那些神话故事就不是书本里的故事，而是一个个非常灵动的素材。

课程结束后，学生开始缠着我问关于神话形象的问题："他哪来的大斧头呢？""他是神奇的人啊，他觉得开天地要用到斧子，所以他就能得到！你觉得他会用什么方法得到斧子呢？"我没有将自己当作解答机，而是巩固神话的虚幻性，并以此激励学生自己去想象。"他的四肢变成了大地上的四极。老师，不对啊，你看图，他不是用头顶天的，而是用手顶天的，所以他的双手应该变成天上的东西啊，怎么变成大地上的四极呢？""看图是这样的呢，头顶着天，脚蹬着地，用成语就是——""顶天立地。""对，顶天立地，这形象多光辉啊！之所以这么写是要突出盘古的伟大吧！他的四肢为什么变成了大地的四极呢？你读这句话没有：'盘古也累得倒下了'，他倒在哪里啊？""哦，倒在地上，是倒下后变的，不是撑着天的时候变的！"看来学生对细节更感兴趣，幸好我对中国神话故事略有了解，没有被这帮"小问号"问倒！

神话故事真是一个从小可以看到老的文学样式，这一节课只不过是给学生种一颗中国神话的种子。在以后的学习中，我们还要再次走进去的，那时候会有更多的形象，不仅有古代中国的、古希腊的，还有《圣经》里的。所以，在说神话的概念时，我特别提到了神话中的人物，我们叫神仙、妖怪，西方叫天使、魔鬼；我们有龙凤等神兽，西方有星座等对应。课文就是个例子，让学生通过一篇课文去拓展性学习，才是我们的课堂要追求的。

（2011年3月19日）

六颗糖　一份爱

因为身体不适，五一放假归来就没有办法集中精力上课，但是因为课时已被延误，加上正值母亲节前夕，我还是忍住了咽喉的疼痛，决定提前上课内阅读课文——《妈妈的账单》，以便能更好地发挥这一课的现实意义。

我先从"妈妈"这个词开始，让学生畅所欲言，说说对妈妈的印象、感受等，并且告诉他们今天的课堂上我为他们准备了六颗糖当奖品，他们可以用自己的智慧和努力获得这些糖，然后在5月9日母亲节当天当作礼物送给自己的妈妈，一定更加珍贵和甜蜜。真是"无心插柳柳成荫"，学生的学习激情竟然被这小小的六颗糖点燃，刚才对着黑板上的"妈妈"二字还"无言以对"的学生纷纷举起小手，说着各自的"感激"。显然，感激的话语里有对生活点滴的回忆，有对平时的情感积累。但在这一环节中最有导正价值的发言是："妈妈，谢谢您平日的'唠叨'，虽然听起来很烦，但是我知道那都是为我好，那里充满着您对我的要求和关爱。"一名三年级的学生用这样的发言让我有了教育学生如何看待妈妈、对待妈妈的素材，用学生的嘴说出来，我再加以讲解，至少会给这些2000年后出生的学生另一种视角。多去理解大人的苦心，能够换位思考是多重要啊，学生的懂事就体现在这些视角上。自然，第一颗糖就在掌声和羡慕里送了出去。

谈完自己对妈妈的感激，就要对照课文了："在德国，有一个和你们一般大的孩子，却没有你们这样理解妈妈。有一天，他为了向妈妈索要劳动报酬，就写了份账单，他是这么写的，我们一起来读一读。"学生在齐读声时显然对写账单的目的不明确，没有读出感情来，于是我启发他们："假如你是彼得，你的心里是怎么想的？这份账单要怎么读才能把他心里想东西表现出来？"请个别学生读，终于有学生读出了感觉，把做的事情和数字代表的劳动报酬强调读了出来。我进一步用情境引导："彼得的妈妈读着这份账单，心里高兴啊！她发现原来自己的儿子是这样懂事，帮助妈妈和大人做了这么多事，就在上个星期五，她落在邻居家的碗还是彼得拿的呢，这些钱真应该给他！可是，彼得要是因此而变成小财迷可不好，得想个什么办法来告诉他，为家庭劳

动本身就是奖励，不需要索要劳动报酬呢！和彼得一样，妈妈也决定写份账单。"在我的导读下，学生开始读妈妈写的账单，这一次学生完全读准确了，把账单里表露的意思用声音都表达出来了。但是，这还不够。

因为我对妈妈读彼得账单的心理做了解释和引导，到了彼得读妈妈的账单时，我就要引发他们思考每一条账单所包含的真正含义。"十年的幸福生活里，什么时候让你觉得最幸福？"这是第二颗糖要送出的环节，所以学生畅所欲言，打开自己记忆的阀门，开始搜索起自己与妈妈在一起时的幸福瞬间。学生想得很多，也很真实。"在吃着妈妈给我准备的可口饭菜时，我觉得最幸福！"学生把自己的十年串接起来，于是我顺势讲解妈妈在为自己付出的时候都是怎样的，有些孩子在这样的话语中感动得流下了眼泪，情真意切！第二颗糖最终归属一个说话非常注意细节，描述中真情自然流露的小男生了。但我记住了那名最动情的女生，我会留下一颗糖给她，而且要单独给她，因为她在用心感受"母爱"。

课文学到这里已经完成了它的文本价值，那么就好好读一读文章。在读文章的过程中还要理清文章的思路，让学生对着文章找到并概括出彼得的心情，概括得最好的孩子得到了第三颗糖。在甜蜜的回味中，孩子们记得只剩下三颗糖了，于是都在积极争取着与众不同的准确发现和表达。

走进文本还要走出文本，才能符合学习的真谛。恰巧，因为暴雨一个孩子迟到，由妈妈送达，我趁势说："这又是一个无声、无私地表现着无价关爱的母亲呀！"在阐释完文章的主旨之后，我决定在课堂上送出剩下的两颗糖。一方面是要看看学生对课文主旨的理解程度如何，另一方面是结合生活实际思考，达到学以致用的效果，我设计了"请同学们设想周日为报答母爱准备什么礼物最好"的交流环节。学生在沉默了一会儿后，终于有人说可以画画、做贺卡等，都符合不花钱但表达心意的要求，因为母爱是无声、无私的，更是无价的，我们用无声、无私、无价的方式来表达是最好的。可是迟到的那个孩子竟然说："去年，我把压岁钱的一部分投进了股市，到母亲节的时候，正好股票大涨，妈妈非常高兴，我就把这个作为礼物！"听了她的话，我马上导正："因为她迟到没有听到课，不知道母子和母女的爱不可以用金钱来体现的道理！我们要用我们最真诚的心，而不是冷冰冰的钱来表达我们对妈妈的感激对不对？"在这个环节中，我把两颗糖给了主张要在平常而不是只有母亲节才为妈妈做事情以表达感激的学生和决定用自己的文章表达对妈妈的赞美和感激的另一名学生。

课程到这里圆满结束，我也因势布置了作业：为妈妈写篇感情真挚的文章，当作礼物送给妈妈！但因为我没有在全班告知我留下一颗糖何用，所以学生都渴望着我再上课，得到最后一颗糖！我只是笑了笑，就下课了。下课后，趁学生不注意，我特意去表扬了那名课堂上抹着眼泪让同学们笑的女生："因为你用真情表达，所以这个是专门留给你的！"这名学生很意外，但接糖时笑容璀璨！

我们常说语文是工具性和人性统一的学科，但是如何将这二者都体现出来，是我们需要认真思考的。今天上的这节课让我轻松而愉快，因为学生在渴望中得到了智慧，能够把生活带进课堂。让课堂生活化，是我一直追求的课堂氛围，带了这个班这么久，只有这节课让我有这个感觉！是因为糖吗？还是因为课堂设计更加简洁呢？

（2010年5月9日）

发现的惊喜
——《地震中的父与子》教后记

"是15个啊！不是14个。""是14个！书上说的是14个。""书上说是14个同学，加上他自己不就是15个咯！"……课被学生的争吵中断了，只因我提到父亲的坚持救活了危难中的十几条生命，没有意料到学生竟然因此而争执起来。

在求学的路上，这种较真的精神是多么可贵！显然，他们的发现是我备课时并没有想到的，但我立刻意识到该放慢节奏，和学生讨论讨论。文章中是儿子提到"有14个同学，都活着"，而父亲对四周大声说的是"这里有14个小孩，都活着"。显然数量上是不等的，为什么会出现这样的情况呢？我马上把问题抛给学生，让他们把问题思考得更加全面、深刻些。

"这里的不统一，是因为父亲完全信任儿子的话，在那种紧急情况下，他没有时间像我们这样思考、计算，所以就照着儿子的说法，直接说是14个小孩了！"多么切合现场感的思考啊！

"当时父亲是叫别人来救，他自然把自己的儿子留给自己来救了，所以他就说了14个，而不是15个。"这是理解了父亲的想法后的思考角度。

"当时就是为了争取时间，脱口而出喊出来的！"和第一种想法异曲同工，但更加简单化。

……

学生的发现远胜于我的预设，这是我最期待的教学效果。我在品尝着学生发现"同学"和"小孩"不同说法带来的惊喜中，回顾着我这节课曾抛出的"砖"！

我知道《地震中的父与子》是很多老师都讲过的课，而且作为公开课，几乎都讲烂了。可是每次听，总是觉得缺少对学生发现精神的培养。尽管这篇课文很感人，但是也有一处让人觉得异常不真实。而这一处，恰恰是拓展学生思维的好地方。这一处就是在父子相见后，儿子对父亲说的第一句话："我告诉同学们不要害怕，说只要我爸爸活着就一定来救我，也能救大家。因为你说过，不论发生什么你总会和我在一起！"

这是在什么样的情况下说的呢？是在一个受到地震惊吓后，没有大人陪伴，在恐慌中忍饥挨饿了超过38小时的7岁孩子见到他的父亲说的第一句话，你相信吗？他有气力说得这么冗长吗？他有精神说得这么清楚吗？这种情况下成年人恐怕都无法做到吧？把这样的话安排在这里，让一个孩子说出来，不是太牵强了吗？语言要符合语言环境和人物，才会有真实的生命力，而不是为了突出某些品质就要硬拉来安在这里。所以我对我的学生说："读到这里，我觉得特别不真实，如果这是事后父亲与儿子的对话，我认为可信。可是在这里，我认为不可能说这么多话。"学生马上表示赞同，理由很简单，这不合常情啊！

批判归批判，还得给建设性的建议啊！于是我们一起把这段话改成更合理的语言：

"太好了！我们有救了！"

"我就知道你会来救我！"

"爸爸，快来救我们啊！"

……

学生用更加符合情景和身份的话，把一个7岁孩子的形象树立了起来，我认为这丝毫不影响文章主题的表达。我们平常常教导学生写真实的文章，那么当我们读到令人质疑的文字时，是不是因为它入编了课本就不置可否了呢？

当然，课文中也有写得相当出色的地方。比如写废墟堆里，只有父亲在埋头挖，其他父母亲上来劝阻，父亲"双眼直直地看着这些好心人，问道：'谁愿意帮助我？'"传神地刻画出父亲救儿子的执着和坚定。尽管别人劝阻，他却说了和别人的说法对不上的话，可见父亲根本就没有心思听，他的心里只有一个想法，就是找到儿子、救出儿子，更加显示出父爱的伟大。可是学生在读的时候，感受并没有那么深，只是泛泛而谈。这个时候，我抛出了我们在什么情况下会答非所问的问题，学生马上意识到是心不在焉的时候。是啊，父亲的心是在哪呢？儿子是牵动他心弦的唯一因素啊！这样的文字写得很含蓄，需要用心体会才能品出味道。

抛砖引玉，发现精神不是一两天就能培养出来的，但是必须要有意识地去培养，才能达到教学相长的共荣局面。

（2007年11月26日）

对照　愤怒

俗话说，"读史可以明智"。在人教版小学五年级教材中，整个单元安排了"一段中华民族受尽屈辱的历史"，足见编者的良苦用心和终极关怀。这中国近代史上的"百年噩梦"，能够引起新时期少年的共鸣吗？我们不得不有所顾虑。无论《圆明园的毁灭》多么令人推崇和愤怒、《狼牙山五壮士》多么义无反顾、《难忘的一课》多么让人激动万分、《最后一分钟》多么让人记忆犹新，可是让在快餐文化影响下成长起来的小学生来读，其难度是可想而知的。对于史实的陌生感，增加了对文字的理解参悟难度；思维习惯于轻松、优美的文字，也将对厚重的历史分量有些不屑一顾，甚至反感；从极强的个人主义和鲜明个性为主要色彩的社会价值取向，也将影响到学生对于历史类文章主题的理解。远去的历史，给学生带来不只是时间上的差距、情感上的不认同，更让学生很难如我们想象的那样走进课文营造的世界里。

如果这样的文字不能直抵心灵深处、触动情愫，那么教学将毫无意义。如何让学生能够透过心灵来理解语言文字呢？我们得做准备工作。

　　现如今，社会媒介实在丰富，学生是在声、像、色的刺激下认识这个世界的。换言之，学生在形象的图像、影像里捕捉认识世界的渠道，对文字的理解力相对比较弱。所以，何不借助于学生习惯的认知方式作为教学的突破口呢？何不借助于影像资料来重现历史呢？何不在声音的世界里去重温历史呢？当我再度回看课文时，心中的主意更加坚定了。《圆明园的毁灭》用图片进行历史的对比，《狼牙山五壮士》和《难忘的一课》就用影像再现，而《最后一分钟》就用诵读的方式，让学生走入激动人心的那一刻吧！

　　设想归设想，落实是关键。

　　当我把圆明园的原景恢复图和只有残垣断壁的遗址用PPT展示出来的时候，学生惊叹了。是啊，"昔日的辉煌"和"遗憾的毁灭"冲击着学生的视觉，更冲击着学生沉睡着的悠闲的心灵，他们开始感慨、开始愤怒、开始痛斥……充满情感的观点——亮出："那些强盗！""把他们赶出去！""清朝政府怎么那么腐败啊！""落后就要挨打，我们要强大！"……而当我们再次回过头来读课文时，文字不再是静止的符号，而是焕发着无限激情的呼号、哀鸣和反抗，那种响彻心底的声音被放大了，学生跟着高呼起来，把自己所有的愤怒、所有的惋惜和所有的自豪感都读了出来。而在他们自己的情感世界里，"祖国"有了一席之地，"爱国"不再是口号，而是心中不可缺少的情感需求，因为他们懂得了美被毁灭的可惜，家园被掠夺的无奈和悲痛。

　　历史到了抗日战争时期，再度领略英雄人物的大义凛然、英勇就义。学生或许并不理解那个年代的人们的精神世界，但是看到五个壮士和一股股日军斗智斗勇的勇气和壮举，依然激动万分。影像重现着文字，文字强化了影像。而当学生们获悉日本奴化我们的台湾人民，不允许他们说汉话、学汉语时，好几名学生不约而同地喊道："可恶！"他们的愤怒可想而知。

　　《最后一分钟》是首诗歌，不适宜多讲，虽然离我们的年代很近，可是诗中的情感却始终与"百年噩梦"紧紧相连。我仅仅做了声情并茂地范读，在学生情不自禁地鼓掌声中，我能够感受到他们受到很大地震动。于是我让学生把自己能够调配的情感调配出来，用心去读。我一遍遍地指导，学生一遍遍地尝试，让他们感受到自己声音世界里的震动。而那富有厚重感的"虎门上空的最后一缕硝烟""被撕碎的历史教科书，第1997页上""一纸发黄的旧条约"……变成了学生理解历史、掌握历史的凭借。在历史事实面前，我们的学生也找到了情感的寄予方向，知道了怎样去对待历史和未来！

当一个单元的教学结束后，我依然沉浸在教学的欣喜中。反观教学，我惊喜地发现，学生走进历史就能有感而发，而理解历史才能把课文学活。历史拉开的时空，正好可以更加拓展学生看待历史的广度和深度，丰富学生看待历史的视角和情感，相信学生会用他们自己的方式和情感来理解历史。当学生把自己的情绪和情感诉诸笔端时，一定也能感受到学生那一颗颗滚烫的心。

（2007年12月24日）

追逐童年的那些乐趣

童年，这个称呼里浸润着多少快乐故事啊！从2月27日开始，我要带着正值童年的学生，走进文字的世界里，感受那些离他们近近的又远远的"别样"童年了。那些文字里的童年情趣能让学生感同身受吗？这被物控的一代，兴趣在电子游戏里的他们，能够感受得到投入到大自然中的那份畅快、自由胜过于在虚拟世界里获得的刺激吗？习惯了读图时代里直观的形象接受的他们，能够在渗着生活滋味、追忆过往岁月的抽象情绪里捕捉到那些难忘镜头里的真情实感吗？文字世界里的童年里没有美味飘香，只有清风莲蓬；没有迪士尼游乐场，只有"草铺横野""祖父的园子"等广阔的大自然；没有奥特曼、赛尔号、柯蓝等游戏人物和载体，只有情不自禁地学着骆驼咀嚼，将狗尾草误认稻谷的傻事……这些自然生存状态里呈现的简单快乐是这些享受着丰厚物质生活的学生能够走进去的世界吗？一切从那首熟悉的旋律启动，电脑里播放着的是我童年时一直哼唱的歌：池塘边的榕树上，知了在声声叫着夏天；操场边的秋千上，只有蝴蝶停在上面……

我说："这是你们不熟悉的生活吧？"学生点点头。"这是你们也找得到的感觉吧？"学生露出会心的微笑。他们在这首歌里寻找自己熟悉的生活，对比着不一样的童年，很自然地捕捉到童年好奇、幻想、盼望长大的童趣。这样，入新课就容易多了。"任何时代，对于最纯真年代的追忆和那时的快乐怀想都不曾间断，就让我们一起到古代，随诗人们看看他们那个时候的童年有怎样的生活吧！"就这样，我们进入《古诗词三首》的学习环节。

《牧童》未读，先给他们讲作者，因为这是一个很有故事的人——神话中的八仙之一吕洞宾。俗话说"狗咬……不识好人心"。我故意卖着关子，学生自觉填空。就这样，学生将兴趣转移到诗人身上，切口就从神话故事开始，学生自己知道的和我补充的交织在一起。"这个得道高人还写了一首诗，写了一种孩子，他们打小就得帮大人放牛、放羊什么的，所以大伙叫他们——"孩子们自然呼出了诗歌的名字——《牧童》。带着学生走进牧童的世界，我采用的还是讲故事创设情境后再精解诗中的用词，分析其艺术效果。学生面对牧童那无拘无束、与大自然充分接触的生活露出了无比羡慕的表情，再来诵读，诗之韵就不言自喻了。那一"铺"中的平坦柔软舒服啊，那一"弄"里的情趣快乐啊，全部滋润着现在被"圈养"的学生。广阔天地间，静静的夜晚，那份随心所欲的快乐，多么让人向往啊！学生们真的很想有那样一片天地吧，可惜现实是我们生活在"水泥森林中"，但我们也能找到属于这片天地间的快乐，因为"只要保持一颗纯真的童心，就很容易享受童年、感受快乐！"。学生似乎领悟地点着头。

"童年世界里最普通的事情，在走过了童年的成年人看来都充满童趣，快乐感满满的啊！宋代诗人杨万里曾经坐船途经一地，偶然间看到了一幕，让他始终不能忘怀，每每想起都会开心地笑起来……"我们又走进了一个"奇思妙想"的童年里。这首诗很浅显，读起来很容易，但其中的滋味可能不是学生能看出的。因为全诗有一个词"怪生"，写出了诗人对看到情境的感受，而这个词对于学生来说也"怪生"的！怎么让学生在白描式的诗句中感受到那份惊讶和童稚纯真带给他人的喜悦呢？匆匆一瞥却印象深刻，那么就让学生也经历这份感受吧！课堂情境的设计就以新忆旧："草船借箭的故事你们读过吧？万事俱备只欠东风哦！这回就做个风的实验吧，划船那么累，咱学学诸葛亮借个风啊，快别划了，你也别撑了，咱坐到船头去，看到风来了，就撑开伞，船肯定会走的。这话在诗中是怎么说的？"学生一下子感觉到了诗中好玩的地方，马上饶有兴趣地读出来。"呵呵，是在那儿跟风做游戏啊，真是会想！"学生自由表达着自己的感受。这样一引导，学生一下子明白了杨万里为什么专门写这一幕，然后再将学生的注意力放在语句的表达上。结合着《牧童》，学生发现诗歌中常常用很普通的数词来表现丰富的内容，再回想自己背诵过的诗，果然是这样，学生为自己的发现而惊喜。这个时候再抛出"怪生"这个词，学生就能水到渠成地理解到位了。

难题已解，再说点题外话："我感觉杨万里可能是个很有童心的人，为什么那么多人过都没有注意到，就他看到了会写这事呢？还有我们背过他的最有名的一首诗《小池》，泉眼无声惜细流……"学生补充着背起来，"写得多么有童趣，观察真是细呢！就像个很有好奇心的孩子。"这样的题外话还是在引导着学生多去亲近自然，并用心观察生活，我无法衡量能起到多大作用，但是"润物细无声"，总有些慧心的孩子会去行动的。一节课，我只用了不到半个小时，已经讲完了两首古诗，学生在摇头晃脑地诵读中感受着童年生活的无忧无虑。

第三首是词，是南宋词人辛弃疾极少有的温情词，他的经历和理想抱负让他有太多的悲愤。在学生刚接触古代文学的时候，这点需要让他们做简单地了解，以便学生能更有对比地读这位伟大词人的其他作品，尤其是他的《永遇乐·京口北固亭怀古》。每到词的学习，就要普及一下词的基本知识，如词牌名、格律等。在学生的朗读中，我们寻找到"清平乐"这样的词牌如何填词的规律后就下课了。因此，这首词只能等下一节课再进行学习了。

回顾这堂课的教学，不可谓不高效。高效源于什么？学生走进了文字世界里！古诗的简练增加了理解的难度，其中的许多韵味都是需要学生自己去填充的，教学古诗需要重视意境。而这次教学恰好与"童年"相关，所以主要在让学生有认同感上做文章，就能将他们不熟悉的时代生活呈现出让他们喜欢的味道来。和歌中、诗中的孩子寻找不一样的童年，让学生在对比中很快感知文字里童年的"真情绪"，学习兴趣高了，学习效率自然也就高了。他们让我很享受上课，学生被文字滋养着，精神世界也开始逐渐丰富起来了。所以，课堂上我尽可能给他们最大容量的刺激，让他们明白：学习得越多，知道得越多，快乐也就越多。

《清平乐·村居》的学习在周二。这节课我一改以故事入手的方式，创设的情境是让学生找细节。介绍完词人，简单描述了词人写词的情状后，就像写文章一样，从时间入手提问："词人看到这样惬意的村居生活是在什么时间？""夏天。""从哪里知道的？""图画里绿树成荫，还有'最喜小儿亡赖，溪头卧剥莲蓬'。莲蓬嘛，就是夏天。"学生在说明并修正着，最终我们确定了时间是"盛夏"。"这么热的天，词人怎么就注意到这户人家了呢？""他是听到了声音就好奇地去看了，'醉里吴音相媚好'！"剩下的就是带着他们感受其中的"惬意"了，就如词人感受到的那样。于是我继续开发他们的想象力："这家的两个老人边喝着酒边聊着啥，让词人这么感兴趣呢？"学生一下就热闹起来了，将黄宏小品中的话都搬了出来："人有多大胆，地有多大产，种啥都长人民币。""注意哦，那个时候还没有人民币！""那金元宝！长出金元宝！""这个合适！""哈哈哈……"教室里一片欢乐，这样的学习氛围里"相媚好"还用分析吗？学生心领神会，只是"吴音"还是要说一说的，这些小知识点要给学生普及一下。"小儿亡赖"四个字，要做足文章让学生自己感受。于是在课上，我重设故事情境——大哥、二哥与三弟的相处。学生在自由创想的氛围中感受着童年的快乐，而词中那个"小儿"憨态可掬的形象也根植在学生的心间。大概20多分钟也就学完了这首诗，遗憾的是在其后的默写中许多学生的字没能写对，这是我这样处理教学带来的不良后果。今天这节课的结果告诉我，学习中需要我牵引的地方还有很多，在领略文字滋味的同时，还要狠抓字词的落实。

这次诗歌教学没有遵循一般的教学模式，而是另辟蹊径，重开切口，效果也挺好。所以说，语文教学关键是要将学生带进文字的世界里，具体用什么样的方法，要依据不同的学生、不同的文体需要、不同的教学背景。让学生在课堂上大容量地获得并提高，就是我们责无旁贷的使命！为什么要拘泥于什么形式呢？目标树立，方向不错，方法是可以多样的！在学生童年时光里教学"童年"的主题，我只想做到一点——快乐是童年的主旋律！在文字里，我们可以吸纳那些熟悉和陌生的感动瞬间，丰富自己的童年，就足够了！我羡慕学生！知道吗？学生的快乐是可以不用力就能滴出水的，他们的快乐是那么多、那么多……

（2012年2月28日）

你成长　我愉悦

——《桥》教后记

今天的这节课上得我有点小得意，不是因为我自己上得得心应手、畅快淋漓，而是因为学生在课堂上闪现的智慧火花。与学生一起分享着他们的思想，感受着他们一点点的成长，这是做老师的快乐。

微型小说《桥》已经是我第三次上了，每一次学生在我的指导下都能很快把握住文本的精髓，这次也不例外。就课题谈想法，畅所欲言后，我将课文浓缩为两个字——"水"和"人"。我先让学生读课文，静止的文字并没有激起学生活跃的思维，不断上涨的洪水形成对生命的威胁感并不能冲击学生的心灵，但是初读做到了文通字顺，也能感受到一些洪水肆虐的状态。可是课文中的洪水代表着险情在不断加重，学生还无法用声音表达出来。在这种情况下，只有我亲自出马了。在学生读完之后，我请他们合上书，听我朗读，当然要边听边想象画面。等我读完，学生精彩的感受出现了。洪水不再是一个姿态，而是有了变化的形象和力量。其中，将这个洪水留下的印象说得最富有想象力的是周思颖。在潘泳冰等学生说出了洪水"令人恐惧"之后，周思颖举手了，她平时不太主动举手发言，所以我没有犹豫就叫了她。她用怯怯的声音说："我感觉课文里的水就像是死亡的使者……"一听到她这个形象的比喻，我窃喜不已。可不是吗？课文中那些写水的句子里，留给我们的印象不就是这样吗？我很快板书下她思想的亮点，与学生一起对这一形象再加深了解，从而感受到人在大自然灾难面前的"弱小"。在对比中也看到了另一个光辉的形象——与洪水抢时间，给他人生还机会的老支书。这所有的一切只因为他们听了我声情并茂的朗读。其实在上这节课之前，早读课上听过多次这篇课文的录音，多次看过课件中配制的画面，学生为什么没有这么形象鲜明的印象，而我只是现场读了一下，他们就有了这么多不一样的体会呢？这个时候，我想起了十几年前实习的时候，我的指导老师对我的唯一要求：课文一定要范读，不要用录音，那匣子里放出的声音虽然好，但不亲近，对学生的学习帮助绝对没有老师自己的范读有效。如今看来果然是这样呀！我听着学生的精彩发言，感激着我的老师曾经对我的教诲。因为他的唯一要求，我不得不花时间训练朗诵技巧，今天才能成为引导、激发学生学习的最好手段。

　　说"水"的姿态时，孩子们自然地抓住一些关键动词，体会着拟人化、夸张的修辞手法所带来的艺术效果。但是当故事接近尾声，目光聚焦在老汉和小伙身上之后，作者只用这样一句话来写水：一片白茫茫的世界。读到这里，我停了下来，问了一个问题："在这片白茫茫的世界里，你看得到什么？"问题很开放，需要就是学生打开思路谈自己的体会，但是没想到他们能够谈到如此深度，确实让我惊讶！林洪基站起来说，他在"白茫茫的世界"里看到了作者对老汉和小伙子被大水吞没的难过，读到的是一种哀思的情怀！说起林洪基，他绝对不是一名对语言很敏感的学生，但是他是名爱动脑筋、非常愿意表达自己想法的学生，从原来的词不达意、啰啰唆唆，到这堂课上一语惊人，我不得不说我因为他的发言而深感惊喜，忍不住让全班给予他最热烈的掌声。这种纯粹写景的文字里蕴含的情感是那么含蓄，但是林洪基竟然能够体会得到，了不起！班里的发言不再是人云亦云了，潘泺冰站起来说："我觉得这白茫茫的世界是黑漆漆的，因为死亡给人的感觉是黑的，老汉和他儿子一定是什么也看不到，很悲凉的。"颜色的对比中看出潘泺冰是名多么会用语言表达思想的学生！在这片白茫茫的世界里淹没了两个最不该淹没的人，死者凄凉，生者悲凉。每名站起来的学生都谈着自己的感受，让这本来单调的"白茫茫的世界"里多了许多滋味和情绪。听着他们有理有据地谈感受，我突然间发觉他们在语言感悟方面的飞跃。上课之前我还在担心，他们能够如我之前教过的两届学生把握住文字里蕴藏的奥妙吗？在取舍只是让他们停留在基础层面还是提高认识的教学设计时，我还是很纠结的。现在看来最后选择用图示和声音为手段的教学引导，促进学生深层理解文本的选择还是对的。学生的成长原来是这样悄无声息，做了就有获得的时候。

　　对于老汉的形象，那在生死关头舍己救人的精神是学生再清楚不过的了，这是作为一个党员，作为党支书的老汉最光辉的形象，可是离学生的生活那么遥远！离他们最近的，让他们觉得最亲切的身份是"父亲"。这是个怎样的父亲呢？文中有所表现，我将其定义为"爱子至深"。对于我的定义，学生可以反驳，但一定要有反驳的依据；也可以赞成，赞成的理由是什么要说清楚。于是，班上分成了反对和赞成两派，开始了你来我往的激烈争论。罗寅是第一个反对者，他说："这是个大坏蛋父亲，他都不让自己的儿子有生还的机会，他明明可以不用揪出他儿子啊，还那么凶。"马上有人反驳："揪出儿子是因为他是党员，党员应该排在群众后面走，这是父亲让儿子做个有责任感的人，不是坏，凶他是因为他做错了，所以应该狠狠地教育，他也不想儿子死啊，到最后他把儿子推上桥，让儿子先走，这不是爱儿子吗？"罗寅还有点不服气，显然没有被说服，但是苦于一时找不到合适的反驳论据，就偃旗息鼓了，听着认为老汉是"爱子至深"的同学谈观点。第二个激烈反对的是谢卓智："我觉得老汉简直太笨了。你看嘛，明明自己可以早早通过桥活命，他就是不走，还站在桥下指挥群众，还把自己的儿子也揪出来，不让他先走。"显然他抓住的是老汉的行为，并没有紧紧追着我的问题——作为父亲的老汉。虽然答案偏离问题，其他孩子一听他这样说老汉，马上予以还击，李睿搬出"党员"的身份："可是他是党员啊，党员就是要在群众之后走的。他这不叫笨，是承担责任！"童心宇抬出"威信"："党员排在后边是一开始就说了的，他儿子是党员，就应该排在后面，老汉发现了自己的儿子不把他揪出来的话，其他人就有可能不再听他的话，大家都抢着过桥，那不是有更多人会死吗？"在针锋相对的辩论中，聂雨荷第一个说她坚持中立："他既不是爱子至深，也不是不爱儿子，因为如果他要是非常非常爱他儿子，就不应该在那么多人面前吼儿子，更不能想不到儿子到后面是危险的。可是最后老汉又把儿子推上了桥，如果不爱儿子的话，他可以自己先走，没必要用力推儿子。"学生说得都挺有道理，也都找到了支持自己的理由，那么这到底是一个怎样的老汉呢？在大家争辩最激烈的时候，我打断了他们的发言："我想请大家思考另一个问题，老汉有几个身份？"孩子们马上回应："党员、党支部书记和父亲。""没错，这三个身份重叠到一个人身上就要做到兼顾。父亲一般是相对于什么环境的称呼？'家'！可是故事发生在哪？'村庄'！那么他的主要身份是什么？""党支部书记！""对，当他指挥人群逃生，要求党员在后的时候他是党支部书记；在他揪出不按要求排队撤离的儿时，他也是以党支部书记的身份说话的。'你还算是个党员吗？'那是一种责任！而当只剩下他和儿子两个人的时候，他意识到自己是一个父亲。一个父亲要把生的希望留给自己的儿子，所以在儿子让他先走的时候，他不容争辩地让儿子先走，这就是父爱！当看到儿子被水冲走的时候，'老汉似乎要喊什么'，这是父亲的舍不得！所以说，不是父亲让儿子失去生的机会，而是洪水太过猛烈，没来得及让一个父亲所有的柔情表现充分，就夺去了他们的生命。就像童心宇一开始谈到的感受那样，人在自然灾害面前就是这么弱小，所以更要珍惜生命！"学生在与我的一问一答中重新梳理着课文中的细节，感受着生命的珍贵。也许这并不是本文作者着力表现的主题，但是关注生命本身的价值比学习某种精神更有现实价值，尤其是现在这个社会现状中，对学生的生命教育是应该重视的，所以我借助争论老汉父亲的形象加以渗透。

课堂上发言的面很广，大多数学生争抢着发表自己的看法，就连平常不爱举手的学生，也在相互的碰撞中，忍不住要一吐为快。可惜的是时间有限，许多举手的学生没有被叫到。但是看到孩子们这种学习状态，作为老师是非常享受的。机会会来，一定会来！

（2012年3月30日）

我们就这样读古典名著

2015年4月13日，我们将学习的步伐迈入了"中国名著之旅"。

咱班学生对于中国名著并不陌生，从近地说，寒假作业中我给的建议里就有阅读中国古典四大名著；从远地讲，他们上学伊始，原来的班主任兼语文老师就大力推广阅读，尽管年龄以及老师个人偏好等实际情况可能影响他们阅读的深度，但是对文学作品的接触一定是早就有了的。既然如此，我在准备教学时先测学生原有的阅读体验，看他们的认知水平在什么水平线上。

好吧，先问问中国古典四大名著都有哪些。果然不出所料，举手应答者甚多，并且回答正确！

再问："这四部作品中让你挑出在体裁上略显特别的一部，你认为是哪一部？原因呢？"（为什么说体裁，而不准确地说创作风格呢？因为小学阶段只接触到体裁这个概念，而没有接触创作风格一说，所以我选择他们已有的知识点提问，体裁的概念恰好上学期我已经给他们讲过）果然又不出所料，学生连蒙都蒙不对。他们就是读读故事，看着玩儿地读完一部又一部长篇巨制，可是却没有尝试怎么品味作品的独特性，这是我问这些问题前就预想到的现象。好吧，他们是小学生，还不能强求那么多！几经努力提示，最后我不得不自报答案——《西游记》。下面就有学生嘀咕，表达不解，这是学习的好节奏！顺道我就点了一下"现实主义"和"浪漫主义"的两大创作风格，四部作品中只有《西游记》是神话，其他作品均基于现实进行了虚构。

"可是鲁智深倒拔杨柳也很神奇啊，那不是现实吧？"爱思考的学生有凭有据的质疑。我忍不住回答："思考、质疑，这是多好的学习状态啊！只是问题有些……"不难看出，学生对作品的"整体和局部"区分还不够明显，我顺势而下，就再给他们一个重量级炮弹："同样是写现实生活中中国农民起义的，《三国演义》和《水浒传》又有何不同呢？"

几经考验，学生中思想被激活的人多了起来，他们开始结合具体内容谈想法。我仅取两点精华：起义斗争中对抗的双方，《三国演义》是国与国，而《水浒传》是民与官斗；基于这一点，两部作品中争斗描写的侧重点便不同了，《三国演义》里更多的是战略战术，富有计谋，而《水浒传》则是英雄好汉，逞强好胜更多。

"那为什么说'老不看三国，少不读水浒'呢？"学习委员听进去了，所以再次质疑。

记忆是一切学习的始端，活用记忆才能问出有价值的问题，这问题问得真是棒啊，恰好也是我想要说的，既然学生问了，就更好地交给他们思考吧！为了让学生明白，我以儿时的"英雄梦"和打仗游戏做现身说法："咱们小，特喜欢模仿，而且感兴趣的往往是热闹的场面，看完这些再来个现场版的，常常就危险了，所以被告诫'少不读水浒'……"

闲聊中，学生回忆着、概括着、归纳着、对比着、分析着、质疑着、总结着，一步步地让思维活跃起来。

不过，小学生读古典名著不需要过于深刻，但也有其侧重，这得让学生自己把握好。依据是什么呢？自然是单元导读。

入课时，我习惯先让学生读单元导语，因为那里有整个单元主要内容的概括，也有学习重点和学习方法的提示，整体把握好后再在整个单元的学习中实践提高。本单元的导语我突出了第二段："学习本组课文，要理解主要内容，感受人物形象，体验阅读名著的乐趣。"学生读完单元导语后，我板书了"内容"和"人物"两个词，然后提示思考这三个短句间有什么关系，如果选择关联词连接，该怎样选择。问题带动思考，举手者不多，因为他们本身对这类问题就不是很擅长解决，加上对思考结果无法确定是否正确，他们不习惯尝试，太怕出错的心理已经占据上风很多年了！陆续请了两名举手的学生，都选择了并列关系的关联词。面对这个结果，我继续引导他们还有没有别的选择，教室内冷场了！于是，我只能选择提供结果让他们判断："学习本组课文，不仅要理解主要内容，还要感受人物形象，从而体验阅读名著的乐趣。"立刻有学生明白了"承接"的关系，怎样体验乐趣呢？就是得透过故事的内容和人物去找寻。

读小说扣住情节和人物是关键所在。那为什么要这样呢？我简单串了一下中国文学的特点，有些高屋建瓴，但无非是想种一颗好种子——文学即人学，只是我没把话说得这么深奥。等学生将来认识和知识都提高后，研究文学的时候，不至于如我一般感受到"小学里，老师讲的东西好多不准确，或者是从未提过"。要想可持续地学习，学生就需要在萌芽阶段有一个更宽阔的视角，而不是因为"这样就得这样"地被动接受。

接下来的《将相和》，我们就紧扣内容和人物开始学习。奥秘被他们自己一点点剥开后，名著之旅应该会是一趟快乐的体验。

（2015年4月16日）

美文诗意

——《山中访友》教后记

开学伊始，我被幸运地安排为区教研室的领导调研上节课。对待公开课，我一向的态度是常态课堂精致化，不会做太多表演性的操作。换言之，平常什么样，公开课还是什么样，只是更加认真对待就是了。因此，开学第二天的公开课就是上第十一册的第一课——《山中访友》的第二课时了。

课文是一篇极美的散文，作者仿佛和大自然一样，充盈着跃动的活力和生命的灵气，把美丽的自然风光和自己的浓厚情感处理得那么美妙，让人读着读着就能听出自然的声响、感受自然的友善、领略自然的智慧。可以说，整篇散文字字珠玑，令人心旷神怡。如此一篇佳作，如何教才能让学生也能身临其境，领略作者与自然之间的默契呢？如何教才能让文字里透露的美感不丢失呢？如何教才能让学生轻轻松松地化知识为能力呢？

唯有让学生入境，才能不辜负作者的精心创作吧！那情境教学的氛围呢？没错，必须要美化语言、淡化讲解、诗化文本、感化语境。

一、情感渲染突显情境

好的写景文，一定离不开情感，这篇散文也不例外，而且从题目就可以看出来，作者是把山中的一切当作朋友对待了。对于学生来说，朋友之谊，不论深浅浓淡，总有些生活积淀，容易从文中捕捉到，但用情写景的构思却是学生很少采用的，新奇的构思里透露出的丰富想象力又正好切合着学生的心理。十岁左右的学生是充满好奇心的，所以文中那些比喻、拟人的描写，很自然地把学生带进文章中。但是要想能够真正体会这种表达方式的妙处还是要很好地调动学生自己的情感，与作者产生共鸣。"走出门，就与微风撞了个满怀……早晨，好清爽！"这样的好心情若是学生准备好，那么"我"做的一切，也仿佛是学生自己的亲历。

"清爽的早晨，我独自一个人上路，去和老朋友叙叙旧。需要礼物吗？不用，带了反倒显得生分了；需要邀上同伴吗？不必，今天我只想把我的好心情和山里的那些老朋友分享分享，出发吧！幽静的山路是如此沁人心脾，看……"（播放课件，展示老桥图片）学生被带到了桥边，放声朗读，显得格外精神，也格外"崇敬"！

"听，这是谁在叫我的名字？把我从沉思中拉回来，是那片树林，近了，近了，多亲切的呼唤啊！我不由得走了进去……"（播放轻松的音乐和树林的画面）学生自然而然地与我交融，读得倍感亲切，更增亲密。

"放眼看看，只有树是我的朋友吗？""这山中的一切，哪个不是我的朋友？"学生又是那么自然地读出了作者和自然的交好，在一幅幅画面前，留下自己最深切的问候和猜想。

在音乐和诗化的课堂语言中，学生和文本亲近着，在文字的世界里享受着与自然交谈的惬意，轻松而愉快，读出了文字的滋味、作者的心声。

二、重点点化，关键训练

语文的工具性和人文性在这篇散文中结合得如此之巧，让会读书的人一读就能喜欢上那种心旷神怡的境界。可是对于刚上六年级的学生来说，他们还不能很深刻地感受，要老师适当地点拨，才能引导他们做深度的阅读。

山中每一个景物在作者心中的地位都是不一样的，就如我们自己的朋友圈里也有亲疏远近一样，但情是真的。老桥是德高望重的"老人"，给"我"做了"默默奉献，甘心付出"的榜样，那么，"我"会在什么时候最容易想到他呢？学生调动自己的生活积累，说出一个个恰当的时刻，如此一来，"德高望重"的含义已经很明显了，还需要引导"我"对老桥的情感吗？听，不是在带着敬意、带着赞扬来读"那座老桥，是我要拜访的第一个老朋友"吗？

"如果我是你们的朋友，我还真不会跟你们交往太久，朋友应该有个亲疏远近吧！怎么可能是一个声调打招呼呢？"在学生初读第五段后我开玩笑地评价，只想点醒他们朗读时应该注意节奏和感觉。"作者对每一个景物朋友的称呼一样吗？清凉的山泉、汩汩的溪流、飞流的瀑布……你注意到不同了吗？要用你的声音表现才对呢！"这样，学生再读就有了变化和感觉。

（2008年10月22日）

走进文字找力量

——《唯一的听众》教后记

《唯一的听众》作为人教版十一册第三单元里的一篇精讲文章，其文本价值重在让学生感受"心灵美"，但是今天我教的这一课却在文本的价值导向中另辟蹊径——人走向成功的主要原因是什么？为什么这么教呢？这得从我们班的现状开始说起。

从我接手这个42人的新集体开始，我就在观察班里这些学生的学习态度和状态：他们心中渴望着成功，有目标，也会行动，但就是坚持不了。因为他们总有足够的理由告诉自己：换了无数个老师、换了好多班主任、基础不好……这些都是客观事实，却不是真正的原因。环境因素对一名学生的成长作用我们不会否认，但是如果一个人心理足够强大，是不会因为环境变差而放弃努力的。我就想通过《唯一的听众》这篇文章的教学告诉学生这个道理，让他们能从自身找到学习劲头不够、成绩不如意的真正原因，从而奋发努力，让自己有一个全新的改变。

于是，这篇课文便从"唯一"这个词开始。从文中可以看出，作者的听众并不是只有这一位老妇人，为什么她被冠上了"唯一"呢？这个问题是要让学生意识到"我"面对的现实：被亲人否定，被定义为音乐方面的"白痴"，信心已经被打击得几乎要全部丧失。果不其然，学生能够理解到位！但是对于"我"在沮丧时仍然有短暂的"心里充满神圣感"去坚持练习小提琴的行为却似乎视而不见。因此，我在课堂上花了些功夫让学生意识到"我"没有放弃的重要性。正因为这样，老妇人"平静的作用"才能发挥出来。

第二个在课堂上重点讨论的话题是老妇人"平静的作用"是怎样发挥的。学生在自读后谈了感受，但是并没有朝着我希望的方向交流。因此，我适时提示：在"我"抱歉地想逃的时候，老妇人看出来什么了？她又是用什么方式让"我"有什么举动呢？当"我"愿意继续拉琴后，老妇人又看出了什么？对"我"说了什么？起了什么作用？……问题让学生的交流集中了，也让思考更具有现实的价值：一方面，要让学生懂得真诚无私的帮助的可贵，老妇人对"我"的爱护和鼓励，使我最终成才；另一方面，我还要让学生明白，成功的真正原因是"我"对音乐的永不放弃和不懈努力。

对全文的学习结束时，我为了让学生明白老妇人的作用发挥出来的真正力量来自"我"自己，又抛出了一个更开放性的话题：回读课文第4~7段，看看老妇人那么明显的破绽为什么"我"都看不出来？这样，学生自然而然地就意识到"我"的投入！这就是问题的关键了，一个人只有自己真的做到自助，别人才会帮得到他。文中的"我"就是让这位德高望重的音乐教授看到值得帮助的地方，所以她才愿意那么耐心地陪伴我改变，那么平静地去看着我进步。与其说是老妇人让"我"成功，不如说是"我"自己成功的。因为在备受亲人打击的时候，"我"仍然找到一个地方暗暗努力，去"干一件非常伟大的事情""充满神圣感"！当有听众了，心存感恩，并且珍惜机会，"每天清晨，我要面对一位耳聋的老人尽心尽责地去演奏"，是尽心尽力而不是糊弄，更不是随便应付，这股信心不是他自己找回来的吗？老妇人就是安静地陪伴，并不时赞扬一下，这多么像现在的我们班呢？外因只有通过内因才能发挥出作用来！

课文讲完后，我又布置了作业：日记本上写学后感，要侧重于"内因和外因的关系"去写。我希望他们能够认真思考，我想看看学生是不是真的理解我的良苦用心，从而能从内心改变对学习的态度，哪怕只有一名学生领会到我的用意，我也都会觉得功夫没有白费！期待明天学生的日记带给我惊喜！

（2013年10月15日）

图解数说

——《只有一个地球》教后记

1972年，联合国在斯德哥尔摩召开人类环境会议，讨论"世界环境问题"。秘书长莫里斯·斯特朗委托英国经济学家芭芭拉·沃德和美国微生物学家勒内·杜博斯创作了《只有一个地球》，于是"只有一个地球"的呼吁应运而生，随着会议扩展成为全世界最响亮的环保口号。两位科学家从人类生存的角度介绍了地球的有关知识，用生动形象又不失精确严谨性的语言阐明了人类"只有一个地球"的事实，呼吁人类应该珍惜资源、保护地球。人教版教材将《只有一个地球》这篇科学小品文收编至第十一册第四单元中。虽然是英美科学家创作的，但是不得不承认这篇文章层次分明、脉络清楚，即便老师不讲，学生也能读得懂、学得来。那我们还有讲解的必要吗？

有！有真学问的科学家的文字深入浅出是没错的，但是学生真能从朴实的文字中看到"深"吗？未必！只有采用合适的方式，小学六年级的学生才能懂得其中的奥妙吧！即蕴含在朴实的文字里的大量环保信息和地球知识如何让学生们轻松捕获，还是需要"浅入深出"的引导和讲解。对于高年级的学生来说，怎样为"浅"？最熟悉的就是最容易接受的。他们是在各种视听讯息中长大的，电视等传统媒体和网络等新兴媒介充斥于学生的日常生活，一切的知识都被商家绞尽脑汁后变成了可视化的动态或者静态的直观信息。既然如此，要让学生走进文字世界，就选用图解吧！我精心挑选了四幅具有代表性的图片，展示着地球是"一个晶莹的球体"，"蓝色和白色的纹痕相互交错"，并"裹着薄薄的水蓝色'纱衣'"。学生随着一张张图片，读着课文第一段，太空中看到地球的形状、颜色、图案等特点一一呈现后，留给人的整体印象除了"美丽壮观"外还能有什么？学生自然而然地赞叹起来。在图片的介质中，文字开始有了画面，他们的想象力被可视化后，理解力也被激发出来。说明事物就要抓住它的特点，按一定顺序进行描绘，语言形象、生动才能叫人印象深刻。我顺势告诉他们本文的体裁是科学小品文。除了追求语言的形象生动以外，更要做到语言的精确、严谨。于是，重读第一自然段后，学生很快发现了第一句话不是可有可无，而是非常准确地指出了看地球的视角。话说得滴水不漏是需要功底的，这篇文章的作者可是科学家啊！

在"美丽壮观"和"和蔼可亲"的视觉冲击下，学生欣赏着地球的多姿多彩。当将美的东西毁坏的时候，往往带来的是最强烈的思考力量。在课堂上，我真正感受到这种力量的强大。讲完地球的美后，我选择的图片是地球上各种被污染、被破坏的图片。一张张图片仿佛是叩开学生心门的钥匙，他们对于不文明的行为表现出来的不满和愤怒顷刻间弥散于课堂。回到课文的第三、四段，学生很轻松地把握了"不加节制地开采""随意地毁坏"和"滥用"的危害性。为了强化这个印象，我再次摘录了大量的数据，补充说明地球上的环境危机。先聚焦中国，再将视野扩展到全世界，我请学生用最沉痛的语调来"播报"PPT上的一组组数据。在听觉的刺激下，学生读懂了环保的迫切性，于是呼之欲出的就是课文的题目——《只有一个地球》！情感被数据激化，理性被听觉唤醒，学生和作者一起发出呼吁：要保护地球！

我从未觉得学生学得这么轻松、这么扎实，可是在我们一起研读《只有一个地球》的时候，学生与我的课堂互动却是真实的，和我预想的一样。学生掌握了文章的精髓，抓住了重点，也对地球本身产生了浓厚的兴趣。于是，我顺利地将太阳系和宇宙的相关知识进行普及，可谓水到渠成！从学生当天学完课文后写的感受中，我感受到他们的文章炼字意识较之以往要强得多。这是我在教每一篇文章时都强调的，但是学生一直没有意识到要认真对待，可是今天用图解文字讲完课文后，再去看他们的文字，炼字意识竟然不着痕迹地被学生落实了，真是"无心插柳柳成荫"啊！

上完课后，我再次感受到对学生学情的准确检测是有效教学的前提。只有准确把握了学生的能力和水平，才有可能对其做有针对性地提高。毕竟这些学生对文字本身的敏感度不再是上一届学生的水准了，我也得做出相应的调整——以学定教，用他们喜闻乐见的方式去引导他们。开学至今，我终于将自己调整过来，不再为难自己一定要让他们达到六年级学生应该达到的理解水准，给他们好好搭梯子，学生也就受用了。他们一直以来习惯了学得浅、学得单一，我一下子让他们全面理解到位、巧思不断，那又怎么可能？

在做《只有一个地球》的教学设计时，我非常认真地思考了这个问题，三易教学设想，最终选定了图解数说，结果就变成了学生学过说明文后会思考和联想了。因此，在我将课文全部教完后，让他们把书翻到"园地四"中的"日积月累"，读环保标语后再回扣课文，看看具体标语应该可以契合课文的哪一段。学生很快为这些环保标语找到了契合的文段，譬如，"拯救地球就是拯救未来"这一句话，竟然是平常几乎不会举手发言的黄俊同学主动举手更正并解释了应该放在第六自然段。他的解释是："第六自然段中说'人类不能指望在破坏了地球以后再移居到别的星球上去'，指望就是希望，就是对未来的憧憬，所以说拯救地球就是拯救未来。"看看，学生想得多么合情合理。学生的理解水平摸清后，采用适合的方法，才真的成为学习的助力。中医上说："痛则不通，通则不痛。"教学也是这样，只是这里的"通"是师生间的理解维度相同，不能用我们认为的学生水平评判，而是要以学生的真实理解水平为基准去做教学设计。如果学生不能理解我们的教育，那一定是教学环节中有需要改善之处，值得师者深思并调整，这也是一种"教学相长"吧！

（2015年10月21日）

关注形式重内涵
——《匆匆》教后记

我这是第几次教名家朱自清的《匆匆》了？每一次都会被作家的那种笔触、那种细腻所带动，重新思考人生该如何度过。在时间构成的生命长河中，我们要做得实在太多，可是因为匆匆，很多事我们都没有做，这种感觉怕是成年人才能有更真切的体悟，而对于如朝阳般的六年级学生来说，每天嫌时间太多还来不及呢，哪会去感叹时间的飞逝？事情就是事情，在他们眼中没有什么大小、有用和没用之分，只有难易、好玩和枯燥之别罢了，又哪会意识到什么叫"碌碌无为"呢？通过前几届学生的学习结果反馈，让学生能在字里行间明白对蹉跎岁月的无奈和惋惜不是一件那么简单的事情，尤其是在关注到朱自清用最精妙之笔写"匆匆"的状态时，学生可以模仿其形却无法领会其神的排比句时，更感受到浅显文字里蕴藏深刻的文章真不适合让小学生来解读。可是……

散文需要心领神会，但是生活阅历决定了解读的深度和广度。小学生读朱自清的《匆匆》可能只能依据参考书和老师强加给他们的理解方向去掌握吧！可是文字只有在触动心灵后，才能幻化出能量，让人印象深刻。这样的文章，我该怎么让我这班"不识愁滋味"的学生懂得和生命相关的话题呢？内容不好理解，就从形式着手吧！朱自清的文章在遣词造句、文意表达上"有一手"，《匆匆》里更是有丰富的言语形式值得我们关注，修辞就是一大要点。最具代表性的排比、比喻，让学生仿写是必要的。

说到仿写，不得不温馨提示几个要点：其一，要注意句式特点；其二，要抓准修辞手法；其三是最关键的，要达到内容上的协调一致、前后呼应。如果说"燕子去了，有再来的时候；杨柳枯了，有再青的时候；桃花谢了，有再开的时候"这一句，学生在仿写时很容易达成，可是到了"洗手的时候，日子从水盆里过去；吃饭的时候，日子从饭碗里过去；默默时，便从凝然的双眼前过去"这一句，学生对于内容上协调一致、前后呼应这个要点就不太容易做到了。因此，在这次教学中我必须要分步指导。"洗手和水盆""吃饭和饭碗""默默时与凝然的双眼"这三组词语（组）的内在关系首先要让学生看出来。回读原文句子，学生在提示中意识到原来这是"做事和做这件事的关键用具"的关系，于是就有了"写字和笔""喝水和茶杯""做作业和本子"等的组合，剩下的仿写就能够成功吗？是的！如果不用关注"仿照作者的写法，将意思续写下去"的话，我的教学到这里算是成功了。然而，这一课经常考的要点却偏偏是延续意思的仿写。所以，我不得不就这组意思再做相应指导。显然，无论是洗手、吃饭，还是默默发呆，都是我们日常不经意做的、有必要做的，但是又和我们的理想没什么必要关联的琐事，这样的事情占去了我们生命的时间，可是并不能给我们带来太多提升，更不关乎人生价值，就相当于"没什么事做""好无聊""浪费时间"，用一句话概括就是"不干正事"。而学生怎么能思考得这么全面呢？站起来发言的学生立刻说："写作业时，日子在笔尖过去。"合适吗？显然，在常规观念中，这和作者要表达的意思相去甚远，可是如何让学生明白呢？他们每天的生活里做得最多的事情就是写作业，举的例子自然也就是自己的生活，可这是不是正经事情呢？当然是！作为学生，必须要以学习为主，那么作业的价值就大了！这样一说后，学生似乎理解了，又似乎模糊了！现在的学生在不明朗、把握不准的时候往往会跑神，放弃深入思考，这个时候，教室里出现了很好的引导情境：有的人在东张西望，希望找到能够准确回答问题的同学；有的人干脆就人在心不在，甚至玩起了手指……好吧，我就拿咱班的孩子说事："于是，（李河壮）抱着双手跑神，日子从手指间过去。"全班学生哈哈大笑。再创情境："早晨进班，应该早读，可是有些学生是这样的匆匆：（兰东）打早餐的时候，日子在东摇西晃的饭盒里过去；慢悠悠坐下时，日子在椅子上过去。"终于，学生知道了所找的事情应该体现出"无所事事""碌碌无为"才对。从关注言语形式到重视字里行间内涵的教学结束后，我以为所有的学生不会再出乱子，遗憾的是到了做练习巩固时，还是有两名学生仿写成"做作业的时候，日子从纸张上过去"。为这两名学生，我不得不再讲解、强调，希望学生再遇到时能找到最恰当的生活琐事来写。

《匆匆》里的比喻非常精妙："在默默里算着，八千多日子已经从我手中溜去；像针尖上的一滴水滴在大海里，我的日子滴在时间的流里，没有声音，也没有影子。"学生读时觉得好，可是要写出这么好的比喻来形容时间流逝无影无踪、悄无声息，谈何容易？于是得去解读，同一范畴里小和大的包容关系，以及人的感觉都要统一在没有痕迹上。渐渐地，有些学生找到了沙粒与沙漠、火柴与熊熊之火、落叶与丛林来类比。读着"过去的日子如轻烟，被微风吹散了；如薄雾，被初阳蒸融了"，学生又能想到哪些合适的比喻呢？首先得解读这句话的意思，就是过去的日子过去了，看不见，摸不着，只是朱自清并不是直白地说，而是用比喻的方式含蓄地告诉我们，被风吹散了的轻烟，被太阳蒸发的薄雾都是消失，可是留给我们的印象却不同。学生找寻生活中这样的事物和过程，才发现不经意时错过了太多，只有认真观察生活的人，才能在学习的时候信手拈来这样的素材。

教《匆匆》多次，这一次是真正根据学生特点解读文本，而不是将我的思维硬塞给他们，更不是将我的领悟灌输给他们。立足于学生的认识水平，分解知识要点，化解难点，希望这些学生能够知道老师做到这点不容易，更要知道生活中学语文不该成为一句话，而要实践。

（2014年2月25日）

力挽狂澜的是谁

——《顶碗少年》教后记

《顶碗少年》是一篇脉络清晰、记叙精彩的课内自读课文，鉴于其结构和写事对学生写作有相当大的示范性，在处理教学时，我将这一课作为精读精讲课文，花了两个课时教学。

高年级的语文教学中，评说被有所侧重地运用在课堂教学之中。分析品读这篇课文，我采用给成语，让学生找依据、谈感受的方式。板书一次出示了"一波三折""惊心动魄""扣人心弦""百折不挠""勇往直前""力挽狂澜""处变不惊""镇静自若""处之泰然""出人意料""精益求精"和"出类拔萃"等，让学生抓住这些关键词，理解课文中精彩的记叙和描写。一方面可以有的放矢，另一方面也能很好地明白词句的关联，更主要的是领会文字的精髓。学生在畅所欲言中，对"出人意料"和"力挽狂澜"的评说多了些"波澜"。

"出人意料"，究其意思是指（事物的好坏、情况的变化、数量的大小等）出乎人们的意料之外。文中符合这个意思的描写严格来说有两处，那就是少年的第一次表演失败，出乎观众的意料；少年第二次登台失败，出乎少年自己的意料。但是学生找出了三处，分别是第一次失败表演；失败后，少年镇定登台又失败和第三次表演成功，却没能很准确地把握住这个"点"。如何在这三个答案中"剥茧抽丝"呢？学生互相望望，无法确定，找不到理由。那么就引导吧！第一次失败之后再登台观众有没有预料到可能会失败？有！第二次失败后，第三次登台希望他成功的观众有没有？有！那么这就不是出人意料了。学生恍然大悟，懂得了结合情境去想问题。再找到第二次失败后少年站在台上的神情描写，自然懂得他完全没有料到第二次失败的现实。

"力挽狂澜的是谁？"这问题太简单了，积极的学生生怕自己的想法被别人抢先答了去，争着要发言。"我认为力挽狂澜的是顶碗少年，因为……"李睿首先得到机会，言之凿凿，引来了无数认同者点头，这也是文本最主要的意思。可也有不同意见者举手。沈飞龙站起来，声音不大："我觉得力挽狂澜的人是那个老者，你看一开始……"他也说得头头是道。这两个答案之后，还有要发表不同见解的曾智相："我觉得少年啊、老者啊，还有那个碎瓷片的小姑娘都是力挽狂澜的人。少年用他精湛的技术最终表演成功了，可要是没有老者最后上台给他鼓励，他还是有可能失败。"听着他与众不同的发言，我会心地笑了！的确，这场演出的每一个人都是力挽狂澜的英雄！而最难得的是我们的学生能够意识到靠一个人的力量无法做到，这名学生还是我们班上最个性，特别"英雄主义"的散漫分子——曾智相！抓住这个契机，我对他大加赞赏之余也对文本做了相应提升："在绚烂的成功之前，我们往往就盯着主角了，但是能让主角最后一搏，获得掌声的背后的支持力量却是不该忘记的。"学生在领会"团队合作"精神之后，最终把热烈的掌声送给了曾智相。而这个意思在文中有没有表达出来呢？有！课文的最后一段，还有课文中对这些非演出人员浓墨重彩地描写，都表明了力挽狂澜的不止少年一人。课堂上学生思想的相互碰撞，会激发出更有价值的学习，这是我最喜欢的课堂生态！学生读着文字，感怀着文字里的激动。可是文本自身的价值指向我们还是要再次强调，在思维拓展之后我出示了预设的PPT，来最后归整这一讨论。力挽狂澜：挽，挽救，挽回；狂澜，猛烈的大波浪。比喻尽力挽回险恶的局势。本文指少年把眼前的困难挡回去了，比喻他用自己的毅力、技术，把快要失败的局面给挽回来了，这就叫力挽狂澜。

思考着评说课文，我们的收获是丰厚的。

（2013年3月1日）

渗透文化种子

——《北京的春节》教后记

以往教学人教版语文十二册第二组课文内容时，总是习惯从了解层面去介绍那些民俗民风，对蕴藏在其中的中国文化几乎是蜻蜓点水式掠过。一是因为教学对象对教学内容相对了解，在做前期准备中他们都比较积极广泛地了解了；二是因为教学对象的父母们能给他们带来更多的文化熏陶机会；三是考虑到小学语文课的特色，不宜深究。因此，对于如《北京的春节》这样底蕴十足的文章就在文法、知识点和基本常识点上做重点指导，对于文字中蕴藏的传统年俗文化是不做涉猎的。可这一次，面对许多学生连"正月"都能读成"证月"的情状，我不能错过这个普及年俗文化的机会，因此，在教学时做了非常大地改动和提升。

一、语言关：轻声和儿化音先行提兴趣

我们地处广东，即便从全国各地来的孩子，受其周围环境的影响，对于轻声和儿化音还是比较陌生的，平常并不太关注。《北京的春节》的作者老舍是个地道的北京人，讲的又是北京的事情，因此，文章中许多词语都自然不自然地带着"京味儿"。北京话里最具特色的就是儿化音和轻声词特别多，像文中的"杂拌儿""零七八碎儿""玩意儿""风筝""红火"等，老舍先生不经意就用了出来。在讲课之前，先将这些读音特殊的词挑拣出来，带着学生把玩把玩、练习练习，学生因为新奇而精神倍增！在这样的情绪中走进文本，走进北京的春节，走进年俗文化之中，也就不那么牵强了。

二、线索关：时间线条中的孰轻孰重

老舍是个文学大家，写这样的文章信手拈来，所以文字自然而亲切，不感生硬，且脉络清晰，事情虽多，却能叫人印象深刻而不觉零乱，因为他采用的是时间线索。文章中表现时间线索的词语清晰可见，学生读时稍加留意就能抓得住。可问题是这么多时间点，从腊月初旬到正月十九，可写的实在太多了，但是一篇文章的容量有限，读者也不喜欢唠唠叨叨、事无巨细，得有重点。学生再读，从文章中不难看出作者处理时是有详略的：刚开始的腊八，"好的开头是成功的一半"，给大伙一个好印象，年开始了总得忙起来，一忙起来事情就多了，得一件件交代；忙来忙去就是为了除夕收官，第一个高潮不能错过，这得认真写；正月初一，农历新年的开始，那光景是一定要浓重些；有开头总会结束，只是年结束的节奏是慢的，中国人对"中心"是情有独钟的，即使现在这么淡薄传统文化，元宵节还是要过得像模像样的，所以值得好好介绍介绍。过年期间，选择这四个最具代表性的时间点来重点描绘，不仅能将年俗串得起来，又别具一格。学生在线索上很快感受到了过年时的年俗习惯，也把握住了作者的精巧安排。

三、同样的热闹，不同的活动和感受

春节给人最隆重的感受就是热闹，《北京的春节》里各项活动带来的气氛也是热闹。可这热闹会因时间变化而有不同的内涵，从我们自己的感觉上，年前和年后的确有些不一样。老舍敏锐地写出了这个不同，但是要让学生自觉地感受到这些不同还不是那么容易的。文章中有一个词用得极好，清晰地点出了不同，这个词就是"截然不同"。那么，这种不同到底表现在什么地方呢？

我带领梳理各个重要时间点上的风俗习惯——腊八：熬腊八粥，泡腊八蒜；腊月初九至腊月二十二：孩子买杂拌儿、买爆竹、买各种玩意儿，大人预备过年的吃食；腊月二十三：过小年，放鞭炮、吃糖；过了腊月二十三：大扫除，把吃的准备充足；除夕：做年菜、穿新衣、贴对联、贴年画、灯火通宵、放鞭炮、吃团圆饭、守岁；正月初一：店铺关门、男人拜年、女人待客、逛庙会；正月初六：铺户开张，还可以逛庙会、逛天桥和听戏；元宵节：看花灯、放花炮、吃元宵；正月十九：残灯末庙，春节结束。这么多的活动，以除夕为分界，年前的活动集中在忙活"吃"的，显示出丰盈而富足；年后呢？人们的活动重心就从吃转移到"玩"上。等到学生意识到这个的时候，我无法抑制自己的给学生补充中国的"吃文化"，学生非常感兴趣，我顺便又给他们介绍了一档今年春节期间在央视四套热播的《过年习俗》的纪录片。学生在各种春节吃的东西中找到了年味！年前无论大人、小孩都争着为嘴巴忙忙乎乎，而年后因为年前准备充足，时间充裕，干什么呢？玩！玩什么？花样多了！我在课堂上模拟了部分春节玩的花样，学生的心情就如放飞的风筝，自由翱翔着，感受着文字里的各种新奇和快乐！

《北京的春节》带出的文化渐渐播种在学生的心田。正好这篇课文后面的"阅读链接"也有两篇名家写春节的文章，顺势给他们一个作业——写写读后感。读着他们的文字，我知道文化的种子播撒了。

（2014年3月6日）

那根小小的火柴

——《卖火柴的小女孩》教后记

　　《卖火柴的小女孩》是丹麦作家安徒生的著名童话之一，讲述了一个卖火柴的小女孩大年夜冻死在街头的故事。故事中实写和虚写交替进行，营造了凄美的氛围，更打动着每颗翻开故事的心。每一次我读这个故事，都有新的发现，所以每次教学生赏析这篇课文，我都有不同的切入点。这是我第四次讲解这篇课文，原来的设计在我开口呈现第一个画面的时候，突然间变了……

　　故事是要讲述的："在这又冷又黑的大年夜里，一个穿着薄衣，赤着脚的小女孩在大街上卖火柴……"在音乐和图画的引领下，学生没有走进我设想的情境中，他们的表情和行为告诉我，这和他们没关系，他们漠不关心。这样的学习状态让我无法容忍，既然不主动学，那我只好强制执行！于是，我当机立断改变了原来的设想："请齐读课文！"指令一下，学生陆续参与到学习活动中来，我也从操作平台位置走了下来，随时纠正学生的读书姿势。在朗诵中，学生似乎有了感觉，齐声的朗读里有了抑扬顿挫，也有了快慢的变化，果然是"实践出真知"啊！当他们的朗诵延续至"他们头上只有个房顶，虽然最大的裂缝已经用草和破布堵住了，风还是可以灌进来"，我再次下达指令："请转入默读！"声音虽然不大，但容不得他们不执行。学生从"热"起来的情绪瞬间安静下来，各自领略课文后面的部分。

　　在学生默读的时候，我在黑板上抽取了文章中的一句话："啊，哪怕一根小小的火柴，对她也是有好处的！"说实话，在前几轮的教学中，我并没有关注到这句话，也从来没有像这次这样重视这句话。等学生陆续默读完全篇后，再让他们单独读这句话，要想读出感情、读出味儿，就必须要读好一个词，这个词学生都非常肯定地说："小小的。"是啊，小小的火柴为什么对她就有好处了呢？学生马上回答："因为她冷。""冷！她真的冷，从哪里看出来？"学生很快找到了小女孩因为天气冷而感到身体冷的依据和具体表现。就在之前学生齐读的文段里，安徒生将小女孩儿冷的现状呈现出来。我快速在黑板上书写下"身体冷""天气冷"，然而这样的表层之后还存在着与创作者意图相连的"冷"。于是，我们再去体会字里行间的情感，学生互相之间碰撞的思想落在了"心灵冷"和"人情冷"上，这与后文的情节发展是至关重要的。尤其是"人情冷"的问题，看似轻描淡写的那双"大拖鞋"，却是带出这个重要信息的媒介。如此境况的小女孩，在奔跑时丢了的那只鞋被一个男孩捡到，不做别的用，"将来他有了孩子可以拿它当摇篮"，多么滑稽！此刻，小女孩是急需要鞋的，他却当玩具！街上人来人往，却没有一个人看到这样一个可怜的小女孩多么需要他们的帮助。这些细节在我简单地提示下，学生都能从文字里品出味道来。总之，学生对前四段的体会远远超出了我事先的预设。残酷的现实，这份冷不仅是主人公的，也是读者读着她的处境感同身受的。

理解到这种程度，顺理成章又回到黑板上的这句话："在如此冷的天气里，她的身体是那样寒冷，在如此冷的人情社会中，她的心灵是那样的凄凉！'啊，哪怕一根小小的火柴，对她也是有好处的！'这个'好处'用一个字就是——"学生非常敏锐地回答："暖！"与"冷"相对应的"暖"字恰如其分，可是"暖"的确切含义呢？还是要回到文章里去看小女孩擦燃的一根根火柴。在与现实的对比中，学生明白了小女孩在一次次划燃火柴的幻想里带给她怎样的温暖——那大火炉将温暖她冰冷的身体；那香喷喷的烤鹅将"暖"她饥饿的身体和渴望亲情关爱的心灵；那圣诞树更会让她享受家庭的温暖，体会圣诞的幸福……浓浓的亲情剥去笼罩在小女孩心头的那份爱的缺失，而奶奶更是给了她最真切的疼爱。小女孩在一次次满足中失去她渴望的一切，却又在一次次失去后重新期盼，于是一根根火柴被擦亮的是希望，温暖的是小女孩的心灵。

再美好的愿望还是要回到现实里来，回到现实，一切还是那么冰凉。尽管安徒生已经将其极度美化了，我们还是难以略过那份凄凉悲苦："第二天清晨，这个小女孩坐在墙角里，两腮通红，嘴角上带着微笑。她死了，在旧年的大年夜冻死了。新年的太阳升起来了，照在她小小的尸体上。小女孩坐在那儿，手里还捏着一把烧过了的火柴梗。"学生在低沉的语调中接受了残酷的现实，更感知着作者对小女孩的无限痛惜和同情。

上文中提到"人情冷"是很难改变的现实，所以即便是安徒生这样的童话大师，也无法粉饰，课文的结局凄美而婉转："'她想给自己暖和一下。'人们说。谁也不知道她曾经看到过多么美丽的东西，她曾经多么幸福，跟着她奶奶一起走向新年的幸福中去。"到了这个时候，人们也只是冷淡地看着街角小小的尸体，没有一个人去将她收埋，甚至没有一个人看到她是赤着脚的……为什么在她死前没有一个人给她温暖呢？为了让学生明白作者蕴藏其中的情感，我出示了对比句："谁也不知道她曾经多么痛苦，她是在除夕夜里被活活冻死了。"虽然表达的意思相同，但是读起来就硬邦邦、赤裸裸的，而童话是要用美好来说故事的，尽管现实是那么没有人情味，我们也要保持最美好的心愿，愿这个小女孩真的能够享受"幸福"！这是文体决定的艺术表达，也是作者的美好情感的寄予，童话是需要一个美丽的结局的，而我也希望通过这样的童话阅读对学生有好的影响。

这一次的课堂因为临时改变，用一句话切入，让文章的主题得到了深挖，这是我没有想到的结果。但是让这群在幸福环境中生活的学生多些同情怜悯之心也不是坏事，尽管只是纸上谈兵，尽管只是理解文字，还是希望有一天他们能将这份怜悯在适合的时候表现出来，给需要的人以真的温暖。

（2013年4月13日）

单元导语页

——点亮一盏灯

人教版语文教材从三年级开始进入了"主题化"编排，在每个单元前面都有一段提纲挈领式的优美文字，涵盖并突出该单元的学习专题、学习要点和学习方法等内容，让使用者在最短时间内把握单元的中心内容；在同一页上，还配有表现专题内容的背景图，用直观的方式更形象地揭示专题，我称之为"单元导语页"。我们都清楚充分利用好单元的导语对教学有很大帮助，充分吸纳单元导语的内涵价值，对一个中年级学生的自主学习是有指引作用的。如何发挥好这一重要的教学资源，使之成为教学中的好材料、好向导、好老师和好平台，关键还在于老师的"导"。下面就以三年级上册第二单元"单元导语页"的引导实践来略谈"导语之导"。

第二单元导语：我们已经读过一些名人故事，现在再来认识几位名人。

这组课文讲的都是发生在名人身上的平凡小事，从这些小事中，我们能感受到他们的不平凡。在学习的过程中，可以搜集一些名人的故事，以更多地了解他们。

一、简析

提笔就是"我们"，这段包含三句话的导语显然是为促使学生自学而写。第一句有意唤醒学生的记忆，激发其好学不倦，赶紧了解又增加了哪些名人，最直接的就是看看背景图，然后就是浏览课文目录，了解都有哪些名人的具体故事；第二句重点在暗示本组课文的学习重点，关键在于以事见人，以小见大，这就是"从这些小事中……感受到他们的不平凡"；第三句激励学生自己开展拓展性阅读，主动扩大自己的知识面。编者意图明显，但是学生自己解读得了吗？显然不能！因为刚上三年级的学生还是以形象思维为主，对如此浓缩概括的文句往往是认得字，但难以与实际意义相结合着进行思考。这就需要老师在备课时自己解读清楚，确立好教学重点，并凭借导语带着学生走进去。也就是说，导语解决的是"导什么""怎么导"的问题。

二、导语解读

1. 好材料：以唤起学生的亲身经验和体验为基础

指挥全班完整地读完导语后再进行一句句解读。

首先看第一句。

以问题做引子：我们都读过哪些名人的故事呢？学生开始回顾说出了"雷锋""邓小平""袁隆平""爱迪生"等在一、二年级课本上出现过的名人，也说出自己课外阅读中看到的名人：孙中山、周恩来、霍金等。

再以图为凭证考验："请仔细看看书上这些名人的头像，你都认识谁？"一名学生站起来描述道："蓝色衣服、黄色长卷发的是牛顿。"我立刻赞扬他抓住了特点描述，让我们一下子就找到了这个人就在左边最上方。我顺势提醒学生在描述自己认识的名人时一定看一下他最有特点的地方。就这样，我们认出了唯一一个女性是居里夫人，她是波兰人，还是最早荣获诺贝尔奖的女性；唯一一个黑头发的中国人，伟大的作家鲁迅；头发和胡子都白了，穿着红色衣服的是爱因斯坦，他是美国人；另一个中国人，但头发花白，笑容满面，唯一打着领带的是李四光，他是课文《奇怪大石头》的主角。9个人中认出了5个，很是了不起！我们将其名字一一写在对应的人物头像上。怎么记笔记也是三年级学生开始要学习的，如果发现了学生记笔记时的独创方法就要点评，如用箭头指示法、序号替代法等，都是学生的亮点。空间有限，学生要做到标记清楚又整洁美观，就会需要在写前观察并设计。

还剩四个呢，怎么办？"卖错"检验："图上最靠左的两个人是'秤不离砣，砣不离秤'的两个伟人，金黄色短胡子的是恩格斯，白色长胡子的是马克思，请大家把他们的名字记在相应的位置上，回去后通过图书或者网络查一查剩下的名人是谁。显然，这两个人金色短胡子的应该是瑞典人，是常挂在我们嘴边的'诺贝尔'，白色大胡子的是俄国文学巨匠托尔斯泰。"课堂上我故意将其讲错，等待学生自己去查询，然后来反驳我，这样他们就又多了解了两个名人，何乐而不为呢？

记忆是人脑对见过的事物的识记、保持、再现或再认。"导语之导"首先唤醒的就是学生的记忆：文能勾起记忆讲述故事；图能考验观察力查找记忆；书写能巩固认识，美化记忆。学生在亲身经验和体验的基础上，可以顺理成章地探究新知。

2. 好向导、好老师：以聚焦学生的注意力和关注点为重点

教材本身就是服务于教学的，而单元导语是教什么、学什么和怎么教、怎么学的提示和指南针。所以，在解读导语中概括出单元主题和重点的句子时，需要抓得住关键词，以便取舍有度、有的放矢，把握准确单元的内容和主题。

解读本单元导语第二句显然就是要让学生聚焦于"平凡小事"和"不平凡"。所以，诵读后师生共读共思。

师：这组课文讲的是发生在名人身上的（学生大声朗读填空：平凡小事）。"平凡"换个词就是"普通"，平凡小事就是普通小事，比如，读书写字、走路睡觉、旅游玩乐等，这是日常生活里见到的事情。可是写名人不写他的成就，而写他的平凡小事，这是为什么呢？

生：从这些小事中，我们能感受他们的不平凡。

师：不平凡？哪些属于不平凡呢？

生：有不平凡的精神！

生：有不平凡的品格！

生：有不平凡的做法！

师：不平凡的做法？怎么讲？

生：就是不同于别人的做法。比如，李白把铁杵磨成针，一般人看着难，绝对不会去做的，但是他却坚持做了，这就是不平凡的做法。

师：明白了，就是不容易办到的做法！

意思明晰后，就需要对关键词再加研读，依旧用问题做诱导：

师：平凡的小事也是事，那怎么写事情呢？

生：按事情发展的顺序写。

生：写人做了什么，又怎么做的。

生：就像写故事。

师：讲得都对，就这么猜！一会儿学习课文的时候验证一下自己猜想的对不对，是不是完全对。

生：还能写为什么做这个事情吧？

到复习时，再结合具体的课文内容来印证：在列宁为寻找灰雀而询问小男孩的故事里，不平凡的是他能够看破不说破，包容和鼓励小男孩自己认识和改正错误的美德；在高尔基允许小摄影师为他拍照并等待他再回来完成拍摄的故事里，看到的是高尔基对青少年的爱护和帮助……

主题学习本来就不是孤立的，单元导语的预习是方向，复习何尝不是框架呢？阅读与写作从来都是一对孪生姊妹，在"导语之导"时，要从语句中解读出读写的桥梁来，这就如一位好老师给学生用语言搭梯子。读其义还要解其方，把握住学习重点，攻破学习难点，才能变教书为"用书教"，单元导语就是好向导。

3. 好平台：以激发学生自主探索为方向

"在学习的过程中，可以搜集一些名人的故事，更多地了解他们。"这句话显然是在鼓励学生自主学习。学生的自主性怎么来？绝非与生俱来，必须要靠后天培养！既然有这样的鼓励，老师在解读时就要想如何让学生轻松地办到呢？不如开展一次综合性故事吧！这就需要给学生提供展示的平台，举办一次名人故事会，组织一次名人名言连连看活动，这些都是不错的选择！

不要忘了，一开始看图部分还有一个"坑"：老师"卖错"，学生纠错，等单元学习完毕后，再检验学生的成果吧！学习是立体、多维的，需要存疑、质疑和解疑，这个平台里都有。孩子们有了任务趣事，在老师扶着的过程中就会逐渐自主起来。

单元导语页无疑在单元学习起步之时就点亮了一盏灯，言简意赅，但指向明确，无论是对老师的教，还是对学生的学，只要正确解读好它，就能准确定位目标，且会事半功倍。

（2018年7月25日）

我与学生——教学相长

小小精灵——周正隆

在诸多学生中，有名让我极其注目的学生：黑瘦而矮小，细看他的动作和神情，多少有些像宠物鼠呢，他就是机灵鬼——周正隆。

说起他的机灵，是大家公认的，凡是接触过他的老师和同学，都能很清晰地记得这名学生的一些特征，比如，和人特别亲近，集体荣誉感特别强，特别能说会道……这么一名个性鲜明的学生，在后海这个宽松而和谐的校园，真是如鱼得水，其潜能一下被激发出来，随后海小学一起扬名了。

一、小巧玲珑的"发言人"

2000年第二届南山区科技节开幕式上，一名小巧玲珑的学生代表全区的中小学生来到主席台前发言。如果他不说话，主会场的与会者恐怕都找不到这个小家伙吧！可话筒里发出的那底气十足、掷地有声的精彩发言，却赢得了所有与会者的掌声，大伙在惊叹，这个小家伙了得啊，不能以貌取人。一个小学一年级的学生，竟然能站在这样大型的会场上，毫不怯场！是来自哪个学校？后海小学！姓甚名谁？周正隆！

我校在开办不到一年的情况下，争取到这样一次展示的机会，不得不说是幸运的。面对如此珍贵的机会，学校能够信任一个不到7周岁的学生，足见我们的创新魄力和独具匠心。可以说，这个小巧玲珑的发言人成了我们后海小学在全区第一次最精彩的亮相。他把后海学子和教员追求科学、发展创新的气度传递了出去。我们的后海不就在"小"中出精品吗？

二、机灵活泼的"小老鼠"

我校OM（头脑奥林匹克）的首届演员中，有名特别小的学生，平常爱在老师那里撒撒娇、哥哥姐姐那里争点宠什么的。一个训练团队里，找这么个"宝贝"，不是挺不和谐吗？其他学生都是四年级选拔的，为何非要选拔这么个"小不点"呢？

OM老师有其独到的眼光，这个小家伙能说会道，肢体语言特别灵活，面部表情也是变化丰富，年龄确实小了点，可"人小鬼大"训练起来最出彩的就是他。

通过OM教练组的精心设计，OM队员们的辛勤努力，终于OM活动在起步第一年就取得了骄人战绩：冲出广东省，并在全国的比赛中名列前茅。而周正隆担纲主演的创意剧目功不可没。

几经修改，创意剧安排给周正隆的角色就是个机灵的小老鼠。因此，在校园里，我们常能看到一名举手投足酷似老鼠的学生，有几分滑稽，又有几分可爱，经常逗得大家很开心。

后海为这样一名长相不出众却有几分表演天赋和语言能力的学生提供了展示才华的平台，是老师们的独具慧眼和辛勤培育让这个"小老鼠"活灵活现，更富感染性，也让大家记住了这个可爱的小家伙。

从此，这个小家伙就和老鼠结了缘。在一次写话练习中，他竟然写出了一篇200多字的《乡下老鼠进城》的创意文章，经修改后于2001年刊登在《深圳特区报》上。我们的"小老鼠"成了小作家！

三、比赛场上的"最杰出奖"

在后海的OM扬名海外的2001年，周正隆就是这个"金牌集体中"最抢眼的一个。

大概是国情不一样，在家里像猴子一样活泼好动的小伙，在美国的比赛场内竟然拘束得像"大家闺秀"一样。与个性张扬的美国中小学生同台竞技、表现创意，我们的学生表现得中规中矩。这个时候，我们代表团中的一个小精灵活跃在"群魔乱舞"的竞技场上。他就是周正隆！许是初生牛犊不怕虎吧，他很快融入新气氛中，把他那机灵的一面展示在外国观众面前。

他那富有中国特色又接近国际标准的表现，获得了好评，最终为后海小学在这次海外竞赛中获得了唯一的金奖。矮小瘦弱的小精灵站在所有领奖的学生中，是那么兴奋、自豪，在那些国外的初中生队伍里，一眼就能看富有东方神采的小小精灵——周正隆。

当我们的金牌集体载誉归来后，这个小精灵是那么自然地把荣誉归还给

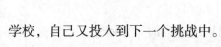

学校, 自己又投入到下一个挑战中。

后海, 让周正隆这样有能力、有热情的学生充分成长着。是后海让他们获得了一次又一次的成功, 而后海也在一次又一次分享着他们成功的快乐!

（2008年5月21日）

实习指导进行时

一、大事记

大事件记录表

时间	事件	感受
2008年 10月27日	初次见面, 接受任务	忙碌中受命, 有些想拒绝, 但想到毕业生不易, 自己也曾是毕业生, 所以不能在他人刚步入社会就因我而碰壁, 于是接受了。可是因为客观原因, 我没有留下太多印象
2008年 10月28日	和陈一起参加市评课比赛	感觉这是一个很好的学习机会: 多看、多听、多吸收, 是我从初入教坛到现在的累积经验。工作第一年, 一位老师告诉我, 有机会就要出去听听课, 现在把机会给我的实习生, 能学到多少就看她自己了
2008年 11月5日	1.让陈正式上岗做一周班主任。 2.教她听课先听思路	经验的积累离不开实践, 所以多给其机会, 让她多体会。但是在工作中, 她更多的是模仿, 自己思考的表现并不多。期望她在以后的工作中能够主动些、积极些, 有些自己的东西
2008年 11月6日	1.陈第一次试讲《我的伯父鲁迅先生》。 2.我教她课堂要"备学生"。 3.听课要知道步骤的目标指向性	（1）效果还不错, 亮点在第一段文字的处理上。 （2）要求她写教后记。 （3）在文本的领悟和对学生的关注上, 我对她提出了新的要求。 （4）在她听我的课后, 我发现她听课已经掌握了思路, 但是思路后支撑的东西并不清楚
2008年 11月11日	1.陈上《有的人》。 2.让其不懂就问	对于我要求的东西做得还算到位, 但是对于诗歌的把握重点不是很好, 因此在朗读时缺少情感提升。所以对她提出新要求: 要丰富自己的学识

时间	事件	感受
2008年11月27日	陈上《跑进家里的松鼠》	这次上课给了我许多惊喜：她开始关注学生了，对于文本的处理方法也比较得当。但是在对学生的了解上，显然要靠时间和实践来弥补。相信她会做一位好老师

二、指导篇

谁都有年轻的时候，看到陈和她的同学们，我仿佛看到十年前的自己。那个对未来没有太多想法的我，踏出朝气蓬勃的校园，见到的指导老师是位不苟言笑的年级组长，幸好我那时不敏感，否则所有的热情可能在刹那间消失。现在想想，我没有受到伤害的原因在于指导语文教学的张老师见面时的和善和开诚布公。我知道快走出象牙塔时的心情，所以从良心和情感上，我没有理由拒绝当陈的实习指导老师。尽管担心因为自己的经验还不足以承担这份责任，但我还是答应了，并给自己定了一个指导思想——力所能及地帮助她，只要我能做到的，都尽量去做。

正式的指导工作开始后，我才发现缺少头绪，毕竟从未系统地指导过一位老师。所以，我沉下心去想我当年实习时想要的和欠缺的。我决定一步步地让她提高，一次最多提两个要求，落实领悟后，再提下一个。这样让她能在实习时就有明确的认识，要怎样当一位合格的老师。

指导先从听课开始，这是一个积累指导素材的过程；然后是备课指导：先看她的理解，再与之探讨，说出我的看法，尽可能让她不丧失信心地去上课；上完课后的评课是我提新要求的准备。这三步法指导之余，我增加了一项"写教后记"的任务给她。这个任务的主要目的在于理清她的思路，让她明白自己的得失后，形成下一步的目标。

她一共上了三篇课文，共四个课时。这四节课是她进步的证明。从《我的伯父鲁迅先生》的上课有思路，《有的人》中巧妙处理文本，到《跑进家里的松鼠》的关注学情，可以看到她明显的进步。作为一位实习老师，能在每次的实践中都让自己提升是最难能可贵的。我看到她的进步，心里不胜高兴。是啊，只要肯学、会思考，就能有喜悦的收获。陈在这个月的实习中，已经从一个对教学仅停留在书本上的"书生"变成了一位能真为学生着想的"老师"了。学生是检验老师的最好途径，我们班的学生在课堂上的表现，已经足以证明陈将来一定能成为一位好老师。

匆匆一个月中，陈帮了我很多，我的内心也是很感激的，就将这份感激汇聚在下面几条建议中吧！

（1）师者一定要心里装着学生工作，工作时不要忘记关注学生心灵和心智的成长。

（2）师者一定要有自己最拿手的绝活，所以莫做平庸的"教者"，要做学生崇拜的"老师"。

（3）随时丰富自己的学养，终身受益。

愿这一个月的相处能对她的人生起到推动作用。指导她实习的过程，是我个人教学生涯的新尝试，所以感谢这个机会，让我把自己从别人那里获得的恩惠传递出去。

（2009年1月5日）

老师领进门

教学是遗憾的艺术。我批改着学生经指导再仿写的作文，不尽满意，心中难免会有遗憾和愧疚。从这么多学生的文中，我想到我指导他们的方法可能不太适合，造成他们理解不到位，所以发挥不出我期待的水平。幸运的是因同事请假，我被安排上同一年级平行班的语文课。因为我上课的进度较快，平行班的课都是我已经上过的，这给了我弥补缺憾，重新做一次作文指导的机会。

教学内容是主题为"难忘的小学生活"的综合性学习里的阅读材料。当初在我们班上课时，我没有细讲，而是把五篇文章中有特色的地方挑出来，让他们进行比较体会，我以为这样他们会很快掌握写回忆性文章的章法，可惜……所以，当我重新用这些文章作为写作指导的材料时，放弃了"整体把握，细节突破"的教学策略，而是依据我对这个班学生的了解，采用了"问答寻觅，导练结合"的方式。这样做的出发点一方面是为了让学生有一个意识：读书不要只看不记，重要的在于消化；另一方面是让他们更加有兴趣，更轻松地掌握好语文的知识和能力。

我先让学生将课文或朗读，或默读之后，请他们合上书，开始检验。我让学生围绕着课文内容里很容易被他们忽略或者混淆的细节回答问题，如《难忘的启蒙》里写了几位老师，有说一位的，有说三位的，通过再读、回顾、细节探究，最终答案是以两位老师作为代表的一群老师。解决完这一个问题后，立刻出现了新问题："为什么要放在一起写？他们是不是有共同的特点？"围绕这个问题，我将"中心"的概念轻松地送入学生的心中，从而让他们很容易就明白，选择和组织材料一定要围绕中心来写。第一节课为"小试牛刀"，我发现学生领会的还可以，第二节课就是有针对性地指导并练习了。

以事写人应该如何表达，是我要通过《老师领进门》给学生的指导方向，同时也打算让他们通过学习这篇文章学会取舍材料。所以，我将这篇文章细读后浓缩为三点：第一，简介人物；第二，写事情的六要素；第三，怎样表现"老师领进门"。课堂上采用"问、讲、练"相结合的方式，将学生的生活拉入课文，同时以课文作为依托，切入补充练习。在简介人物里，让学生不仅懂得要介绍的点，还要特别注意选择的点与下文之间的联系性。也就是说，"行文无废话，处处显关联"才是作者在构思一篇文章时要注意到的。通过举例和实际的演练，学生印象非常深刻，也准确把握了。而"写事情的六要素"怎样为中心服务，主要是靠学生回忆课堂来掌握，点到即止，在学习中敏锐地找到显示"领进门"的地方（作者的感受）。学完课文后，为了检验学生学习的成果，我请他们为课文中的老师"画画像"，即想象一下他的外貌特点，把他写下来。学生立即回读课文，从文章中找到了启发性的语句，勾勒出老师的样貌。在他们勾勒老师的样貌时，我穿插在其中，找到特别的点给大家进行介绍，最后请一名学生完整地读出他的"成品"。五分钟之内能把样貌想象出来，确实不易。听完学生的描述后，我点出："本篇文章侧重于老师'有口才，文笔也好'来写，没有写到外貌，但是我们完全可以通过他的文字想象这个人物的相貌，这就是成功的表达。"学生很明白我所指的是什么，以至于下课时，大多数学生都说："还是管老师上课好啊，作文一下子就可以写出好多内容来！"听着这话，我知道我将他们领进门了。只要方法得当，即使再难的东西，学生也能掌握得好，关键还是看"怎么领"！

对比这两次教学的效果，我找到了师生难以一致的症结——老师认为容易，并且确定学生也觉得容易，教学时往往会犯粗放性的毛病，难以细致，学生也很难把握关键了，教学也就达不到预期。还记得我上学期在市里听于永正老师讲授的《林冲棒打洪教头》，于老师指导学生时十分耐心和细致。当时我就感慨，细节处理是老师必须要具备的，也是我所缺乏的，应该努力做到。可惜习惯成自然，到自己真正做的时候，还是不那么容易办到，只在事后才想到应该怎样怎样，这不应是老师所为，因为我们面对的是一群充分信任，并且完全依赖我们的学生。我们只有在他们心田种下美好的种子，才能收获芬芳的喜悦和进步。成长是不能重来的，做老师必须要意识到这一点！我要做个能给学生成长搭梯子的人，就必须要耐着性子做细致教学，让学生通过我的课堂轻松地掌握他们该掌握的，就如很多德高望重的老师那样，不厌其烦。

学生的掌握程度是我们教学方法是否得当的最好检验，所以应该经常从学生的反应中去思考并修正教学。要一直记得：永远把学生装在心里，而不是标榜自己的教学。

（2009年5月6日）

因势利导　自我提升

开学至今，我一直让学生做一项常规作业：每天看中央电视台十二频道的《道德观察》，然后写下观后感。很多时候，这份作业会被同行或不同行的人认为是多余的，然而我有自己的考虑。首先，我们可以看到，当今社会的氛围造就了今天的学生道德意识淡薄，他们多为独生子女，习惯了只考虑自己的利益来处理问题的方式，不客气地说，他们是相对自私的一代。如果照此发展下去，我们的社会也将堪忧。因此，学校教育必须正视这个事实，做力所能及的事，去改变学生的精神面貌和意识水平。基于这点认识，我作为一位语文教师，看到了这样一个可以利用的合适的教育资源，便毅然决然地在开学之初让学生去看，并写出自己的心得体会，以便在精神层面提高自己，为自己成为"德才兼备"的人才奠定基础。其次，目前的生活内容相对来说是比较单一的，但是作文是需要素材的，唯有广泛涉猎才能有所筛选，从而提炼主题。从降低作文难度这一角度来看，《道德观察》中讲述的故事势必能起到这样的效果：不但能规范语言的表达，让叙述更加通顺流畅，而且解决了素材难找的问题，让学生有内容可写。最后，五年级的学生应该具备一定的思辨能力，但是课堂上的时间有限，课外的训练显然流于形式的比较多，让学生写观后感，就是为学生提供一个思考的机会和舞台，让他们学会"学以致用"，达到自己教育自己、自己提升自己的效果。

兴许是从未做过这样的作业，学生听到"看电视"也是作业的时候，显得非常惊讶，不过还是饶有兴趣地完成。为了能让学生坚持下来，我在家长会上特别强调了这项常规作业，并取得了家长们的理解和支持。

实践是检验效果的最好证明。开学至今已是第四周了，我从学生的文字里惊喜地发现，他们如我设想的那样，思想认识在不断提高。那些一开始连故事叙述都不完整的学生，现在能够透过故事发表自己的感受，而且说得头头是道，这让我欣喜不已。

回想刚开始的那一周，许多学生连怎么写都搞不清楚，只有三四名比较拔尖的学生有自己的一两句点"睛"之句，亮出自己的看法，但还是比较稚嫩的。于是，我每天上课之前先请一名学生描述故事，之后我再发表他们没有看出来的"道德本质"和"知识源头"。渐渐地，更多的学生有了比较深刻的认识，感受也谈得相当到位。大概是在第二周的时候，我和学生的课堂交流也变成了不说故事，直接概括，重点谈自己的见解了。学生思考的结晶在互相影响着，而我则更多地是引导他们能够联系自己的生活实际去思考"道德"的准则。比如，有一期节目中谈到了一对做医生的兄妹，哥哥出车祸死亡时，妹妹说动全家将哥哥的器官无偿捐献的事情。主持人在节目结束时说了一句名言："为你服务的对象谋利益，做力所能及的事情。"（"西方医学之父"波多拉里）我深知学生听记不够迅速，对这句话肯定是"雁过不留痕"的，因此在他们谈了自己的感受后，把这句话介绍给他们，还讲了相关的故事，并告诉他们在节目中捕捉知识也很重要。当然，重点谈论的还是我对这句话的理解："每一个人都应该这样，老师服务的对象是你们，所以我会努力做好，尽最大努力帮助你们进步。而你们服务的对象是你们自己，是不是应该为你们自己做力所能及的事情呢？作业认真做、上课专心听总可以做到吧？所以不要忘记去努力。"从此，学生学习也认真了许多。到本周，我已经开始用学生自己写的观点来与全班交流了。正是学生的进步，让我的设想逐渐变成现实。

而真正让我意识到我的教学设想达到了预期目的的，是班上语文水平非常差的两名学生——L和Z。在看完一名大学毕业生无私地为一名素不相识的、身患白血病的女学生奔走筹款，让一名在病患中的学生在离开人间的时候依然感念人世间温暖的故事后，L这样写道："一个本来活泼、快乐、天真和可爱的热血少女，让白血病恶魔带走了她的青春和幸福，带走了她的生命。在她临死之前，有一个哥哥帮助了她。他付出了很多，可是回报有多少呢？其实这个祸不应该是他背的，他又为什么非背不可呢？这一切换来的是什么？他成功了吗？没有！他失败了吗？也没有！"很显然，在L的文字里我看到了一名不爱动脑筋的学生已经在改变，所以当我读这篇感受时，全班对他报以热烈的掌声，予以赞许。

而另一个作文从未表达清楚过的学生Z，这一次则让我刮目相看。他这样写道："今天的《道》主要是讲一个字——爱。爱是人与人之间关心的一种方式，也是生活中最常见的一种方式。但是有的人仅仅是为了亲人的种种事才用力、使劲地爱，对其他人一律毫不在乎。我认为这样是不对的，难道就因为没有亲缘关系，这种爱就不会传递下去吗？不！社会其实就是一家人，不能因为没有亲缘关系就不帮忙了。总之，爱是驱除黑暗，给社会带来光明的神。"全班学生在这样的认识下，也开始对Z重新定义了。

欣喜之余，我开始思考这种"给"和"压"的教育方式为何能带来学生的进步？或许是当学生没有的时候，我们就应该"给"吧，但在给的过程中要充分相信学生确实有潜能，并给他们"耳目一新"的感觉，那么即便是"压"也是一种动力。因势利导，学生也能欣然接受，并达到自我教育的效果！

（2009年10月14日）

感恩节的风

今天，2016年11月24日，11月的第四个星期四，是西方的一个重大节日——感恩节。今天，天气预报为小雨，最高温度为17℃，最低温度为12℃。深圳相当冷，尤其是室外，冷风飕飕的。

天冷，只要不下雨，咱们照样要出操。阳光锻炼一小时，健康活泼没商量。"环状慢跑"后，校长发表完演讲，我们按顺序回班。我看着他们一个个从我身边走过，站在队列最后"目送"他们从操场到小花园，再上楼梯。我们回教室要走的行政楼梯口，左边是办公室，右边是一年级某班。我们的队伍刚踏上楼梯，就听到一阵喧嚣，笑声中夹杂着玩笑："好矮啊！二年级好矮啊！"顺着声音望去，是几个早回到班级的一年级学生站在教室的后门，看见我们班走过，毫无预兆地指指点点呢！我加快步伐想赶到队伍前面，好控制事态。只见那些一年级的学生越说越带劲，竟然还有四名调皮的小男生凑到我们队伍跟前，指着我们班几名学生说笑个不停。而我们班的学生竟然没有任何回应，只是安静地上楼。太意外了！是风向的原因吧？一年级学生无恶意的嘲笑逆风而行，没飘进我班学生的耳朵里？不可能，我离那么远都听得真切，他们怎么可能对这声音不在意、不捕捉呢？但是事实就是他们真的就将之当作"耳边风"了，完全没往心里去，依然按照排队的要求"静而整齐"地走着，就是有些不够快罢了。

回到班级，我特别夸赞了学生今天对低年级学生的大度行为，不与人争口舌之快。矛盾往往就是在我们过于计较的时候升级的，只要对别人某些不够友好的行为忽略了，快乐就会持久地留在我们自己的生命里。学生将这个感恩节过得特别有价值。

为什么这么说呢？作为老师图什么？无非是期望千家万户的学生交到我们的手上后，通过我们的教育不断进步。还记得我刚接手这个班时，学生的诸多行为实在不忍直视，同学间因为小小的事情，甚至在我眼中都可以忽略不计的事情而吵得天翻地覆，有时还会拳脚相加。比如，站队的位置问题，谁先了谁后了，他们可是计较得很！要是被说了缺点，那更是委屈得要哭的。可是今天，学生集体"失声"，面对一年级小同学带着"挑衅"意味的说笑，他们竟然能充耳不闻，这可真是意外之喜啊！不枉我平时的教导——严于律己、宽以待人，好修养！

作为班主任，要在意学生的修养，要时时提醒学生注意修养。上善若水，教育学生还真是要有水之柔性，方能克学生的顽劣之疾。慢慢教，不急在一时，只要指向对了，方法对了，学生总会在某个时刻用行动印证所有的教育没有白费。老师的言论变成了学生的思想主导，内化为习惯，那么在行为上就能表现出我们期待的修养——一个人要经过锻炼和培养达到内化的水平。

一直感觉这些学生除了玩乐就是依赖，有独立思想的学生真不多，但是在今天的语文课堂上又一次颠覆了我对他们的认知。

今天的授课内容是《假如》，这是一首儿童诗。为了让他们读懂课文，预习前我特意下载了上海美术电影厂出品的美术片《神笔马良》，带着学生一起看；又发在群里，让家长带着自家孩子看，并和他聊一聊马良。当晚我就看到了家长的留言："管老师的《神笔马良》让我们陪孩子学习的同时回味了儿时的记忆，一起学习很快乐，费心了，谢谢！"尽管只有一名家长留言，但也觉得自己的工作真没有白做，满心欢喜。

课堂上，朗读、想象、续写，学生全部都是优秀的表现："给小树画红红的太阳，实际上就是给小树——""送去温暖！""给树上的小鸟画谷粒，实际上就是给小鸟——""食物。""还有陪伴！""给朋友西西画一双腿，实际上就是希望西西——""健康和快乐！"读着读着，学生把字里行间的情意读得真真切切、明明白白，与我的对答基本上是一次通关！"鸟妈妈要飞到遥远的地方，那我们来想象，她飞过了（　　　），飞过了（　　　），飞过了（　　　），到遥远的地方觅食。"站起来的学生富有节奏感地说："她飞过了山，飞过了大河，还飞过了许多高楼……"多美的表达，多有逻辑的排列。是啊，小鸟在森林中，而高楼是城市，可不就印证了"遥远的地方"吗？续写的精彩更是叫人感动："给孤儿画父母，好让他们也和我一样，拥有一个幸福圆满的家。""给灾区的小朋友画很多的书，好让他们有好奇的问题就到书里去找答案。""给小区流浪的小猫画一个家，让它们再也不用流落街头，再也不怕遗弃。""给失明的孩子画上眼睛，让他们……"学生的触角很多，基本上都是为他人运用最神奇的魔力，而不是为自己，这不正是马良精神吗？不用讲，学生也知道了为他人创造幸福。

最有意思的是让他们感受这个世界还有许多不美好，所以拥有时要格外珍惜。以往一做活动，学生就特别兴奋，纪律无法保证。今天不知是不是有马良的魔力相助，学生在我指导他们体验盲人的生活时，异常配合。有两名学生在我的语言引领下，紧闭双眼做着相应的活动，其他学生静静地看着他们的表现，感受到没有眼睛的麻烦。然后再来看着各种需要我们关注的图片，听着我给他们讲故事，学生竟然热泪盈眶——我竟不知道这么小的学生内心的情感如此丰富、敏感。

两节课的内容一节课几乎讲完，无须调控课。会上课——能够认真听讲、积极发言——班级的标语、班会的教导、个别的培训等都是奔着这个目标去的，但是效果却差强人意，叫我好泄气！可是感恩节的今天，他们却用行动让我确信，即便今天这样舒服而高效的课堂只是昙花一现，我也相信只要慢慢教，所有学生都会在课堂上表现出他最好的一面。前路漫漫，但随时能遇见美景，走着走着意趣就生了吧！

教育不能只盯着树端的果实，而要重视培育支撑它成长的根——扎得越深就会越强大——看不见的和看得见的都要用心去培育：让善的力量在学生的心田扎根，让思维在学生的成长中散发出最美的光！

感恩工作给我带来的这群学生，他们的糊里糊涂，他们的懵懵懂懂，他们的天真烂漫，他们的问题多多，叫我时刻不能松懈，我就这样挑战着、前行着、困惑着、喜悦着、期待着……但仍旧相信着孩童的世界那么美好！

（2016年11月24日）

心在哪，成就就在哪

经过近三个学期，这个班终于在一些方面能让人放点儿心了：课间的问题越来越少，有的下棋，有的看书，有的闲聊；早读也开始走向正规，说话的人少了，发呆的人少了，在每天更换的领读员的带领下，班级内读书的声音开始回荡了；早晨交作业、收作业也井然有序，课代表记录的不交作业的名字越来越少，有时是全齐；早操从音乐响起，学生基本按照"快、静、齐"的要求在做各项动作，精神状态也好很多；眼操时间在领操员和负责管理的学生的监督下基本做到不被扣分；班级卫生和摆放能按要求保持和修正；午间自习基本上不会东跑西窜，安静看书或者做作业的队伍在壮大，形成了有序的自习场所；放学后的值日因为劳动委员认真负责，除了值日生用时过长外，没有偷偷跑掉的，不履行职责的学生几乎没有了……这样的一种态势让我多少有些欣慰。但是想想这是在我严格要求，并且时刻不停地盯防中才有的状态，如果我不在的时候也能这样表现，我该多么高兴，希望学生能将好习惯保持住。学生的自律性是比老师逼着做要可贵得多，可是我的这42名学生，能做到的队伍还有待壮大。不过一句话，在班级表现和日常行为规范这方面，我们班已经到了我基本满意的程度，剩下的就是学习效率的问题，主要是课堂学习效果不好。

今天，我就五（3）班的学习状态认真地和学生探讨了一下。一个人如果不用心做事情，哪怕花再多的时间，效果也是不明显的。我们班课堂学习的症结就在这里——上课不用心。尽管人在课堂，但是容易分神的学生将近五分之四，仅有几名学生保持着对学习的高度热情，课堂上老师讲得无法当堂记住并且消化，课后就更别说及时复习了。所以尽管老师在课堂上使出浑身解数，但学生的学习成绩还是无法提高。这个症结形成是长期的，因为通过这么长时间的接触和观察，我发现这个班的学生"没心没肺"的情况很严重。比如，早晨我站在教室门口，迎接着每名进班的学生，并主动问"早上好"，只是声音不是很大，但是从我身边走过的学生大部分当我不存在，不做任何反应就进了教室。再比如，老师很辛苦地为他们付出，又有几名学生给老师道一声"辛苦了"呢？在他们看来，一切都是理所应当被给予着，甚至对帮助他们的同学还大加指责"态度不好""方法不对"。可是谁又想到帮助他们的人和他们一样大，在做好自己的时候还要花时间和精力给他们指导，教育是一份劳累活，加上有些学生不听话，就更加累上加累了，有时难免会让人烦躁，这太正常不过了。在这些事实面前，学生低下了头，是在承认自己"无心之过"吗？说到底还是因为他们太自私了，心里除了自己以外似乎没有别人。所以，写主题为"父母的爱"的作文时，表达得干巴巴的，没有事情可写，很多都是空话、干话，平常父母为他们的付出，他们认为是理所当然的，并不在意自己生活中别人对他们的付出，这样"失心"生活的态势如果继续下去，势必影响他们做的每件事情。首先是学习语文，我们知道写作文是要有素材的，素材从哪来？生活！可是他们都不留意生活，如何有素材？怎样去写好作文？在生活中做有心人的好习惯会给学习锦上添花。为了让这些学生知道"有心"做事的重要性，我特意给他们讲了我以前学生的例子。在对比中，他们似乎意识到了"无心"的他们是怎样的不足。

习惯影响一生。班里学生的学习习惯让我很难看到整体提高的可能性，所以老师的辛苦似乎在白费。举个例子，这次五、六单元测试中的课外阅读引文，前三周的周末练习卷上出现了，我在课堂上专门讲了，还特别强调了两个问题：第一，"这样的"是指都是父母主动关心子女，而做子女的很少想到辛苦抚养他们的父母；第二，"两个电话"可以联想到"可怜天下父母心"的俗语。当时我是让学生做了笔记的，如果课后及时复习，我相信学生再遇到这一问题应该不会出错。可是才三个星期，考试中出现这道题的时候，全班答对的学生竟是凤毛麟角。这样的学习效率怎能不让人担忧？也许是这段时间活动太多，也许是有实习老师上课，我放松了对学习效果的跟踪，更加关注他们的日常行为规范……在学习上"不用心"的状态在浮现，在我稍微放松一点的时候，学生以前的一些不良学习习惯就又开始出现了。

所谓"耳聪目明"，在我看来真正聪明的学生一定要会用眼睛和耳朵。记得开学的时候，为了他们能在课堂上认真听讲，我做了两个硬性规定：其一，老师讲话时必须看着老师；其二，对老师提出的每个问题，都要及时做出反应。有把握回答问题时，请将手高高举起；还没有很大把握，对自己的答案还不能太确定的时候，请将手端正于桌面后举起来。这是要求学生能够上课认真听讲，发挥好耳朵的作用。大多数学生在我每天的提醒下逐步做到，但是这段时间，我的事情多了起来，在这方面没有每天进行强调，实习老师上课时，这个要求也无法落实到位，学生课堂的学习效率就又下降了。为什么学生总记不住对他们好的习惯呢？上课认真听讲不是每个学生应该做的吗？我总是这样想。但是我又沉下心来想：和他们自己养了三四年的"不听讲"，甚至上课"捣乱"的习惯相比，我的要求还很"稚嫩"，学生无意识的时候自然而然表现出的是他们早前的习惯，看来培养课堂学习的好习惯还是任重而道远啊！从明天开始，《课堂学习我最棒》的歌谣要重新开始朗读了，以便在学生的意识中种下一颗种子：带着心，上好课，要在课堂上将所学消化掉。做到现在，学生的这些反复表现让我觉得很疲劳。反观现实，在我的影响和压力下，学生的确做得到，但是在我心里这不算是真做到，那是无可奈何地做。"教是为了不教"，我期待我的学生在我的作用失去的时候，也能用心地按照我的教育实践，用好的要求自觉地指导自己的行为。今天上课，我利用讲解作文的时间和学生一起探讨"用心"的重要性。我强调："做不做得好是能力问题，做不做就是态度问题。"用端正的态度去努力提高自己各方面的能力才能品尝到更多的成功，用心去做好人生中应该做的每件事情很重要！但愿学生能理解我的苦心，在课堂学习效率上再提高一些。

上午讲完，下午到班上就看到了一个可喜的现象：我一出现学生就发现我了，没有等我向他们问好，他们就先开口向我问好了。学生意识到自己做得不好的地方开始改正，我真高兴！可是我希望孩子们明白，我上午教育指正的并不是一个行为，而是导正他们人生的习惯。不管做什么事情，只要有心为之，就能有动人之处！期待着这些让我费了九牛二虎之力教育的学生，真的能把"心"找回来，去生活，去学习。我相信：只要做并坚持做，他们一定会在自己"用心"的地方有所成就，加油吧！

（2011年12月6日）

分享别人的成功吧

进入复习了，如何让学生兴致盎然地投入到复习旧知上？这样的时候活动必不可少！今天（12月23日），我率先举行了"背诵挑战赛"。上午第四节课，与学生问好后，我转身在黑板上写下"背诵挑战赛"五个字。学生一下子来劲了："好哎！""来吧！"……趁我在写字的间隙，他们就这样毫不避讳地抒发着自己对这几个字的感受。不管它，我接着写了"1.小组挑战；2.个人挑战"后，才转过身来讲具体的规则："我先请一组，由他们自己看着白屏挑本组集体背诵的篇目，背诵完毕后，请他们再找与自己PK的小组里最有可能背不出来的人再背诵一次，被选中的组背诵展示时请将身体转向后门，其他组同学认真看白屏上的内容，他们背诵对了请为他们鼓掌，我给他们加分；不对的话，分数加在对方组的分数中……"学生听明白了，情绪比刚才更加高涨了。在平时我可能会调整一下，但是因为身体微恙，精力有限，也就"抢时间"开始了！

首先被挑中的是第二组，他们无比兴奋，异口同声地说《七律·长征》。好！点开具体的内容，转身背诵，声音异常洪亮，其他组的很多学生都将目光投向了第二组同学身上，完全忘记要求他们应该看着白屏认真听了。第二组背诵完后获得了一阵热烈的掌声！第二组得到了第一次加分，于是挑选对手，"组里个子最高的挑选对手。"相互一看，最高的就是童心宇啊！"第四组的梁恒之！"还真是会选，平时梁恒之虽然很努力，但是学习起来还是非常吃力，同时动作又慢，所以选他是最有可能将分挣过来的。有点懵的梁恒之站了起来，战战兢兢地背诵着他其实很熟悉的毛泽东的诗。同组的同学紧张得不行，还有提醒的，其他组的同学像是看热闹，不时起点哄，让本来就紧张的梁恒之更加紧张了，一下子忘记了："五岭磅……礴走泥丸……金沙……金沙水拍云崖暖……"总算背完，可惜将"磅礴"的"磅"读成了第四声，最终将分数白送给了第二组。得胜的第二组高兴得坐了下去，激动的心情很难平复，叽叽喳喳地相互间说着，完全忘记了一开始我要求的纪律和规则。其他组的学生也是。看到如此局面，我只好停止了背诵进度，提醒并强调挑战要求。之后纪律虽然好点了，看白板的多了，但是仍然有起哄者不时扰乱，让挑战效果大打折扣。为什么学生急于表达自己的想法就不能按规矩来？继续这样无序的课堂，就会只有热闹而缺少"内容"了！浪费课堂时间就是"犯罪"，我是不能允许的！所以只好"杀鸡儆猴"，在潘泺冰硬是举手说自己听到他们组挑战的第一组在集体背诵时有两处卡壳、不熟练的见解后，我一改常态，很严厉地批评了她忽略规则要求，浪费了大家的时间。因为我并没有为第一组加分，这个问题已经是板上钉钉了！她听得有点懵。第三组张晗祺解释说："管老师加的是我们组的高杰没背出来的分，不是集体背的分！"看着潘泺冰被打击的神情，我虽然心里很不舒服，但是还是硬起心肠没有再解释，继续给全班强化挑战秩序。这一次纪律果然好了，大家明确了自己该怎么做了，每次各组里被其他组挑战的同学先战，之后由他为本组选择小组挑战的背诵内容，再之后仍由这名学生挑PK组的个别同学进行挑战。就这样进入正常化的挑战赛了。

因为第一组里实力弱的学生多些，第二组学生的整体实力非常强，基本没有什么"软肋"，为了给自己组挣分，第一组成了热门"挑战"组。这个局面到了第四轮的时候，学生猛然发现这样下去反而是第一组的人可能得奖。因为背一次就有相应的加分，而第二组虽然实力强，但是没有表现的机会，这可急坏了第二组的"高手"们！只见第一排的李瑶宇和郝思远无奈地低下头趴在桌子上，袁琪茹和沈飞龙眼睛已经红红的了，后面的陈龙错更是按捺不住，对着第四组的李睿"开腔"了……正在接受第一组挑战的第四组看见了这情形，黄轩豪在选择对手的时候，尽管知道可能是送分给第二组，还是非常大度地将机会给了他们，终于让他们破涕为笑。要知道《泊船瓜洲》是学生多么熟悉的一首诗啊！第二组同学充满信心地背诵起来，可惜第一句就错了一个字，只是他们没有察觉，反而快速而流利地背诵完了，满脸带笑地转身看着我为他们加分，班级内响起了为他们组而鼓的掌声。"竟然有人敢鼓掌？！"我在讲台上停下，看着他们，学生这才从热闹中静了下来，有人说："他们的'间'字读错了。"可不是，"京口瓜洲一水间"的"间"是间隔的意思，所以应该读第四声，而不是第一声，这是在教这一课的时候特别强调的。第二组将好不容易等到的机会拱手相让了，可惜！第二组的学生为此而懊恼，也开始有了相互指责的声音，因为其中还是有人念对的。"不要指责了！"廖舒妮大声地告诫正在转过头去指责童心宇的曾建华。

"不要指责！"团结协作，这是我对第一组因为"选择"而被自己害了的时候特别强调的。被第二组选中的韩振球为自己组选择背诵的内容，他认真地思考，一方面自己组有把握，另一方面为挑战组的某一个人考虑又有一定难度。思考过后，他说："我们组选语文园地七。""你确定？"他点着头，很笃定地说："嗯！"这可是最难的背诵内容啊，因为是写英雄人物的成语，共20个。当我打开展示内容的时候，他完全傻眼了！同组的学生也觉得是要发生悲剧的。我看着屏幕，再看看第一组的学生，忍不住开怀大笑。学生受我影响，也笑了起来，刚刚严肃起来的课堂一下子变得轻松起来！"我很佩服，你为自己组选了这么难的背诵内容！""他是把最困难的内容选完了，多为其他组着想啊！"这是由衷的，但是我知道韩振球自己也没有想到是这个内容，可是课堂就是这样，还要及时对学生做引导。这么难的内容，同学们没有抱怨韩振球错误的选择，而是高高兴兴地读了内容后坐下，继续按照我的要求进行挑战赛。所以，我忍不住表扬了他们组同学的包容和相互之间的支持。没错，在李一诺站起来背诵的时候，他们组里的同学都在为她祈祷，用表情来肯定她，并且给她积极的能量。罗寅笑着点头，吴辰远张着小嘴专注地看着李一诺，背好一句，就灿烂地笑一下，合在胸前的双手也就自然分开……这种团结协作的精神只有第一组的学生表现最明显，同组的人背不出来，也没有个别指责，而是一起努力为下一次挑战做准备。

挑战赛在第四组最后一个被选中的黄奕霖背诵《开国大典》第七段时听见了放学的音乐，最后的结果是第一、四组并列同积6分。而其他两组都是5分。统计完分数，我对这节课做总结："一、四组并列，但是因为第四组的同学课堂纪律表现很不好，所以优胜组是第一组！第一组自始至终都能遵守本节课的规则，尤其是在韩振球选错的时候，他们组也一样表现出淡定。而且韩振球的选择让我看到了佛祖的胸怀，有点'我不入地狱，谁入地狱'的感觉，舍我其谁啊！"全班学生哈哈大笑！"第四组的同学有一点也做得特别好，他们很照顾别人的感受，很有观察力地发现第二组同学心里难受，所以即便是可能自己组不加分也把机会留给别人，这种不以结果来处理问题的方式我很欣赏！"第二组的同学听着就开始抹眼泪了。"虽然是比赛，但是我们主要是发现问题、增进友谊！这次比赛让我们发现我们班的背诵还不过关，至少还有些同学没有做到！所以这次之后，请再加强！”学生在我的评价中高高兴兴地点着头。

下午还没有进班，潘泺冰就迎向我说：“管老师，上午黄奕霖背诵的时候我提醒了一下，所以我觉得最后一分我们不该加。因为我这样提醒，黄奕霖过关了，我们获胜了，周思颖都哭了，我觉得很不应该！”“没关系，她会调整好的！”我心里为学生能够这样为同学着想，主动承认自己的错误而高兴！其实为别人的成功而快乐是一种修养，学生在这样的活动中能有所感悟吗？我希望哭了的周思颖能高兴起来，因为他们获胜的原因在于他们组更多地为其他组着想了，而不是分数。

（2011年12月26日）

开学第一课——选择

2月12日早晨，学生如约来校报到了。我见到的第一名学生是吴彬。我正匆忙地走在校园外的榕树道上，没有注意周围。“管老师！”被叫声吸引的我抬起头来：电动车上，后面的小矮人趴在妈妈的背上，双手环着妈妈的腰，满含笑意地看着我。“要回去取PPT，因为没有U盘，所以存在手机里了，结果忘记拿了。”听着因为见到我而停下的吴彬妈妈说着事由，心里感觉我们的家长为了学生真是无怨无悔，因为学生疏忽而造成的后果往往是父母在承担着。“不用回了，星期三之前交就可以了！”我选择让家长轻松看待这个事情，所以善意建议。吴彬欣喜地从车上下来，和妈妈互道再见后，和我一起走进校园。

8点30分，我走进教室和学生见面，接受着分离了一个假期的学生热情地问好，心情好极了！我将相关事宜写在黑板上，供学生参照着完成上午的报到工作：缴费、交作业、拿新书。事情一项项处理完后，就剩下一项了——排座位。一个新年过去，学生长大了一岁，在自己的人生中也要接受新的考验了。我打算通过这件事给他们上开学的第一课，主题定为“选择”！为什么定这个主题？反观我的成长经历，感受到人生最关键的能力是选择能力。是啊，人生什么时候能够逃开"选择"呢？这种能力有点与生俱来，与性格息息相关，但是如果后天通过许多方式加以引导培养，也是有益于这种能力的培养的。现在讲究素质教育，这种与人生相傍相依的能力应该从小培养提高。

和以往不同，我没有说安排座位的原则，只是指挥着学生按照我的步骤一步步完成：全班女生到门外按个子高矮站队，因为男生人数比女生人数多6人，所以选了6名比较乖巧的学生，让他们站在一旁。站好队的女生每四人分一行，分别在每一小组的第一排，接着是第二排，她们按照这个原则回到班里将桌椅搬到对应位置坐定。等女生坐好后，男生到教室讲台前站成两排，这时请坐定的女生选择自己的同桌，选择可以从三个角度考虑：对你可能有帮助的、你能够帮助他的，或者你认为可以与你共同进步的。令我震惊的是，第一个被选中的是黄奕霖，选择他的是刘佳昕！要知道，黄奕霖这几个学期和谁做同桌最终都不欢而散，他特别愿意一个人坐，当他一个人坐的时候，只要我的精力足够，时时关注到他，他就能进步很大。这样一名同学，连班长童心宇都忍受不了，最后以两个人都委屈，不得不分开而告终。刘佳昕竟然毫不犹豫地选择了他，我打心底里感激这名善良的学生。对于这样的结果，我鼓励全班学生将祝贺的掌声送给黄奕霖，也将欣赏的掌声送给刘佳昕。可能是因为长大了，要选择男同学作为自己的同桌，怕被其他同学"嘘"，或者想得太复杂化了，或者因为从来没有这种从很多人当中选择谁的经历，还没有反应过来，最终有9名女生竟然放弃了机会，不做选择。所以有15名男同学被晾在讲台上，他们嘻嘻哈哈的，好不欢喜！看着这样的结果，我心中开始有些窃喜！教育引导的情境已经形成了，我要去敲开学生稚嫩的心门，将他们引向成长之门。

我先对留在讲台上的男生语重心长地说："觉得高兴吗？"他们点点头。"可是我挺替你们难过的！"我顿了顿，观察着学生的反应，他们的笑声消失了，变得严肃起来，还有些不解地望着我。"你们想想别人为什么不选择你？这表明你对他人帮助不大，或者你还不善于接受别人的帮助，又或者别人无法相信你可以和其一起进步。同学这么多年了，你没有得到别人的信任，这是不是应该引起我们认真的反思？从而想好咱们得努力了，至少在别人选择的时候要毫不迟疑地想起你的优点，果断地选择你啊！就如黄奕霖被刘佳昕信任了，她相信与他做同桌的话，至少符合三项原则中的一项啊！"如梦初醒的学生这才重视这次被选择的结果，被触动的心理表现出来的是更加严肃的表情。话说到这里，我充分相信学生的心里已种下一颗种子："我要改变自己，努力完善自己，让别人信任自己。"所以我没有任何批评，只有鼓励："我相信通过你们的努力一定会有所进步的，只要你从现在开始努力！"

　　接着针对的是放弃选择权的9名女生。请她们站起来后，我对她们说："对你们我也很失望！当你们有主动权的时候，没有抓住，错失机会！要知道人生就是面临不断选择的过程，这次选择同桌虽然对你的人生影响不大，但道理是一样的！面对选择的时候，要果断！怎么果断？不要患得患失，有些同学一想要是选择了他，同学说闲话了怎么办？要是他对我没有帮助了怎么办？或者是以后我们俩发生矛盾了怎么办？……想的不是选同桌，而是附带的其他问题，这样怎么能够果断地做出选择呢？机会是给有准备的人的，一旦有机会就应该抓住，但是今天你们没有抓住，好可惜！人面对难题果断做出判断，然后做出决断，这是一种能力，更是勇气！我很希望你们拥有，哪怕是你们现在才十一二岁，都要有为自己的选择无怨无悔的胸怀！这次不合格没关系，好好总结一下，争取以后有选择机会的时候，能够果断选择！"听完我的话，这9名女生有些愧疚、有些后悔、有些领悟、有些认同……

　　这些被教育和引导的学生只能选择我的安排了，这也是一种选项吧！那么也得做到无怨无悔，所以最后没有一个人有异议！就这样，新学期还没有开始上新课，我就在排座位中给他们上了一节重要的人生课，这也是在提示他们长大了，要开始重视人生问题了。其实这样安排座位的原因还有一个，班里男生和女生间虽然没有什么大矛盾，但是相互间却并不欣赏，经常是针锋相对地争吵，互不服气，这样的一种状态特别不适合班级文化的建设。为了能够融洽男、女生关系，特别让女生来挑选男同桌，这样用一份信任和欣赏连接的同桌，我相信男女之间多少会更容易相处。这层深意被潘添冰捕捉到了，所以周一上课的课间，她到我跟前悄悄地说："管老师，我想让我们班男生跟女生的关系更好些，您在班上给我们再说说，好不好？"这份为班级的心是滚烫的，我怎么能够辜负？当然要加以强化了。我相信，在我们不断从意识上重视，并在实际工作中加以引导、实践，相信班里的学生会变得更加融洽，也能很顺利地完成人生的各项命题。

（2012年2月14日）

童心诗情

2012年3月7日的语文课专门作为诗歌指导课开展。因为刚读了儿童诗，我想用这样的指导为学生捕捉自己的童心童趣开启第三只眼。

什么是儿童诗？儿童诗有什么特点？学生谈着自己最直观的感受，于是黑板上有了这些知识要点：反映儿童的生活，表达儿童的情趣；充满幻想，想象力丰富；语言轻松，好读易背，挺押韵；切口很小；很美好……这些在学生的认识里被梳理出来的关于儿童诗的知识虽然显得抽象了些，尽管是学生自己整理出来的，但对于有些学生来说还是不容易接受的。要打开这第三只眼，还必须要给点"冲击"，因此，我即兴背诵了两首小诗《风》《云》。背《风》的时候，我特意背一句停一下，让学生对它产生好奇："风最讨厌了，总是撩起我的裙子。还在一旁放肆地说："羞羞羞，真是气死我了。"学生的思想一下子被激起来，原来生活可以写得那么好玩，这就是小切口，这就是押韵，这就是想象！再来一首《云》："云像一个忙碌的画家，在天空中画出一幅又一幅的图画；云像一个贪玩的小捣蛋，常常忘了回家。"不用我引导，学生开始畅谈自己的感受，那么真切地从诗中感受到那么多快乐、那么多想象。

铺垫得差不多了，就来点实践。

"其实写我们的生活，就是写那些经常出现的事物。现在请你闭上眼睛，抓住蹦进你脑子里的最清晰的那个事物，然后想想它最好玩、最让你记得的地方，再用你富有想象力的话把它说出来。"话语刚落，就有人举手，但我知道肯定不成熟，继续说："最少三句话，四句话也行，五句话也行，越多越好！"学生这才开始真正进入到构思的状态：有抱着头的，有托着腮的，有伏在桌面上的，也有仰望天花板的……给的时间快到了，就等学生发表了。果然，不同凡响的还真是多啊，张映冬的《小狗》、童心宇的《雪人》、聂雨荷、黄奕霖、吴承远……跃跃欲试的学生太多了，无法一一听全，但是我知道学生的诗门被打开了，快乐涌了出来，这时候，我和他们都是享受课堂的。每名学生的积极性都是那么可贵，尊重并分享着。学生开始互相交流起自己的创作思路，也在相互帮助修改着。我看着他们热火朝天地交流着，心头为自己开展这样一节课的英明决定而自我肯定着。这时候，周思颖和吴彬到讲台上围着我，非要给我读他们刚才合作创作出来的小诗《鞋子》：

每天早上，你都那么不听话，好像和我捉迷藏，一只躲在鞋柜里，还有一只你在哪儿？我和妈妈都快迟到了！在那，在那，就在床底下……

学生的生活跃然纸上，我不得不去拥抱这两名学生。生活回到学生心头的时候，文字注入了乐趣。

这种即兴的表达多少有点"野路子"，但是也检验出我一上课就说的话：儿童是天生的文学家、诗人。不事雕琢，只是真情表达就那么迷人了。

"但是要想成为真正的文学家、诗人，还要在构思的时候意识到一点，咱们得花心思去雕琢某些细节，比如主题。创作诗歌是要有点想法的，诗言志嘛！"说完之后，我无法确认效果，但是为了让学生能够明白这一点，我将他们生活中的事物用盒子分了类，当我打开不同的盒子时，学生表现出不同的反应。于是伴着这些不同反应，我对以上的话进行了解析：构思就是在普通事物中找出自己最独特的体验，并且能够用自己最擅长或者最个性的方式表达出来，让别人也能产生共鸣。学生明白了在同类事物中自己最感兴趣的往往是自己最熟悉的和最陌生的，于是就明白了"独特的视角"，也感受到对待不同事物时联想到的是不一样的，于是要找到那个想表达的点就得筛选，我最主要的意图就是让孩子们用自己的笔写自己的心。恰逢第二天是三八妇女节，为了检验学生的课堂所获，我布置了一项书面作业——献给妈妈的诗。

今天批改这项作业，心情特别愉快！全班学生除了生病没来的没有上交作业以外，交来的作业中份份都不雷同，而其中佼佼者甚多。下面摘录几名学生的小诗以作佐证。

许佩岚：每当我在玩电脑时，你总是让我去写作业；每当我看电视着迷而不去写作业时，你总是气呼呼地把电视关了；每当我周日晚上连作业都没有写完时，你总是不辞辛苦地催我。我知道，您每次责怪我时，心里一定也不好受；我知道，您每次批评我时，都是为我好。妈妈，谢谢您！（《妈妈》）

童心宇：蒲公英，你用你的力量，送走了你的孩子，能让他们飞向天涯，而自己却只无奈地接受秋。（《蒲公英》）

聂雨荷：我是一片叶子，您是一棵大树；我是那么弱小，您却那么巨大。您总是照着我，我总是在您的保护下。

我还是一片嫩叶时，您就沙沙地唱歌，一遍遍地教我，直到我学会。你就站在那，听着我的欢声笑语，默默地，静静地……

有时下雨，有时刮风，我这片可怜的小叶子，在风雨中直打哆嗦，恐惧着。您就用那坚强的枝干，抓着我，陪着我一起经历风雨，承受苦难。

我这片小叶子，感谢您，这棵大树——妈妈。（《叶子》）

韩振球：母亲，就是床上的被，没有您，我会感到寒冷；母亲，就是菜中的盐，没有您，我生活得没有味。（《会变》）

罗寅：母亲是一艘大船，载着我驶向大海，去追寻生命的意义，去探索世界的神奇；母亲是一缕春风，吹着我的心田，盈盈步履间带来勃勃生机。（《赞美母亲》）

曾健华：我想在今天，给她庆祝节日，倒上一杯热茶，给她轻轻捶背，捶啊，捶——捶走了一天的劳累。

我想从今天，都会好好学习，上课认真听讲，下课完成作业，学啊，学——不用她经常操心。

我想每天里，都让妈妈高高兴兴，我会给她唱歌，我会给她画画，笑啊，笑——写下这首《我想》。（《我想》）

李睿：妈妈啊，天上的风雨来了，鸟儿躲到它的巢里；心中的风雨来了，我只躲到您的怀里。（《繁星》）

李瑶宇：我要感谢您，妈妈，您给了我一双眼睛，世界多彩，我都看得见。

我要感谢您，妈妈，您给了我一对手，世界多样，我都摸得出。

我要谢谢您，妈妈，您给了我一双脚，世界的尽头，我都走得到。

我要谢谢您，妈妈，您给了我一个心灵，世界的美丽，我都感受得到。（《我要感谢您》）

张映冬：晚上我上床，最后一眼，看见你在忙；天亮我醒来，睁开眼睛，发现你在忙。微笑的妈妈，你天天都不睡觉吗？（《妈妈》）

读着这样一首首小诗，感受着学生看到生活中妈妈们的付出，学生认识各不相同，但是在那幼稚而单纯的童心世界里，妈妈的美不是因为容貌，不是因为年龄……一首首小诗里流淌着童心，滋味很浓！学生用自己的笔告诉我，诗里有童心，真好！

主题确定的创作之余，学生的其他创作也非常有趣。童心宇的《警戒线》里有对世界的大爱，和平是这样产生的：

警戒线，用来干啥？只为隔开我和他，两边只要一打仗，警戒线就来帮大家，你一挡，我一挡，冲突一下就没了。

童心世界里任何事情都能用最简单的方式来解决。

韩振球用仿写《幻想》表达着理想：

我曾经幻想过，把万缕阳光带向黑暗的地方，让那些小孩跟我们一样玩耍，玩啊，玩——玩出阵阵笑声；我曾经幻想过，把新的教学楼带到没有学校的地方，让那些可爱的"天使"能像我们一样读书，读啊，读——读出一个个栋梁。不过要等到长大……

多么推己及人的情怀，这就是博爱的种子吧，真希望它发芽开花。

很高兴带着这些学生玩了一回诗，让他们知道了生活原来这么好玩，可以表达得这么有趣。也许多年以后，他们中的谁都不记得自己曾经还写过诗，可是在学生最有创作"才华"的时候，我引着他们走进诗歌创作的世界里，我是快乐的：学生有兴趣去写，他们是喜悦的。我庆幸自己这么做了。我心里清楚，做一件事，兴趣带来的热情只是最初的火种，想要形成燎原之势还需要我们持续不懈地投入。人是因为把一件事情干得越来越好，才越来越有兴趣的，不是对什么感兴趣才干得好的。学生因为我而激起了创作诗歌的兴趣，当我不再强化的时候，他们还会继续保持兴趣吗？我不禁对自己笑笑。说到这里，我想到杨澜采访席慕蓉谈"以诗之名幸福"时，读她新近创作的一首诗：诗／是何等奇怪的个体／出生之后就会站起来走开／薄薄的一页，瘦瘦的几行／不需衣衫，不畏冻饿／就可以自己奔跑到野外／甚至只要有几句／写到谁的心里面去了就可以／从商周到隋唐／一直活到所谓的当代／有一种恐怖的说法／诗继续活着无关诗人是否存在／要到了诗人终于离席之后／才开始真正完整地显露出来。是啊，学生用最童稚的视角看世界的这组诗留在这里了，会被读起，会被谈起。当代已经不是一个倡导诗歌的时代了，但是诗歌创作带给学生的欢愉我是感受得到的，诗果然是温暖的！无所事事的时候，我们写一写，温暖自己也好，温暖别人也好，都是不错的选择！诗"是在我们每个人的血液当中的，只不过是等待着被唤醒的时候"。

（2012年3月8日）

我们的座谈会

三班有些散，散的原因主要集中在这十几名学生身上。不是学生不好，而是这些学生对自己的行为认知能力不够。一方面，因为他们的父母或太忙，或教育方法不对路子，或太过溺爱，或对他们的要求太高等原因，致使家庭教育不足，学生行为比较随性；另一方面，因为学生对于自己的要求和自己的能力没有达到平衡，而使学生的愿望和实际的收获多次落空产生挫败感，让自己有些破罐子破摔。其中也有因为学生能力过强，轻而易举完成任务后，因精力过剩而导致行为偏离正轨的。无论是哪方面的原因，指导、疏导是非常迫切的需要。鉴于之前对他们的集体教育收效甚微，假期快结束时，因为读一本教育类的丛书而突然想到这十几名学生，于是我决定开学后对他们采取非常手段——每天放晚学后进行座谈。主要目的让其在说自己的行为时，能够意识到对错好坏，在提高认识的基础上规范自己的行为。

三班的座谈会要开起来，还需要家长的理解和支持。在开学伊始，向班内公布名单和各项要求后，就得跟这些学生的家长沟通——通过校讯通平台给家长发短信——"温馨提醒：鉴于防微杜渐，让学生能够很好地管理自己，提升班集体的形象。本学期伊始，如无特殊情况，我将每天放学后认真聆听您孩子一天的活动汇报，并及时纠正和指导其不当行为，因此，他回家的时间将比其他同学晚20~30分钟左右。望您收到短信后能够理解并支持这'不得已'之举，如能和我同步关注其成长细节就更好了！如果您对我此项安排有异议，请在我工作时间进行电话沟通。"庆幸的是发完短信后，18个孩子的家长没有一个有异议，因此，我们的座谈会从开学第一天就开始了。

座谈会上，我邀请了两位班长列席聆听，以便他们在管理班级的时候能够掌握第一手资料，对这18名同学的行为能够及时进行监控和管理，让反思后的成果能够巩固下来。因为有18名学生，首先编排座谈顺序。这18名学生中有两名女生，本着"女士优先"的原则，她们俩先说。这两名学生主要是因为父母没有时间陪伴，在学习上能偷懒就偷懒，学习任务完成得很不理想，但其他方面都很不错，正好她们的讲述也为后面的男生起到一个很好的示范作用，因此，座谈有条不紊地进行着。每名学生谈话的要点我都做了摘要性的记录，然后等所有学生说完，我再根据学生反映的情况做点评和指导。座谈让平时没有机会和我说话的学生有了表达自己的渠道，让胆怯的学生有了公平展示自己的机会，因为没有任何批评，我就是个听众，学生在相当轻松的气氛中说着自己的得失。

一个星期过去了，我认真地询问学生这样的方式有没有让他们难受，有没有通过这样的活动促进自己的进步，令我欣喜的是学生都说有所进步，并且争先恐后地说了进步在哪里。为了能够巩固这一战果，更为了分享进步的喜悦，尤其是通过座谈发现了班级里存在的重要隐患需要家长的密切关注和配合，我上周五给所有参与座谈的学生家长发了短信："您好！通过这段时间和学生的座谈，发现大多数学生的进步是明显的，同时在座谈中发现了班级内的一些问题，在此向您叙述，以期您和我一起帮助导正。男生中存在欺负弱小的现象，而且同学间会互相以'义气'为名，商量共同打谁，班内已有几名学生受到这样的对待了。这给被欺负的学生心理造成了极大的影响，我会进一步在班内进行导正，请您和您的孩子谈话时有意识了解他是否有此类或类似行为，并给予及时正确的指导。"俗话说"一个好汉三个帮"，在争取到家长的理解和支持后，两个星期过去了，学生谈的越来越多，原来预计的半个小时的时间往往不够，但他们走出教室的时候仍然是轻松而快乐的。学生精神状态的改变着实让我为这两周的辛苦感到欣慰。

应该说，这些学生因为长期在班级内的"形象"，积压着诸多不利于他们成长的心理阴暗。这样的座谈让其有了表达的机会，也让他们有一种被重视的感觉，从而被缺点掩埋着的优点慢慢地显露出来，自信被一点点带出来，积极向上的心也就被激发出来了。所以他们开始时那种拘束感和害怕感渐渐消失了，对于老师和同学们给予他们的宽容和帮助也诚心感恩了！在一个集体中，确实存在着一部分弱势群体，他们不是没有可能变好，只是我们给予的尺度和时间还不够。听听他们说的，再回顾他们做的，必要时谈谈我对他们的印象，就这样，我们互相聆听着，彼此悄然改变着……

（2013年3月7日）

以辩明理　以论激智

——记五（3）班辩论会

其实"辩论"是五年级上学期口语交际中就有的内容，但鉴于班里学生的认知和表达的能力尚浅，所以虽然从四年级下学期就开始为学生开展辩论赛而做铺垫，却一直到五年级下学期才正式给学生开展。我的习惯就是，做就要将它做像样，让学生可以从中成长。因此在筹备这次辩论赛的时候想得很细致，本着让每名学生都能得到锻炼机会的原则，我决定在班内开展一次"以辩明理，以论激智"的主题辩论会。为什么是辩论会，而不是辩论赛？因为这两节课中我们要完成三场辩论赛。

一、筹备：打正规牌

"辩论"是"见解不同的人彼此阐述理由，辩驳争论"。说到底，它是展示语言的一种方式和技巧，考验说话者对某一话题的理解和掌握水平，同时又展示其说话的技巧水平，是说话者综合能力的一种展示。作为比赛而用的"辩论"，更是展示团队合作能力的一个侧面。日常生活中学生自觉不自觉地会"辩论"，以前班里用"辩论"的方式解决过一些问题，但是究竟辩论赛是什么样？辩论赛又有什么规则呢？班里的学生却是迷糊的。为了让学生了解辩论赛，我利用课堂特别给学生介绍了辩论赛相关的知识，如赛场布置、人员安排、时间限定等，并且播放了"1993年国际大专辩论赛决赛"的视频，结合着视频给学生讲辩论技巧和语言组织等平常接触少的问题，从理论和直观两个方面给学生做了两次"普及"。我们班要举办的就是这种正规的辩论赛。

辩题我们用现成的，正好是综合性学习单元——信息传递改变着我们的生活，在配套的《知识与能力训练》中出现了以下3个辩题。

辩题一：小学生应该多看还是少看电视。

辩题二：玩网络游戏是好处多还是害处多。

辩题三：提倡上网多交朋友还是上网交友危害大。

这3个辩题正好都与我们当前生活息息相关的，值得学生共同探讨。因此，我们将这3个辩题都拿来辩论辩论，这就涉及怎样组织了。考虑到我们班42名学生被分成了7组，以组出赛的话，还多了一组，怎么办？本来打算请家长和其他老师来做评委的，正好不用请了，就让学生自己来做评委吧！于是将3个辩题的6个论点写在条上，又写了一张"评委"条，折叠起来，请7个小组长来抽签，确定好辩论赛时的责任承担。抽签应该是目前我们能想到的最公平的分派方式。因此面对结果，学生纷纷露出了笑脸。

论题落定到各个小组后，每个小组有6个人，但是辩论双方各上4人，还有两个人怎么办？为避免矛盾，我们还是抽签，一到四辩4张签，加上"主席"和"司时计分"两张，6个人都有工作可以做了。抽完签后，各自做相关的准备。我要做的就是将抽签结果公布后，用PPT的方式让每名学生再次明确自己的职责。为了公平起见，主席和司时计分要避开自己组，以免有偏帮。对于这样的安排，学生第一次接触"避嫌"这个概念，刚开始还接受不了，和我小小理论了一下，等到明白过来了反倒觉得更为公正。这是这次活动中我想传达给学生的理念就是做事做人要尽量做到公平公正。

为了上场比赛时大家的角色感更强，我将每个角色的名牌事先打印好，贴在五角星上，等到上场时往胸前一夹，好进入状态。作为评委的学生第一次当评委，也需要细致一些，事前设计好评分表，打印好后，再在全班讲解评分事项和分值。万事俱备只欠东风，就等着学生表现吧。

二、比赛：自由发挥

利用学生做操的时间，我将辩论赛的主题写在黑板上。

早操完毕，班长组织同学布置好比赛会场。

第一节课，辩论会正式开始。我事先准备了相机想录下全程，但是因为没有检查，到用的时候才发现电池没电，我正好能够静静地在后场仔细观看。做一名观众真好！

戴上"名牌"的学生往场上一坐，紧张的气氛一下子就出来了。

第一场，肖泽响组与许佩岚组交锋，就"小学生应该多看还是少看电视"辩题展开辩论。正方肖泽响组，4位辩手分别是符建彬、李一诺、黄奕霖和周思颖，他们将坚持"小学生应该多看电视"。反方许佩岚组上场捍卫的主张是"小学生应该少看电视"，要为小组奋战的分别是一辩许佩岚、二辩张露、三辩朱浩瀚和四辩童心宇。主席由潘泝冰和梁雨茵担当，张映冬和詹伟斌担任司时。两方辩手各就各位，在主席的调控下"战"得四平八稳。最终经评委会评分，反方获胜！整场比赛中，应该说正方一辩符建彬非常出众，他的立论"小学生在适当调控的情况下可以多看电视"，将看电视的不利之处已经考虑在内，这是一个非常缜密的言论。可惜的是，这一队没有将这个立论坚守到底。反方是群体作战，从材料准备、辩题的有利性方面都胜于正方，他们立论后谈及"小学生因为自控能力不高，而电视节目又五花八门，无法保证小学生看电视的时间不被自己无限制地拉长，也无法保证小学生不会因为好奇心重而选择不适合他看的节目，因此提倡小学生应该少看电视"。自由辩论环节中，童心宇即兴思维、随机应变的能力也让正方显得反击力度偏弱。因此，评委们评出的比赛结果是非常公正的。辩论完，大家一致认为，电视可以看，因为电视是一个窗口，它既可以成为知识传播的渠道、眼界开阔的平台，还是休息调节的一种好方式，但是不宜多看，且要选择合适的节目观看，毕竟现在电视里成人的节目较多，而且有些好看的节目时间安排上正好是学生学习效率最高的时间段，看多了会影响学习和智力的发展。

第二场由廖舒妮组和聂雨荷组对垒。作为正方，要坚持"玩网络游戏好处多"的主张，反方针锋相对地坚持"玩网络游戏害处多"。正方一辩黄轩豪开场立论就气势不凡、声音洪亮、条理清楚地表明立场后，讲了三条玩网络游戏的好处，看得出是做了很充分的准备。一个小家伙平常说话哼唧哼唧的，有时候还会耍点小"无赖"，但今天在这个辩论赛场，他却非常有礼仪风度，谈吐不凡，着实将我的注意力吸引了过去。我欣赏着他的"高谈阔论"，心里判断他要做这场比赛的最佳辩手了。谁料反方一辩王文千站起来更是风度翩翩、语出惊人。平常她不太喜欢当众发表想法，多为听众，但是"不鸣则已，一鸣惊人"，向主席和对方辩友问候后，她将正方发言中的漏洞一一加以反驳，有条不紊地阐述己方立场，掷地有声地让所有人觉得"玩网络游戏害处多"。这是五年级学生的辩风吗？如此犀利，如此敏锐！王文千出色的表现真的太出乎我意料了，她也因此获得了全班最最热烈的掌声。双方都在坚持着自己一辩的立论，正方的刘佳昕和曾智相又从不同的角度去强化、阐述和论证；反方的廖舒妮和吴承远也毫不示弱，不仅坚守立场，还对正方的言论予以反驳后再立论，颇有辩论机锋。场上高潮不断，在自由辩论环节，双方辩手都能仔细听取，抓住错漏，及时反驳，你来我往，非常激烈。幸好场上的主席袁琪茹和陈龙错颇能控制大局，与作为司时的林洪基和戴煜光配合密切地将整场比赛组织得张弛有度。尤其是袁琪茹，自信而得体的主持让比赛增色许多。这是一场旗鼓相当的比赛，在反方四辩曾建华和正方四辩柯思因总结陈词后结束，很好地印证着"以辩明理、以论激智"的主旨，看得我很是激动，赛场外掌声不断。对于网络游戏的态度也在辩论中呈现出应有的姿态：网络游戏以其最独有的特点刺激着人的控制欲，于是会去想办法征服它，这个过程能够培养小学生的思考力、探究兴趣，也培养着小学生为一个目标不断努力的做事方式，激发其斗志，同时网络游戏中也有一些知识类介绍，对培养小学生的理解能力和动手能力都是有好处的。但是因为小学生的自控能力不强，容易沉迷其中，因此其害处也在小学生这个群体中最明显地表现出来。小学生正处于身体发育的重要阶段，如果沉迷于网络游戏，对身体健康很不利，比如视力下降等。小学生玩网络游戏对学习的影响也是极大的，因为心思在网络游戏上，学习就会马马虎虎。评委最后的评分是正方略高一点，但是因为自由辩论环节中，正方有一人一直没有参与进去，这不符合辩论赛的规范，因此被扣分了，所以最终结果是反方获得胜利。

在第三场比赛前，双方队员聚拢到我身边，吴彬很没自信地说估计他们队会输，原因是他看到张晗祺组准备了很多资料，而他们组准备的资料好像比较少。对这个推测，我笑笑："赛了才知道！"第三场比赛开始后，双方情绪很激动，主席肖泽响和庄荟怡也很紧张，看了两场了，终于到他们表现了，那种积蓄的情绪喷发出来，让辩论赛有些"争吵"的意味了，这是我们不太提倡的。辩论讲究辩风敦厚，因此赛后我没有做点评。而最终的结果是双方竟然得分一样，皆大欢喜！正方的沈飞龙、张晗祺、张瑞和郝思远坚持上网多交友，但是反方义正词严地告诫网上交友很不安全，危害很大，并且对朋友加以界定。尤其是作为二辩的安东旭，他将网上认识的人存在的潜在危险说得相当透彻，与其他三位——吴彬、谢卓智和高杰一起坚持主张"上网交友危害大"，一定要辨别清楚。

学生互相之间的辩论旨在说服对方，让观众和评委自己去判断到底哪一个观点更加可取，仁者见仁，智者见智吧！

三、赛后：喜悦掺着泪水

韩振球组作为评委组可谓忙碌，每一场赛下来，他们都要去综合考量，给选手们打分和点评，然后交由每场的司时计分员去统分，在下一场开始之前公布上一场的赛果。但是因为第一次做还不熟练，他们没能在规定的时间里完成好，所以为了节约时间，每场的赛后点评都押到了赛完后公布结果时。做评委不是那么容易的事情！

司时计分将比赛结果算出来后应该交回给评委组，但是他们太激动了，将分数告诉了对应的小组。尤其是第二场的司时计分员林洪基迫不及待地将分数告诉了聂雨荷组："你们胜了！"作为主力干将的黄轩豪太高兴了，他就是奔着冠军去的，赛前为了能够获胜，可是下了不少功夫，还问我好几回："一辩那么重要啊！我是主辩吗？我得怎么讲啊？"我看着他踌躇满志的样子，为他对于"荣誉感"的在乎而大加欣赏，但是赛前还是要公允，所以我没有对他讲更多的东西，就让他自己去好好准备。面对着"胜利"，他那个高兴啊，根本无法控制住，就等着全班的欢呼了！可是当我宣布他们队输了，并说出原因时，他的情绪一落千丈，大小伙子没能忍住眼泪，让身边的组长聂雨荷不知所措！大喜和大悲黄轩豪都经历了，他知道了努力，也知道了团队合作意识在许多时候的重要性，那么眼泪流得就是值得的，这是成长的哭泣！相信这一组以后会更加团结，拖后腿的同学不会让黄轩豪的眼泪白流。

点评了场上优秀的表现者，学生很幸福地为他人的成功而鼓掌，同时也在意自己这次的表现。"许多事情看着和听着总是不如亲自去参与更有收获。"学生听我这么说，也非常认同。这次没有作为辩手的学生马上说："就是啊，我都没机会辩论。"这次不是评委的学生回应："下次我做评委，保证做得更好！"小试牛刀的辩论会丰富地表现着每名学生的优势和弱项，真实地反映着学生目前的水平。他们赛后觉得还不过瘾，当我说还会举办时，他们立刻举手说出自己想要做什么。这次的辩论会全班42名学生一名也没有落下，人人都是主角，人人都在参与，参与了就会有收获。我有理由相信，下一次再举行辩论赛时，这些学生会有突飞猛进的表现，实践出真知嘛！

（2012年5月4日）

孩子气

近期学校活动很多，课被调动得很厉害，所以我的工作节奏被打乱了，班主任的工作也变得力不从心。如多米诺骨牌一般，班内学生也出现了许多情况。而我如救火队员似的，得对出现的问题施加干预，进行必要的教育指导。在这个过程中，我一次次被孩子气"打败"！

一、真的受不了了！我一定要换！

课间，我正埋头改作业，兰东冲进办公室，一脸怒气，一脸痛苦，也没管我在不在听他说话，就开始了控诉和请求："我可不可以换座位啊？我真的受不了姜子玥了！"嗯，姜子玥？这个丫头可是咱班很善解人意、善良、乐于助人的学生啊，温顺而求上进，而且前两周因为出水痘没来上学，刚回到学校不到三天，怎么就让她的同桌有这么大的反感？我即刻放下手头的工作，转身面向站在我侧边的兰东，听他进一步说明："我真受不了了，我的书稍稍超过界线一点儿她就撕，你看她还抓伤我的手，还吐我口水……"听着他讲自己如何备受"摧残"，真是叫人不得不深表同情。而她的同桌在他的描述中就是个蛮不讲理又粗野的姑娘，让温文尔雅的兰东受尽折磨。"我一定要换座位！"他斩钉截铁地结束了他的控诉。"她为什么这样呢？"我需要了解过程。"不知道！""那你说的是不是真相呢？""是真的！我都没有招惹她！""一定有原因吧？""那我不知道，我一定要换！""你再想想，还有没有什么没有说的？"兰东沉默了。"想想看，你们俩之间有没有隐瞒什么？"兰东仍然沉默。教育无法深入，学生也需要冷静，正好上课铃声响了。"这样，我下午找姜子玥去核实一下，然后再来处理好吗？""好！不过我一定要换！"我送走了这个委屈得不行的大男生，心里有了打算。

下午放学，我找姜子玥核实情况，她并没有否认兰东投诉的行为，但是却说出了兰东不愿意说的话："他总是骂我！"两个人相处时难免有一些摩擦和纠纷，但是两名学生都从自己的角度去看对方的错，内心里一定会觉得自己最委屈。听完姜子玥眼含泪水的哭诉，我意识到要解决问题还需要两名学生一起才能够协调。"这样，明天我们找兰东一起再确认，好吗？"学生回家了，我等着第二天处理。

可当天晚上，姜子玥的父亲就打来电话。只是我习惯于下班后不看电话，因此并没有及时接听，第二日早晨上班时看到其短信，说姜子玥说兰东总是无缘无故地骂她，让她女儿都不想到学校来上学了。接着我打开Q群，发现了姜子玥爸爸的留言："兰东的家长在吗？"显然因为我的介入，学生回家后向家长寻求"保护"式的"交代"了，这件事情就这样变成了我必须要立即解决的事情。我给姜子玥父亲回复了短信，以便家长能够放心，学生的委屈我会去化解，我也会借着这个机会教导学生应该怎么处理才是最对的。

两名学生来到我身边，我请他们当着对方的面说出对我讲的全部内容，这时候的兰东已经没有昨日的冲动和怒气了，也略显不好意思："昨天我没有说实话……"事情的真相正如我预料的一样，双方都有欠妥之处，关键还是要引导学生正确对待。经过一番交谈后，我再让兰东选择是继续做同桌还是要求调换，他极其笃定地说要继续坐在一起。而姜子玥，我则请她回去自己对爸爸讲清事情的原委，免得爸爸误解同学，造成不必要的矛盾。我想：学生正处在从儿童向少年过渡的转型期，他们需要的是倾听者，让他们讲出自己碰到的烦恼，情绪宣泄了，问题也会自然化解。这个时期他们要学会自己拿主意了，作为老师，我的作用就是在疏解中还原真实，让他们明白看问题的角度将决定事情的性质走向，懂得为他人着想，换位思考是必要的。当我们将方向导正后，学生的选择往往就是一次提高。学校不仅是接受知识的地方，还是学会交友的训练场，当孩子气的语言和行为出现时，我们不要轻易用对错来评判，而是让孩子思考怎么做最合理。如此反复，我们的学生就不会走极端，也会公正地去看待世界。

二、要是没答对，要接受我们的惩罚，就是吃橘子，很酸很酸的

轮到刘欢仪组讲课了。一上来先立规矩，加分啊、惩罚啊什么的，有新气象！可是一听内容简直要被笑翻了，亏他们想得出来！如果得分多了，就奖励甜甜的糖；如果回答不对就要抽签回答另外的问题，还回答不对就接受惩罚——吃酸酸的橘子。

课堂进展很顺利，就是有人不听讲，被监控课堂的徐可洋逮个正着，又被刘冰倪叫起来回答问题的兰东不得不接受惩罚，将橘子吃下去。从此以后，

课堂气氛完全逆转，有看热闹的，也有看着嘴馋的。周芷逸就算是嘴馋的，于是他故意举手回答问题，主讲"老师"请他回答，他坚决表示回答不出来："你给我一个橘子算了！"监控"老师"徐可洋坚决让他回答了再说，只有回答错了才会惩罚吃橘子。"那你先给我一个，我再回答。"就这样，争论中的周芷逸最终没有得逞，可是课堂却严重失控了，弄得刘欢仪这个主讲老师也不知道如何收场了。之后又出现了新情况：突然间请到郑彤京，抽了卡后最终被罚跳青蛙跳。要是我们的课堂、我们的老师用这样的方式上课，估计学生早就投诉了吧，但是这是他们自己掌控的课堂，他们倒是没有放在心上。看着这样各自为营的课堂，我在心里偷笑：也许只有学生才有这样神奇的能力，将严肃而神圣的课堂轻而易举地演化成游乐的现场。终于，他们的内容讲述完毕，等到我点评了。我不得不对其间的许多不当加以导正，并且指导他们今后上课时要做好分工：主讲的、操作电脑的和调控课堂的，要将细节想好，关键是要有角色认同感："你是要讲课的，就是老师，那么行为举止就要得当，要像个老师的样，不能和学生扯皮，要有人格魅力和威严感才行。"

在实践中，我们的学生未必能记得住自己的职责，他们会不自觉地回到自己的立场去行事，所以会有些出人意料的行为，这些恰好是我们可以利用的教育指导契机。在现实面前，就事说事地现场指导会加深学生的印象，教育的实际效果也会更加明显。用事实说话比简单的说教要有力得多，只是在这样的教育契机里，我们要告诫自己不能太板起面孔，而是要和颜悦色，耐心地剖析错误，巧妙地点拨，让学生自己意识到不足，从而自觉地改正。因此，我们不妨多提供方法和建议。对于周芷逸"扰乱"课堂的行为，我请他起立，让他回顾自己的行为后说说看法。他倒是醒悟得蛮快的，立刻说自己不对。我笑着说："你蛮有福气哦，遇到老师那么愿意和你说话，要是我肯定做不到让你一次次这样不按规矩来，所以你要感谢那么善待你的'同学老师'。"学生的错都是可以原谅的，因为这是一种成长的方式，我们不必太较真，那就是一次次的孩子气罢了，给他机会改正学生才能长大，给他方法改正才能提高。我很喜欢看着他们冒着傻气又不放弃努力的样子。

三、现在

这段时间最让人头疼的是蔡志博，无法控制自己，总是惹是生非，还很赖皮，也没什么大事，就是些鸡毛蒜皮的小事：给人起个外号，没他事还喜欢插嘴，上课随便找人说话……对待教育他的人总是那副不屑一顾的样子。针对这些情况，我和他的家长谈了，但是情况并没有好转，甚至还越演越烈。这不，又有女生投诉他了，这次是对人说脏话。我必须再找他谈谈。利用周一升旗仪式的时间，我对他进行了适当教育。可是星期二音乐课后，梁老师直奔我办公室对他进行了投诉："简直没办法上课……"看来我得加大教育力度了。

第四节是我的综合实践活动课，正好让学生看电影《美丽人生》，通过电影来了解我们讲到的第二次世界大战。学生看电影，我就和蔡志博在教室外交谈，针对他的行为让他做反思，他根本不以为意。因为平常我很少和学生较真，简单提醒几句就差不多了，但这次不一样，我和他说了几句后，让他一个人在教室外想清楚，我5分钟后再到教室外和他谈。因为这部电影有许多地方还是需要我给学生讲解的。里面在放电影，他在教室外心里可痒痒了，况且我放电影之前还对电影的部分情节做了描述，他就更待不住了，时间没到他就偷偷地推开后门，从门缝里偷看，对我要求他思考的问题完全抛开不想。我又好气又好笑！走出教室我又对他进行了一番教育，这回他才意识到我生气了，无法马虎过关，可是怎么做到心里想的和行为上做的一致，他真想不出来，到了中午放学也没能给我一个好的说法。

放学送队，我留下了他，他很意外，因为我中午从未留过人。站在门卫室外，我继续要他一个说法，正好梁老师送完别的班回来，我让他当面给梁老师道歉，他还是做不到态度诚恳，反倒被逼哭了。"我班会上刚说了男儿有泪不轻弹，眼泪没有用，我要的是行动！"他听着我的话，用胖嘟嘟的手背抹着眼泪。"你决定现在道歉还是下午练习好了再找梁老师道歉？""现在！"他倒斩钉截铁，完全听不出我是在给他递梯子呢！好吧，尽管时间在催促我和梁老师，可还是要等他完成"动作"啊！他继续抹着眼泪，白白的脸上被他揉红了一大块，不知道的还以为他受到了我们极大的惩罚。其实我除了对他的行为进行导正外，什么措施都没有采用，就是等他自己幡然醒悟。他仍旧抹着脸，尽管眼泪已经收回去了，但就是说不出道歉的话，我估计他是怕说出来的效果我还是不满意吧！等，还是不等？梁老师还饿着肚子陪着我们，走也不是，不走也不行。"我建议你还是下午来和梁老师道歉，你接受吗？"我这次直接说了，他总能知道如何接招了吧！这次还好，他同意下午向梁老师道歉。

下午一上学，他就和我打招呼去给梁老师道歉，竟然跟没事儿人似的，一脸轻松。好吧，这就是孩子，委屈得快，忘得更快！他还少我一个答案，但是我没有紧逼他，而是打算放一放，等他放松的时候我再去给他紧一紧。给学生机会让他们自省也是我教育高年级学生的一种方法。但遗憾的是，他并没有珍惜我给他的足够尊重，第二天课堂上又犯事了。打败我的果然不是天真，是“无邪”，明天我还要和他的“无邪”孩子气继续搏斗。

（2014年3月26日）

乐得清闲

六年级下学期开学伊始，我尝试了“项目负责制”的机动管理。怎么理解“项目负责制”呢？班级日常事务管理交由班干部和班干部指派的“值日班长”，人人参与是我们班的常态。但是每个学期，结合学校活动的开展，我们班都会有几次大型活动，以往每次活动都是由我指导、组织和安排，事事亲力亲为，这样虽然让活动顺利而成功地进行了，但学生还是缺少必要的历练。在以往的教学中，如果是从一年级带上来的班级，我三年级就基本放手，所有的事情都由学生自主组织安排，我就是辅助作用。但是这个班，学生还不习惯，所以直到六年级我才开始逐渐放手，而且放手锻炼的学生还只是局限在班干部。这一次我想历练更多的人，让他们人尽其用，使他们能够独当一面。

开学到目前有三次已经见结果的重要大型活动，一次是“爱心献款3·15跳蚤市场”，一次是3月29日春游“迪可可”体验中心，还有就是本周一（4月1日）的升旗仪式。我分别找了张晗祺全权负责跳蚤市场、聂雨荷和潘泺冰共同负责升旗仪式的准备，肖泽响全权负责春游活动的组织安排和开展。现在这三个活动已经全部完成。从结果来看，三名女生完成的比肖泽响要理想一些，尤其是张晗祺，在活动中有条不紊地调度，让所有学生在活动中都能够以快乐收场，而且又能完成既定的任务。我在一旁关注事态都觉得无比幸福，她从事先的筹备预告、安排相关桌椅搬收等都充分发挥了民主，有调研，有修正，指挥镇定的同时又能冲锋在前，没有抱怨和指责，而是遇到同学们反映的问题积极想办法，迅速解决，试问这样的“领导人”谁不服从呢？升旗仪式经全班投票，选派了6名——2名国旗下讲话的学生和4名升旗手。国旗下讲什么主题？怎样讲？这个重责落在聂雨荷身上，她非常聪慧地结合妈妈的建议，快速地完成演讲初稿并发给我，我及时修改后打印完，她就找相应的同学去练习，之后的事情我没有操一点心。和聂雨荷的任务相比较，潘泺冰的任务相对容易一些，4名升旗手的自我介绍我们已经写过许多回，这次不同的是要潘泺冰在他们写的基础上修改好。虽然她有些小拖拉，但在提醒后还是快速发给我了，我看完后发现没有修改的必要，就让她大胆地去完成任务了。她们的抽空陪练和督促让这6名学生周一在升旗台上展示着他们的风采，沈飞龙、谢文威、刘佳昕和朱浩韩四个人口齿清晰地向全校同学大方地介绍着自己，李睿和袁琪茹更是大方地向全校师生普及着"文明礼仪"。他们的表现全班同学都为之信服，尤其是2名国旗下讲话的学生，当他们发言的时候，全校一千多师生听得是那么专注，发言完毕后获得了热烈的掌声。而这6名学生上台演讲之前，我仅在要展示的最后时刻看过他们的准备情况。这是对聂雨荷、潘泺冰两名同学的信任，更是相信这6名学生能够抓住机会。可能是因为春游活动更加复杂一些，所以在肖泽响安排后，我又做了辅助地调整，并且强调了一些必须要关注的细节，同时还指导全班学生要学会具体问题具体解决，注意好沟通的方式……如我所料，在春游的活动中，肖泽响的安排出现了一些实际的问题。这也是在所难免的，因为出游后许多事情我们自己无法完全把握，得听从导游的安排，不像跳蚤市场和国旗下讲话的程序相对固定，只要准备好就极少会发生"意外"，春游活动中有太多的不确定因素。从这一点看，学生在组织安排既定的任务时能够做到游刃有余、得心应手，但是在组织需要考虑环境变化因素的事情时，还是无法思虑周密，这也是要在实践中逐步提高的。对自己要求严格的班长，因为这件事情的结果显得挺不开心的。我要说："小伙子已经做得很好了，我将最难的任务交给你，你已经尽力去做好了，你是好样的！"

学习方面，结合着毕业班的实际情况，为了让学生能多背诵一些名篇古诗文，我请专人负责。一开始是王文千和童心宇两名同学，后来发现在实施中有些"供不应求"，许多学生因为检查人员过少，而不能按时完成背诵任务。因此，在听取他们反映的情况后，我又增加了4名相对公正严格，又能自觉学习的检查员——聂雨荷、袁琪茹、柯思因和梁雨茵，他们会在课间牺牲自己的休息时间，陪伴着信任和喜欢他们的同学一起走在古诗文的学习中。到目前为止，他们的工作显得轻松而愉快。因为课间有正事可做，学生违纪违规的行为也就变少了，可谓一举多得！

接下来，最大的事情是毕业联欢，目前已经商讨出几个节目，也指派了专门的负责人，他们都在领到任务后开始积极开展着，我期待好的结果。马上要面对的是六年级的级际篮球赛，负责人是廖舒妮和沈飞龙两名同学，其麾下还有韩振球、安东旭等"大将"在实际操办着。所有班级篮球队的组建和训练，到目前为止我还没有过问过，但是从日常看到的情况我大概构想着他们实际的筹备进度。在此不得不提的是，令我最意想不到的是班级篮球队组建后，他们竟然能自发地筹钱买了统一的队服！我在找廖舒妮负责的时候，可不曾想过这样的细节啊，看来学生比我想的还要细致！就连我校一直负责篮球赛的貌老师也说，还没有哪一届学生班级内有统一队服的。夏老师也很惊讶。是啊，不管怎样，我们在形式和气势上先营造了良好氛围！我每天都能看到男生、女生一起训练的身影，看到他们为一个事情如此众志成城，我的内心很感动，并祈祷着他们的努力会有一个好结果！

这一名名学生都能如此尽心尽责地完成好任务，我这个班主任真有点"闲"，把闲下来的时间放在想点子带他们多"玩名堂"不也是很好吗？但愿班里有更多的学生能让我如此乐得清闲！

（2013年4月2日）

走进梦想

还记得"天兔"吧？今年秋季最强台风，我们因此休息了两天。可是"福兮祸所伏，祸兮福所倚"，就在这两天，一通电话带来了任务——学校接受了市里少先队建队日的活动，六年级要承担"红领巾相约中国梦"的主题队会，而我要负责"南山梦"板块。

虽然领导说方案已经出来了，就找几名学生上台表演就行。但如果是那样我宁愿不做，不能让学生受益、成长的活动哪怕能够得到再多赞誉我也是不为的。于是，我在脑海里迅速想了几个方案：用情景剧、用相声……最终还是决定让全班学生都参与。我跟学生一说，学生也高兴参与。台风后上班的第一节课，我就和学生捋了捋南山区哪些地方能够代表南山的新发展。依据区域，全班分成若干小组去实地取材——拍摄照片。原本以为就是学生去，但周四的家长会后，家长们纷纷决定参与其中，为学生的安全护航。每个小组基本都有一位家长陪伴，在其中还能给建议，并能解决实际问题。比如，杨小雨她们去拍摄的地点是招商博物馆，如果没有她妈妈一起去还真拍不成，因为博物馆规定孩子要有大人陪同才能进入参观。虽然只有一天休息时间，学生和家长们都很有热情地去走访既定的地方，并拍摄了许多高质量的照片。等到周一，学生都急迫地分享参加活动的感受。从学生争先恐后的讲述里，我分明感受到他们的快乐，以及他们对于任务的重视。即使因为特殊原因没能参与实践的林嘉曼，也动脑筋用高质量的手抄报弥补了不能参加活动的遗憾。这是我最乐见的！我一边分享着他们的拍摄故事，一边在心里说："谢谢你们，用行动去捕捉快乐！"

人多力量大，照片的数量真是多。这么多照片中哪些是我们最需要的呢？这就涉及整理和筛选。但是对于新接手的班，学生的能力水平我还无法准确把握，时间又这么紧，只好我亲自操刀了，这也算贡献一下我的聪明才智吧！一个中午，我大概将"南山梦"活动方案定出，下午和学生简单聊了一下，征询他们的意见，他们都很满意，那就照样做吧！有了计划，制作PPT就简单多了！国庆放假前一天，我和学生商量：中午的阅读作业和当天的日记《家长会后》不能及时批改了，我要集中课间和没有课的时间将照片整理筛选出来，并完成PPT的制作。还好，班里的学生都很宽容，在我说完原因后，他们非常理解我。通过搜集资料，我们以"文化立区"为主，分三个板块讲述了"南山梦"，每个板块配上学生亲自拍摄的照片，并在选用的照片上署上拍摄者的名字，这份荣耀应该是他们的！下午放学前，我将做好的初稿带给学生。学生看着自己拍摄的照片被采用，喜不自禁："这是我拍的！""那我也拍了啊！"……那份幸福溢于言表，我也乐在其中。

放假，前我根本没时间找学生熟悉环节和背记展示内容，也来不及培训了，就打算国庆假期后再完成以上工作。怎奈时间不等人，所以今天上午我只好抽出一节阅读课来培训全班学生，这样下午的集体彩排才会有模有样！幸好学生与我同心协力，很快进入状态！可是因为忙乱，我甚至忘记和他们说一句"辛苦了，孩子们"！

共同筑"梦"还真是不简单啊！彩排顺利通过了，期待着我们的辛苦会换来更多的掌声和赞扬，预祝我们全体顺利！学生和我一起来努力，为最好的结果做足够的准备吧！

（2013年10月8日）

我们输了什么
——运动会后记

运动会如期而至，在做足动员和准备后，我们投入到各项赛事中。

一、负责人：你尽责了吗

为了让学生能够自我管理，每个比赛项目我都打算安排一名负责召集的学生。我要求这名负责的学生能在项目开始时将参赛选手召集齐，准时到达比赛场地，确保不会出现参赛项目空缺。运动员到达比赛场地后，负责项目的学生要回到班级向我报告，以便我能第一时间了解和解决突发情况。然后负责项目的学生回到比赛场地，直到比赛结束后将战况报告给我。本来这项安排是让体委去做的，尽管我多次提醒，但体委并没有重视起来，结果等到临近比赛的头一天下午，体委迟迟没有将安排表发给我。没有办法，时间不允许我等，我在临放学前将人员安排下去，并一再叮嘱其职责，望每个负责人能不折不扣地履行职责。

比赛当日，第一个项目是男子50米预赛，负责召集的田运鹏应该开始工作了，我在等着他的汇报。突然，有学生告诉我他被运动会主管肖老师派去送各项比赛的成绩表，不能召集运动员了，更不能作为男生的啦啦队长了。运动会刚开始就打乱了我的安排，我内心有预感，这次运动会会出现更多的突发状况。田运鹏被借用了，所以我立即找体委临时负责这个事情，让田运鹏去配合学校的工作，后面的事情自然也就开始跟着乱起来。负责人召集好人后没来报告，我只好去现场看，或临时抓一个人去看后再报告；没有监控整个比赛进程，比赛结果自然也要我重新派人去了解；不是负责召集的学生来报告，召集人都不知道在哪里。本来想锻炼学生的安排，到了落实的时候，因不能尽责而让我在现场成了最"乱"的那个人。

为什么要求明确后，到落实环节状况频出呢？我想还是做事习惯和责任感的问题。我们有一个项目负责人是刘欢仪，她在第一时间发现找不到参赛者杨静仪，将这一情况及时上报给我，我立即组织其他学生分头去找，四路人马终于在大厅里找到了她，把她带到比赛场地后，刘欢仪又来通报人员齐了，然后又返回了比赛场。还有一名负责人是吴伟烨，虽然这名学生做事的能力有限，但他负责任的态度让我感动。他负责男子跳远，比赛是在第二天上午，第一天他害怕记错，时不时问我跳远比赛是什么时候，还在我这儿查他要召集的是谁。第二天早晨比赛开始了，他发现了周芷逸兼项，快速报告给我后，我让他找体委去协调。因为他没来告诉我结果，我又亲自找到跳远组负责老师，讲述了情况，安排妥当后找到在200米等候区的周芷逸，告诉他安心先跑。吴伟烨终于又回到我身边，告诉我已经说好了，我又叮嘱他在现场用iPad帮比赛的同学照相，等最后结果出来后拍下来告诉我。尽管我和他都在比赛现场，结束后他还是告诉了我比赛的结果，并问我："老师，我可以走了吧？"看着他这么负责任，我真想大力夸赞他，并让全班同学都来向他学习。

运动会的负责人还有女生啦啦队长、稿件组组长等，但是和我之前的要求相比，落实中他们又有多少没有做到呢？一件事情的成功取决于每个环节的落实，但是在运动会的两天里，我安排下去的事情在落实的时候是否到位了呢？从我的角度看是不完全的。如果体委陆海鹏在每个项目训练时都按我提示地去做，在技巧上多请教貌老师，训练时加强指导和规范，我们的接力赛不至于会那样收场吧？如果在召集好他们后及时通报给我现场情况，也不至于在讲规则的时候集体去了厕所吧？责任心决定了做事情的投入程度，也许吴伟烨那样的孩子在大家眼中真的很差，但至少他是个责任心强的人，交给他任务时，我只要多教教方法，就不担心出岔子。可是那些能力好的学生呢？交给他们事情后，我却要常常补缺漏。其实，这何尝不是要思考的问题呢？

二、运动员：你准备充分了吗

如果说运动能力，三班的男生在六年级是屈指可数的，有天赋就要展现出来。运动最让人振奋的地方在于其拼搏的精神。所以，我们班女生尽管实力不如别的班，但我仍然感动不已，场上场下的女生都是憋着一股劲，想去搏一搏，争取突破。她们心里想什么，行动上就去落实，属于言行一致者。那么男生呢？先来看几组镜头便一见分晓。

200米，兰东遥遥领先，虽然像风一样，但独孤求败的势头让他没有奋力冲过终点。

200米，曹苇健带着400米第一的骄人战绩，在跑道上一马当先，弯道处还回头环顾，大事不妙，被人赶超，于是奋力追，可是终以第二冲过终点线。

男子跳远，林佳宝因为第一天比赛中运动量大，说全身酸痛，助跑使不上劲，边助跑边嘟囔。

4×200米男子等候区，"六（3）班？""上厕所了！"貌老师摇头等待，无奈！派一个人抽道次，"你去！""你去！"……"什么破道！"

当我们有梦想的时候，想的和做的如果不在一条线上，往往很难达成愿望。我们班的男生恐怕就属于这一类吧。他们往往会在事前信心百倍，事后自我安慰，而在做的过程中没有全身心投入的状态，遇到了些许困难就会退却，不会去争取更好的结果。

看着这些有能力的学生，我总是以激励为主。可是刚激励的时候，他们还能被激发点斗志，过一会儿就又会打回原形，仍旧依自己的习惯去行事。我在想，一个孩子为什么会这么"固执"？我从接手开始就在观察，他们之间会形成一个场域，一个人做得不妥，没有人站出来对其指出，而是默认状态，这样久了，学生也就很难区分对错，是非也就不那么明朗了。是什么让一群可塑性很强的学生这么固化着他们的态势，很难进步呢？从客观上讲，是成长中遇到许多事情，我们的老师、家长因为种种原因忽略了关键的教育——尊重不代表不批评；自我安慰不等于次次都值得原谅；问题出现时从自身找原因比归罪于他人对自己成长更有必要……长期以来，不合理的地方用不合理的方式去处理，处理不了了，就搁在那，放任不管，久了就让学生养成了"姑息养奸"的习惯，尤其喜欢把责任推给别人。就造成了现在的态势：老师的要求、提醒、规定等合理的、不合理的都听不进去，或者听不全，最多的是听了不照办，你说你的，我有自己的想法和做法。这样的氛围在三班实在太久了，以至于学生自我感觉他们非常团结，家长们也认为他们很懂事，其实呢？这次运动会充分暴露了这个态势下的隐患：关键时候发挥不了实力，多次品尝失败又会挫败学生的自信心，就这样恶性循环着。

三、孩子们：你应该计较什么

对于运动会的"道德风尚奖"，学生是志在必得的。心愿很好，一心为班级，但为了达成目标我们就要忘记一些基准吗？

道德风尚奖旨在鼓励学生去发现好的，宣扬正气，向广播站积极投稿，播报运动会上积极的表现。这个写稿要根据现场随时撰写。为了让学生能充分展示才华，保持一定水准，我提醒负责的学生可提前做好准备——这准备在我观念中是备好纸笔，摘抄好足够的好词、好句，随时备用。但学生却是抄好每一条稿子，或干脆就直接用别人的文辞。我想锻炼的是他们的文笔和发现能力，但他们的准备显然和我的希望是有出入的。

问题果然来了！稿件不被采用，理由是质量不高，要不就是记录的表格满了，没地方记了，所以不播。学生很气愤，凭什么说质量不高呢？凭什么位置不够就不采用？于是纷纷到我这里来说理。为了缓和气氛，我简单了解了一下情况，有广播员选择的问题，也有我们的问题。通过找主管老师能解决广播员的因素，那我们自己的呢？我特别利用中午的时间做了必要指导：写现场，发现优点写，每次送稿适量，不与广播员争论，默默做好自己的事就好。可是学生太想稿子被播报了，所以送去的稿子一旦没被采用，就忍不住对别人的工作指手画脚，这样谁喜欢呢？稿件被采用得越来越少，学生也就计较得越来越频繁！最终还是没有从自身去找问题。

问题又来了！稿件被说成是抄袭，甚至用不正当手段博取播报的机会——有人在别班的打印稿上涂改后，写上六（3）班——而班上的学生说无人这么做，那是什么原因使这样的事情找上六（3）班呢？经过一番调查，发现被涂改的是六（4）班的底稿，涂改者是谁不清楚。于是为了防止事情再次发生，我对六（4）班班主任提供了"证据"，希望他协查，并提醒学生不要用不正当的方式去竞争。终于，这事过去了，两张稿件出现涂改后，在我们的干预下没有再出现类似的情况了。

这些情况均与学生关联，我们付出的努力最终也归了六（4）班，问题到底在哪里呢？之前布置下去时是专人负责，可在落实时竟有那么多"负责人"。我一方面为学生热心班级事务而高兴，另一方面也无法不将原因归在学生太过随意，想到什么就干什么，而不是规范化，导致局面失控是很自然的事情。如果出现问题，负责人去平心静气地了解情况，然后针对性地改变自己的方式，我想会大有裨益。可惜学生都跑到广播站，对别人横加指责，一次次干扰别人，导致事件最终"失控"。做事情光有心还不够，还必须得用对方法，尊重对手，尊重他人。

运动会上我们做得最好的就是卫生，为什么？自始至终，我们负责卫生的学生就没有忘记自己的职责，无论在任何情况下，他们都没有忘记最后的清扫。一个人，一份职责，如果都做好了，是不是就没有问题了呢？我想是的。

四、老师：预期过高，没有落实到位

说到底，我们班输了还是因为我，我将所有的事情都交给学生做，没能事事关注全程、事事落实到位。训练时，只是交代班长和体委要监督，交给方法监督，而没有亲自督战；人员安排上没能考虑临时抽调等突发情况，准备不够充分；运动员的当场比赛没有亲自提前到，给学生提醒和关怀……太放权给学生了，没有考虑到学生的习惯会影响落实，信任有些盲目。工作做不细，那么结果就不会如意。

对于负责的学生，我的管理显然也没有到位，虽然先讲了要求，但是没能追踪完成情况，完成得不好。为了应急，也没有及时找学生好好指导，以便其及时发现、及时改正。我听信了他们说的，并没有去亲自看。俗话说：耳听为虚，眼见为实。我还是犯了经验主义错误，认为交给专人负责就可以了，如上个六年级一样，每一环节的负责人都能出色地完成好他们的职责。孩子不同了，自然我就应该注意到这些不同，要半扶半放才行。

如果说我们班运动会失败一定要找一个担责任的人，那这个人肯定是我。因为我没有关注到细节，我一样输给了我自己。工作久了，兴许是怠惰了吧，对于"教育无小事"的提醒早忘在一边了，该警醒了！管细一点，做实一些，别让学生本来就毛病不少了，还加固坏习惯、增添新问题。希望学生也能如我一样，清醒过来，改变自己，做好现在，得到美好的未来。

（2014年5月15日）

惊艳"六一"

小学最后一个"六一"，多少要多些自己的痕迹才能印象深刻吧！相处近一年，学生留给我做事情方面的印象似乎令我担忧的地方更多些：畏首畏尾；该咨询的不敢问，不该问的又来征询，让老师出主意；该用上自己的创意和主见的时候，总是缺了点尝试精神。为改变这一状况，我不知道鼓励过多少次，旁敲侧击过多少回，但是都没有彻底改变他们那"顽固"的依赖症。这一次，我就豁出去了，什么都交给学生，我当个"一问三不知"者，逼也得逼出"像样"的状态来！总之一句话：放权、放心！"六一"的狂欢我就是"审查官"。

当然，放权是绝对的，但放心嘛……在将任务交由郭忠姗、刘欢仪和沈鹏等班干部后，我虽然没有细细过问每一个环节，但仍在密切关注着他们的筹备：征集节目单、活动策划、会场布置、节目排练、物品采购、资金来源……一旦发觉到负责人有困难的时候，我就会化身为"轻描淡写"的提醒者或帮助者。节目质量怎么保障呢？总策划组要对每个节目把把关！是不是能够人人参与呢？让每个小组都要有节目才好！欢乐的时刻、精彩的瞬间是不是该记录？得安排学生照相！如果让家长们拿钱呢，家长们肯定要知道细节，怎么解决这些矛盾呢？班级捐款，捐多少随意！谁来切蛋糕的第一刀呢？教过大家很多年的老师肯定要比我这个班主任更加合适，那么陈老师、王老师等都要请到，要注意措辞！"老师，我们的捐款还缺5块钱达到500，您看……""剩下的5块我补齐！""耶！""老师，还有些环节要大家配合，但是到现在还没有说，我能不能在你上课前说一下？""要我回避吗？""您还是在吧，这样他们听得认真些！""好！"……筹备组不断忙碌着，而我也在跟进中大致了解了他们的"秘密策划"，虽然心里知道，但也得假装不清楚，这是他们期望的，可不能让他们失望呢！

5月30日下午，筹备了一个月的"六一"狂欢正式"亮相"了。我看着两大导演刘欢仪和郭忠姗忙前忙后的身影，还有他们自行组织起来的后勤队伍，充满期待！

节目的编排随着主持人刘欢仪的报幕应该开始了，但是怎么办？第一个节目的表演者"魔术师们"道具还没准备好，大家伙就这样吃吃喝喝、闹闹哄哄地等待着，没有谁不耐烦，这就是童年的世界吧！作为成年人旁观者，我如发现新大陆般的惊喜：学生的宽容是骨子里透出来的善良，他们不会从最功利的角度去审判事态，这份纯真是多么宝贵！优劣等级那是成年人社会里必须要面对的，可学生的世界里有的是"展示快乐""分享快乐"，这份纯粹的期待我已经错过了很多。每与童心相碰，我总能感受到这柔柔的力量喷薄欲出，但是我深知，我已经无法拥有，能够触碰已经算是幸运中的幸运！

节目演绎的节奏不如我设想的紧凑，所以时间上的拉锯在所难免！可是真到精彩之处，时间又是个多么容易被遗忘的元素呢？周芷逸和兰东那让我们根本听不清的饶舌RAP，赢得了全班潮水般的掌声；沈鹏、曹苇建等人加盟的情景喜剧《算卦大师》，智慧地将大伙的笑点点爆，上演着一幕幕"人仰马翻""前仰后合"的场景；轻轻温暖的"抱抱乐"、小心谨慎地"抢椅子"，哪怕玩了一次又一次，还是觉得不够；怀旧的"翻花绳"可是让男生头疼了，不过也有大显身手的男生——孙嘉炜不仅是学霸，还很心灵手巧！林泽曦和周芷逸投入地演绎着街舞，在动感的音乐中，他们富有节奏的舞蹈动作，尤其是伴着他们酷劲十足的着装让我们眼前一亮，叹为观止。要知道，周芷可是在大热天里穿着棉背心啊，多有为艺术献身的精神啊！节目一浪高过一浪，最叫绝的是T台秀，太能找到舞台感觉了：萌态难挡的蔡志博将"顽皮"进行到底，摔跤、扭屁股，玩得嗨；吴伟烨继续着男性也能温柔派，抛个媚眼，挤个甜笑，再搔首弄姿地造个S形，"娘"得出格；潘卓彦一改平日的低调作风，酷风强刮，墨镜、手枪道具在手，耍一耍、抛一抛、接一接，帅呆了……学生在动感中找到童年里的欢乐！看着这出别样的T台秀，我的内心被他们的创意和率真所感动，不得不感叹"太有才了"！

如果说节目表演是个人或者小集体展示，那么"蛋糕"的出场就是全员"激情四射"了！官智婷精心订制的蛋糕，谁来切第一刀啊？原来学生们商议着请教了多年书的陈老师完成这一"伟大时刻"，怎奈当天陈老师不能参加。难题出现了！我庆幸学生没将这个难题交给我，据我观察他们要请教科学的王茹老师来"亲自操刀"，便装作什么都不知道地等待这一时刻的到来。可即将切蛋糕的时候出了点状况：学校招生工作任务当天下午有了新指示，王老师要在下午亲自致电给相关家长，不得不撤离我们欢乐的教室。这下学生会怎么办？郭大导请来了校长，真是有主见的学生！但是大家的"蛋糕大战"在校长的参与中会不会变得"缩手缩脚"呢？我的担心太多余了，学生在领受第一份吃进肚子里的蛋糕时就没忍住去给校长上了"蛋糕妆"，蛋糕开始在学生中间传递着幸福的"袭击"情怀，管你是校长、老师、班长……通通都是蛋糕目标！谁都无法幸免，班委之前准备的一次性雨披完全成了负累，哪能产生什么作用啊。看看大家伙身上、脸上甚至眼睛、耳朵里，都被"吧唧"上了甜甜的奶油，教室里弥散着幸福的奶香，滑溜溜的、甜腻腻的……快乐持续着，让其他班的学生眼馋，可是我们突然意识到，这一身的蛋糕怎么走出校园呢？玩得痛快，收拾战场可就没那么容易了！幸好大家齐动手，教室总算恢复了原样！

不是被蛋糕染脏了衣服吗？没事啊，郭同学、刘同学搬出了张可意早早定好的"班级T恤"，男生就在班级换，女生费了点事儿，到洗手间换了，我们就一模一样了！穿上"班服"一起照相了，摆好姿势，"一、二、三"笑……我们的"六一"在忘情一乐中精彩纷呈！

（2014年6月23日）

暖心的瞬间

从9月1日到11月3日，我和学生相处了整整两个月。两个月里，我看着学生的一切，做着我该做的一切，也做着许多本不该在五年级才开始的事情，比如，"见到面要问好""上课要坐端正，目光追随的是知识传播源"的强化，再比如，排队要"快静齐"的落实……教育无小事，学生时常扰乱课堂的行为、不够文明的举动、目中无人的习惯等给我的班主任工作量增加了许多。就这样，疲惫感一直伴随着我。但是作为班主任，累也还是要做的，毕竟好习惯的养成和做人的基准是小学阶段必须要落实到位的，否则将贻害无穷。根据以往的教育经验，我接手新班后的两个月左右，再麻烦的班级也会有所起色，我这个新班也会吗？

11月3日，我被安排出差一周。在接到通知后，我就告知全班，并对所有学生提出期望："这正好是检验你们是不是把老师的话听进去，能够自理、自律的好机会，我期望你们……"学生一边担心我离开后自己管不住自己，一边又觉得被老师信任是一件光荣的事，也想趁这个机会好好去检验自己。为了让学生能够更好地实现"自我管理"的成功，我也将我出差一事告知家长，并将更多的教育责任用建议的方式传达给家长。尽管很不放心，但我还是得放手，在出发之前，我安排了班级的各项活动，安排了专门负责的人，和代课的老师提前沟通，好让活动如期举行。这一方面可减轻代课老师的工作强度，另一方面也让学生的时间被重视起来，做有价值的事情，还有一个考虑就是学生有目标地去努力，那么其精力就放在了有意义的事情上，捣乱势必就少了。另外还有一个安排，就是我出差回来后会立即测试，让学生好好复习。

我带着不放心上路，终于在11月9日回到了校园，回来前通过网络和手机短信大概知道了班级状况。如我所料，出了很多问题，亟待我解决的事情就有好几个。

"我好嫉妒啊！刚走过你们班教室，看到黑板上写着'欢迎管老师回家'。我也出差了，我们班学生就不会这么温暖！"早晨同事一进办公室门就冲我笑着说。"啊，是吗？"表面不动声色的我，内心早想去看个究竟了！如果是真的，那就太……想想刚开学那会儿，他们眼里哪会有我这个新班主任啊，几天没见他们就会感恩了？我带着一肚子的疑惑，缓缓走出办公室，向教室方向行进。

欢迎板报

刚走到五（3）班教室门前，就见五（1）班门口出现了一个身影，他一看见我就溜回了教室。这小家伙怎么不在班里早读？乱来！我继续朝五（1）班行进。嗯？门口冒出几个小脑袋，我还没看清是谁，他们就立即缩回去了。哎，一个星期的离开，早晨进校入班，交齐作业静读书的要求就不遵守了！

太胡闹！火有点蹿到我的脑门了！我走到教室门口，整理了一下表情："同学们，早上好！"我一如既往地立于门口，习惯性地给全班鞠躬问好。照以往，他们会即刻回应："管老师，早上好！"但是我看到的却是一个个端坐的小脸，绷着笑，用眼睛看着我，又瞄回黑板，就是不问好！怎么回事？想造反吗？我从门外走进教室，瞬间"欢迎管老师回家！哈哈哈哈……"学生爆发出前所未有的声浪，火热火热的。尽管有同事"告密"在先，但当我走进教室，感受到我是真的被学生这样爱着，还是有些受宠若惊的。学生是把我当家人，家是什么？是温暖、温馨，哪怕再争吵，也是亲近的；哪怕再多批评，也是亲密的……我一直以为走进他们的生活容易，走进他们的心里却很难。可今天，这满黑板、满教室来自学生的"爱"却包裹着我，炽烈而真挚！虽然我总教育学生要大胆地表达自己的感情，但真要我真情流露时还是会不那么自然，感动汹涌于胸间，我却只能怔怔地看着学生，又扭头看看黑板，却发现一个错别字："对不起，请允许我先履行一位语文老师的职责，这个'迎'字多了一撇。"我边说边用手擦掉了多余的一撇，尴尬瞬间消失，马上感谢全班："谢谢同学们！"全班爆出更大的笑声。

家长微信群

我连续上完两节课后，将学生精心准备的一黑板的爱传到了家长群，感谢家长们让孩子懂得了爱的表达。好孩子是好父母影响出来的。我们的家长也被孩子们的意外举动给惊到了，迅速给出了回应。虽然学生目前还做不到管理自己，可是我愿意陪伴，愿意等待。就像开学至今，我陪伴、等待，学生会感恩一样，在今天收到了成效。还记得开学不久，英语老师辞职，学生的"淡淡"感让我觉得应该去做些什么。"任何走过我们生命中的人，给过我们帮助的人，我们都要心存感激。"为了让学生懂得，我精心筹划了班级简易但隆重的欢送会。在之后的教学中，我始终坚持让学生懂得感恩的教育，做个善良的人比考高十分重要得多。爱学习，更要爱人。两个月的时间，学生学会了用他们的方式给我浓浓的爱，让同事有些"嫉妒"。因为这次出差的同事有好几个，但只有我得到了全班学生的热烈欢迎，我好骄傲！

这温暖的瞬间让我有信心在疲累的时候，仍然相信我的这批学生一定会非常出色的，而且等待的时间不会太久！

（2014年11月4日）

我与家长——言传身教

同桌日记

　　题记：在艺术求索的路上，罗丹曾经振聋发聩地提醒世人：世界上并不缺少美，缺少的是发现美的眼睛。推及教育，我们教育的对象并不是没有值得他人欣赏和夸赞的地方，只是还没有被发现。如何被发现，是我们在教育中当"有所为"的切口。不仅我们教育者要发现，被教育者更要有发现的能力，因此有必要去培养。

　　班级授课制，让年龄相当的学生聚拢在一个固定的环境中，他们朝夕相处着，我们期盼着他们能团结友爱。但是，这并不是容易的事情。毕竟这些学生来自不同的家庭，受着不一样的家庭教育，其性格秉性也就存在着差异性。个性差异的存在让一个班呈现出多样化，这种现实存在给学生相处提出了新的命题。团结友爱实际上就是几十名学生"求同存异"，能够多发现他人的优点，相互间能够"取长补短"。我们不难发现，在许多时候，学生一个人时，或是小范围内时，表现得非常出色，可是一到大集体中，他就找不到方向感了。不是学生不好，而是他们往往分不清做出适当行为的时机和场合。为此，让学生相互间发现优点的具体措施会帮助学生更好地适应集体生活。另一方面，在我担任班主任的班级内，学生谈论自己更多，习惯于表现自己，忽略他人的感受较多，这就需要引导认识、提高觉悟，加之学生的语言表达能力不强源于他们缺少观察生活的习惯，不留心生活……综合这些因素，本学期一开学，我就开发了一个项目——同桌日记。我本来做了指导让学生用笔记本写，但是第一天后发现问题多多。所以从第二天开始，让学生用我设计的"同桌日记"卡，坚持每日写，写好后家长签名，一周后同桌间进行交换，这样在周末的时候，同桌认真看看自己在同伴眼中的自己，对照着改进。同时，家长也对同桌写的自己孩子的表现加以重视，写下感言后，周一上交。这种集同学、家长、老师和自己于一身的追踪式教育策略进行了两个星期，我欣喜地看到了效果，这一形式受到了大多数家长的认可和支持，学生也越做越认真。在学生的描述中，我能看到他正在朝我期待的方向发展：既能保持个性鲜明，又能善于发现其他人的优点。一名十一二岁的学生，能够在"作业"状态中，将目光集中在发现他人值得自己学习的地方，假以时日，他们的优点会更多。

第一周交上来的同桌日记中，有许多学生寥寥数语，不知道如何下手，合格的不多。这很正常，学生毕竟这是第一次做，所以我花了一节课的时间进行点评和指导，将做得好的，如聂雨荷、潘泺冰、张晗祺、林洪基等学生的《同桌日记》大加表扬的同时，重点对他们的描述侧重于同桌的优点，且中肯地指出不足的做法加以肯定。而这些作业认真的《同桌日记》中，家长的评语更给了他们新的力量。我非常高兴地发现有三位家长是从感激同桌对自己孩子的帮助角度写的，因此抓住这一点，对班上学生进行教育："如果我们能用自己的力量帮助同伴进步，就会获得他人的欣赏和由衷的感谢，不信看看这些家长的感言。"于是将部分家长写的感言读给学生听，在其中特别表扬了黄轩豪的家长，因为家长书写极其认真、美观，内容中有对儿子的殷切期望，有对儿子同桌的由衷感谢，还有对老师教育的谏言。对比黄轩豪一直以来的"马马虎虎"，他的父亲无疑用行动在给孩子做着认真的示范、感恩的示范，这些"身教"一旦被孩子发现，它的价值就会远远大于"言传"。第一周后，学生开始认真地对待《同桌日记》，也重视起同桌的评价了，同桌间的相处比以前更和谐了。我今天要看学生第二周的《同桌日记》，交来的份数也比上次多，且惊喜于许多学生从简单地描述同桌的表现里，开始更多的笔触于两个人的相处、彼此带来的快乐和相互间的互帮互助，如梁雨茵、张晗祺和罗寅，那种情感表达是自然的，这比指导作文时强调"真情实感"见效要快！许多家长也都在认真看学生写的《同桌日记》，并且从中看到了有关自己的孩子更多的信息，并将其当成与孩子沟通交流的基点，很好地加以指导，这样的学生能不越来越知书达礼吗？在学生和家长们的进步中，我看到了一个好的教育方式可以达到事半功倍的效果。

当然，每天写同一个人，势必会产生"江郎才尽"的时候，所以在学生的《同桌日记》中，我看到有同桌之间在商量"鬼点子"：这同桌日记越来越难写，是不是要故意"搞"点事，以方便写《同桌日记》。我没有想到学生的思维是这么直接，天真到让我佩服的地步。多么可爱的学生，他们开始为任务着急了，动脑筋了（只是有点歪脑筋）！其实不是没有东西可写，是因为我们观察得还不够仔细，在每个人身上，每一天都有新的成长点。当然，如果能够相互间出点子做些有利于成长的事情，来帮着完成《同桌日记》，也是非常健康的成长。

两周的《同桌日记》中，我也发现了一些问题。最突出的问题就是部分家长没有重视起孩子成长的点点滴滴，错失了一次次帮助孩子进步的教育良机。作为老师，我虽然着急，但是除了建议和提醒，学校教育也有其无法触及的地方，只能盼望家长们能够明白老师是在帮助他的孩子成长，与他的目标一致。但是孩子是家长自己的，而成长又是不可逆的，需要家长自己尽责任的时候，不应该推给他人，即使对方是学校和老师。学校和老师的作用是有限的，每一个身份都有无法取代的影响力，教育一定是合力才能起效果的。

（2012年2月27日）

感恩父母爱　感动你我心
——记五（3）班父爱母爱主题演讲比赛

2011年11月30日，在五（3）班教室上了一次特别的语文课。说是语文课，其实并不准确，应该说是语文拓展课。说它特别是因为这次的课是有家长参与其中完成的正常教学，本来计划邀请五位家长担当评委，但是家长们多在上班，无法抽出时间，只有三位妈妈为课堂增色，在此非常感谢这三位妈妈：郝思远的妈妈、周思颖的妈妈和曾建华的妈妈。她们的出席也让演讲比赛的公正性增加了，而且家长们亲自来见证孩子们的课堂活动表现，也有利于孩子自身的成长，在许多方面给孩子做了示范。还要谢谢我的实习生陈诗敏，因为她在，可以补位评委，同时也让我分身有术，帮我招待这三位妈妈，让我不至于太失礼于家长。

策划这次主题演讲的主要原因有以下四方面的考虑：

其一，从学生的实际出发。现在学生不缺少爱，可是许多学生却在自己的日常言语中表现出对于父母关爱的忽视，甚至是厌恶，这表明教学生用心体会父母的付出是非常有必要的。与其强加，不如疏导，让孩子们在围绕"父爱母爱"的主题中去自觉发掘那些曾经被他们忽略的点点滴滴和短暂而恒久的瞬间，让学生自己的感动自己。现在的学生也非常的自我，在许多事情上考虑自己可能更多。这次的演讲会要求他们小组内围绕抽签的题目讨论，确定演讲稿，同时选出执笔的人和演讲的人，代表小组出战，这既是个人展示，也是担当小组责任，让学生在这样的锻炼中提高自己的能力，更是让他们强化责任意识。

其二，从教学实际出发。这组课文共有四篇，我只讲了其中一篇课内自读课文，余下三篇重要的课文是由实习老师指导的。因为实习老师本身经验有限，在引导学生学习本组课文时对"教学重点"的处理还不是特别理想，所以学生对如何表现"父爱母爱"的写作方式掌握得不好，要梳理的内容很多，因此借这样的活动来发现学生在这方面欠缺什么，然后再有针对性地指导、补足。写人的文章是小学作文重点，必须要通过每一篇精致的例文加以熏陶和深化，逐渐让学生掌握写这类文章的方法。但是实习老师在讲课时主要扣住的是文章内容方面，所以在做总结学习时需要将"写"的概念进一步凸显和深化，因此，我让学生分小组讨论如何做到围绕着主题来展开。完成好一篇演讲稿，这是让孩子们相互间补充学习，用集体的力量来弥补个人的不足，以便学生学得更加扎实而丰富。

其三，从家长角度出发。孩子们的成功需要家长见证，孩子的成长更需要家长们护佑。在聆听一个个故事的时候，也许到场的家长能够更加清楚地看到孩子心灵中那块未被开垦的荒原上，家长们应将怎样去关爱和呵护。在多年陪着孩子长大的付出中，听着他们的感恩故事，多多少少能够得到些许的慰藉！因为父母爱自己的孩子虽然是不计回报的，可是当听到孩子们懂事而体贴的话语或者行动的时候，幸福感也会增强吧！

其四，从我们班实际出发。班里的学生各自为政的比较多，单独看每名学生都非常优秀，可是一旦组合起来往往会出现许多让人啼笑皆非的现象。同学之间不会相处、不够团结，能力强的学生盛气凌人，能力弱的学生往往不服气，但又不敢承担责任，只是说气话，破坏整个集体，而不是提有建设性的建议或者努力改变现状。同学间也缺乏必要的沟通渠道，缺少"劲儿往一处使"的精神气。为了能够纠正班风，导正学生的行为，我总努力创设各种活动，让学生相互看到彼此的优点，相互之间多加鼓励，并且共同努力达成一个目标，在活动中凝聚班级中每一名学生的心，以便这个集体的力量壮大起来。

活动按计划开始。每个小组的演讲顺序是在前一天就抽签决定了的，因此，演讲活动之前安排好演讲者的位置、评委席、统分席和演讲者待定区域等相关事宜并热情介绍了家长后，我就将课堂交给了两位主持人——李睿和许佩岚，演讲会"不能忘记那些爱的瞬间——五（3）班父爱母爱主题演讲比赛"拉开帷幕了。

李睿首先进行开场白："在我们的生命里，有一棵不倒的大树……秋天，我们依着她沉思；冬天，我们倚着……"说到这里，他发现前一句话说错了，满脸的不好意思，伸伸舌头，镇定了一下继续说："秋天，我们倚着她成熟；冬天，我们倚着她沉思……"之前担心出错的地方果然出了错，但是幸好，他沉稳地解决了。而许佩岚在非常顺利地讲完开场白后，应该直接说"有请第一位演讲者"的，可能是受到交替讲话的影响吧，说完"一首颂歌，浓缩着我对您的敬爱"就停下了，幸好李睿及时补充，顺利地将第一位演讲者朱浩韩请上了台。

有些黝黑，个子偏小的朱浩韩带着演讲稿上了讲台，没有站到指定的演讲区域，就急匆匆地开口。显然第一次上台演讲，他有些紧张。下面的同学马上提醒他，做评委的妈妈们也带着笑容提醒他站到指定位置上去，他一边继续演讲，一边走到指定位置。因为刚上课不久，其他班齐读的声音传来，盖过了朱浩韩的演讲声，但是我发现妈妈们听得非常认真仔细。但作为听众的同学们因为听不太清楚，有些坐不住了，便有人提议他拿话筒。但是我想这样会干扰到朱浩韩的节奏，所以用手势告诉同学们安静。其他选手在积极做着上场前的准备，也发出了一些声音，这让演讲比赛在不安静中开始了。做个文明的听众是多么重要，同学们应该向妈妈们学习。

朱浩韩在大家的热烈掌声中结束了演讲。我很为他骄傲，他在场上的感觉越来越好，也为他们小组决定由他上来演讲而由衷地佩服。是啊！许多时候，参与本身就是一种胜利，能够得到好的名次仅仅是锦上添花。朱浩韩通过这样的锻炼会更加意识到自己要努力的方向吧，下次再有机会他一定能表现得更好！

朱浩韩演讲时，本来坐在教室最后面选手席上的肖泽响及时到教室前门进行候场，这让后面的比赛进行得非常顺利。主持人简单点评了第一位选手后，肖泽响隆重登场。他轻松愉快地问候大家，介绍了自己的小组后，刚刚的嬉笑感一下子变得严肃起来，切入他们组的主题——"从书上看到的那些父爱和母爱"。小伙子想得很好，为了互动，他特意问了大家一个问题："大家有没有看过关于父爱和母爱的书？"结果没有人回应，冷场了！这倒让他有些意外，因为平时提了问题大家都是抢着回答的啊！他因为意外而惊慌了，不知道怎样接下去，但之后的演讲还是因为他本身能力较强，顺利讲下来了。其实，这样的场面是很好准备的，别的不说，自己组里可以安排同学和他进行互动，小组里有5～6个人，事先可以安排一两名同学举手回答问题，以便他顺利接着讲是完全办得到的！经过这一次之后，他应该知道创新可以，但是还是应该再准备充分一些，才不至于出现尴尬场面。肖泽响带着他们组的重托，却最终没有达到预想的目标，虽然有些遗憾，但是这个阳光男孩一定能够带着大家实践并领会"失败乃成功之母"的意义。

第三个上场的聂雨荷是吴彬小组推选出来的"最强手"。所谓"行家一出手，就知有没有"，聂雨荷一开口就震慑了全场，应该说这是全场听得最投入的一个参赛者了。落落大方地问候介绍完，她就用抑扬顿挫的声音，配合着相应的动作，开始了饱含深情的演讲。看着她在场上的表现，不禁想起她们小组的准备的确与其他小组不同。周思颖发挥了自己的写作才能，完成了出色的演讲稿后，其他组员各尽其责，鼎力相助，对演讲者聂雨荷进行了训练和把关。就在早操前，吴彬她们还拿着演讲稿检查着聂雨荷的准备情况，并且做最后的修正。看着她们如此团结、如此认真地为一个目标努力，我内心是满满的幸福。就如刚开始布置和指导任务时预料的，这个小组在这次演讲中实力应该最强，能者较多，但是有一个问题，在派谁演讲上容易产生矛盾。结果她们很友好地商讨，确定了聂雨荷。聂雨荷也不负众望，尽管中间因为脱稿而有些停顿，但最终她用自己出色的表现拿下了第一名。这是团结的力量、集体的智慧！我非常高兴看到学生之间的这种相处，吴彬柔和的性格让个性分明的同学们紧紧地团结在一起。她们组在这个学期的小组展示活动中成绩一直不太理想，这一次可算打了个翻身仗！

掌声送走了聂雨荷，也迎来了"李潘"组合。演讲比赛一般是个人表演，但是她们组采用了双人组合，我想这是有她们自己的考虑：毕竟稿子很长，要脱稿就需要背诵，一个人背有些困难，可是两个人平均分担的话，就少了很多，那样就能够比别的组更加熟稳，也容易得到高分。同时，这样组合一次就能够展示两个人，锻炼两个人，是个不错的选择！一上来，这一高一矮的组合都比较熟练，内容讲述得很顺利，尤其是经过国旗下讲话训练的潘泳冰更是自信满满。不料，李瑶宇突然忘词了。在等待中，李瑶宇接了下去。可是因为有了第一次卡壳，李瑶宇不如刚开始那么自信了，越说越胆怯，声音也小了很多，多希望这个时候潘泝冰能给她一个鼓舞的微笑，或者鼓励的牵手，要知道同伴的信任、陪伴会给她增添无穷的力量，使她能够战胜胆怯！可惜，毕竟是第一次，学生对如何鼓励的经验还没有，不过幸好，潘泝冰接得很顺利，李瑶宇虽然结巴，还是想起来了该说什么："考试前，父母总是不知疲惫地帮我们复习，不顾自己的身体，一心为我们着想，他们让我们读这个、看那个、背这个……可我们总是不领情，十分不耐烦地复习着，老是想：复习复习，我都会啦！肯定能考个好成绩的。却没有想到父母这么做是为了谁……"那一个个简单的例子，让我们感受着父母的爱在我们的学习中发挥了多么大的作用。

后面依次上场的张映冬、郝思远、符建彬和李一诺各具风格的演讲也给我们带来了不少感动。张映冬故意压低声音去表现父爱；郝思远因为面对妈妈有些不好意思地讲述，不时低着头偷偷地用笑来调节自己；符建彬认真而专注地演讲；李一诺在下课铃声响起的时候仍然不慌不忙，按照既定的程序讲述着父爱的无私与伟大。学生在自己的生活故事里找到了赞美爸爸妈妈的话，在自己感受的点滴关怀和照顾中感恩着父母的爱，他们沉浸在自己的生活中，用自己还有些稚嫩又不乏勇敢的演讲来表达着对父母的感谢。我因为他们的投入而感动。说到张映冬，大家可能觉得他是个很随便的学生，其实他非常在意每一次大家对他的认可，内心世界很丰富，当小组成员将重担压在他一个人身上的时候，虽然委屈，可是想到是大家的利益，还是积极又认真地做着准备。俗话说"三个臭皮匠顶个诸葛亮"，一个人撑起的场子自然不如一组人共同分担来得理想，所以特别希望张映冬小组里的其他学生要学会共同担当，这样张映冬的能力就能变得更强。李一诺用她父母的话说是无欲无求，对老师布置的作业常常不做，坏习惯不少呢，但是今天的亮相可让大家看到了不一样的她。她认准一件事情，就能很用心去做，而且准备的方法很得当，最后取得了第二名的好成绩。这个有能力、也很愿意和大家一起进步的学生，如果父母能够再用心地陪伴她一起成长，而不只是给她物质的丰厚和补偿式的陪伴的话，李一诺会有很棒的进步。符建彬和郝思远一直是对语文学习非常有热情的学生，他们每次完成学习任务时都会比别人更加自觉自愿，所以他们用努力换回来的就是大家对他们的羡慕。郝思远一个人写、讲全包，最后给小组里拿了个第三名，很不错！尤其是演讲中，我发现他克服了平时说话的一个缺点——口齿不清，着急说不清的时候就会带着口头禅，不断地重复"就是说"或者是"嗯"，这次演讲中他即便停顿了，也没有紧张得用口头禅充数，进步骄人！看到学生的进步是我最快乐的事情。所以在这最后四个人演讲的过程中，我心里洋溢的是幸福的满足感！

每个演讲者上场都是由主持人请出的。两个小主持人不慌不忙地调节和控制着比赛的节奏，有诙谐式模仿，有鼓励式的点评，有我稍加提醒后抓住亮点的总结……临场应变能力不断地提升，尤其是第一次当主持人的李睿，更是沉着稳健，她和活泼开朗的许佩岚相互配合着，让我预计一节半课的演讲只用了一节课的时间就完成了。"父爱如山，母爱似水！愿我们在爸爸妈妈爱的护佑里更加勇敢、更加优秀！"演讲会的演讲部分结束了。

休息时，统分员韩振球还在紧张地忙碌着。因为下课，每名学生都很关注自己小组的分数，所以把韩振球所在的统分席围了个水泄不通，这扰乱了他的工作节奏。这时候妈妈们的工作基本结束，但是作为评委，我还是希望她们能够及时点评一下今天的演讲，所以课间三位妈妈就商量出一个代表来，妈妈们也开始了合作。上课后，韩振球还是没能统计完分数，他说计算器不好用，为了赶时间，我只好亲自算完后面的几个分数，统计出名次。在我写奖状的时候，他发现之前他算的肖泽响的分数不对，立即到我这里来重新计算。果然，名次有更替了，肖泽响的名次上升了两位。这种认真而负责任的态度是我一直以来很喜欢他的原因！能够及时发现问题、及时反映，这是多少学生做不到的啊！在受到大家干扰的时候，他也极少发火，而是努力让自己平静下来处理事情，这也是许多学生做不到的。在我们这群长不大的学生面前，韩振球确实可以以"大人"来形容他了，有担当，有责任！真希望其他学生注意，不要总给别人添麻烦，即便是再好奇，也要想到别人需要安静的环境，要做一名文明的学生！

写好奖状，接下来是家长点评。周思颖妈妈是代表，尽管学生的表现并不是那么无可挑剔，但是妈妈们还是尽量挑出了每个演讲者的优点，鼓励他们接下来用行动来回馈父爱和母爱！学生给予热烈地回应后，就邀请妈妈们给前三名颁奖。喜悦在教室里蔓延开，一个人代表一个小组，这是光荣的，但是既然是比赛就有输赢，学生对结果欣然接受，为获奖的小组由衷地祝贺着，羡慕他们的同时，更希望下次是自己获得。学生就这样交流着，也和我一起探讨着如何让自己的小组变得更加强大。我很高兴用这样的方式激发他们向学的心、向上的劲，愿我们班的学生在家长和老师的共同努力下更进步，在每一次的锻炼中都能像今天这样喜悦地接受成长。只是观看的学生还要更加懂得尊重选手一些，安静地聆听是一个人成长和进步的好方式。

活动结束了，但是感动在我心中：妈妈们不计得失地为孩子们付出，小陈老师公正而客观的评判，同学们的积极投入和相互间的配合……正是因为这些活动，才能看到一些学生身上的闪光点：当台上的演讲者有些忘词时，曾建华会用掌声来给其鼓劲；当同组人快上去的时候，吴辰远会竖起拳头说"加油"；当走下演讲台时，李瑶宇和潘泺冰相互之间会即刻沟通得失何在；当同学演讲时，王文千、袁琪茹等人能够听得非常专注，让台上的人获得力量；当台上的同学在演讲时，戴手表的学生会自觉为他们计时，安东旭还特意将每个同学演讲花费的时间一一记下……太多太多感动我的小瞬间，我用相机捕捉着演讲者的精彩，也在捕捉着学生的文明作为。当我翻阅着一张张照片，课堂上的一幕幕又重回心头，暖暖的……

（2011年11月30日）

怎样才是保护

今天实习老师带着学生学习了《"精彩极了"和"糟糕透了"》这篇精读课文，讲述的是作者童年时的一段经历：第一次尝试写诗，父母给出了截然相反的评价。在母亲极度夸张的赞扬"精彩极了"的鼓动下，"我"得意扬扬，甚至有些飘飘欲仙，所以很盼望最尊敬的父亲也能认可自己的才华，于是翘首期盼着父亲回来。但等到父亲回来认真读了诗后，只给了一个足以让"我"痛哭不已的评价——"糟糕透了"，幼小的心灵几乎在同一时间里承受着天壤之别的"保护"。在我们看来，这是生活中的常态吧，正因为贴近学生的生活，所以学生学习起来应该不难。但是课堂上学生谈及自己父母"爱"的表达方式，却让我看到家庭教育中的暗涌：真正能够理解父母的爱的学生，一直表现很好，而对父母的爱理解不清的学生在班内的表现也是"稀里糊涂"的。

家庭是一个非常需要情感平衡的地方，尤其对于孩子的教育，需要鼓励性的赞扬，也需要有让孩子认识不足的严厉，就如文中那对慈母严父那样。可是家庭教育中更加需要能够明白父母关爱孩子的本质，就如文中的"我"。七岁那年容易也愿意接受来自母亲的那种赞扬，因为被欣赏总是愉悦的，因此而信心百倍，但是他并不能真正接受这种赞扬的"真爱"，否则他就不会那么沾沾自喜，不加修改地要呈现给更加有专业知识的父亲看。如果没有另一种爱的方式的补充，"我"是不会进步的，只是盲目地做罢了！七岁那年，文中的"我"很不能接受父亲的那份严厉的批评，所以只是痛哭而没有及时反思父亲说的话是否有道理。如果没有母亲及时的鼓励，"我"也许在痛苦的泥沼里永远无法自拔。幸亏十二岁那年，"我"承认了一个事实：的确如父亲说的，诗写得相当糟糕。父亲用最直白的方式告诉了孩子，人应该活在真实的世界里，有了不足并不可怕，可怕的是明明不足却装着看不见，这种自欺欺人的做法最后会变成一种扭曲的性格。孩子在母亲的鼓励和父亲的严厉指正下开始认真反省自己，修正自己，从此走上一条通向成功的路，这是家庭教育的成功。

反观我们中国家庭的教育，父母双方能否达到这种互补性呢？我没有做过相关调查，只从与家长的交流中感知一二。当找到父母双方来学校谈教育问题的时候，见到最多的是两种现象："都是他妈妈，孩子交给她管，她就只会溺爱孩子，养成这个样子我也没办法""我和他爸爸都这样说他，为他啊，我们看了很多书，也想好好引导他，结果他就是扯皮，我们也没有办法管啊。"家长这样说辞的时候，我通常不想再发表任何观点，只是在心里觉得很凉，这样家庭里成长的孩子对父母的不服管是怎么造成的？"人之初，性本善"，当孩子在家长的影响下开始有了自己的思想的时候，本该最听父母话的，因为是他们扶持自己走到了现在，可是为什么没有一点感念？我同情这样无助的父母，但是却对他们在家庭教育的失败看得真真切切。如果一个孩子缺失家庭教育，就会损失很大。这个缺失并不是说家长没有教育，而是说教育无效。深究原因是因为在爱的平衡点的位置不对，有些家长生怕孩子受到伤害，所以拼命保护，"护犊子"的家长大有人在，只要孩子说了自己受到了什么委屈，马上重视得像天底下的事情只有这件最大那样，一定要为自己孩子撑腰；有些家长放任自己的孩子不管，因为平常陪伴就少，有时间陪伴了尽量满足孩子的一切要求，以不给他压力来表现父母的爱；有些家长双方意见不统一，不能有效地沟通，从而升级为更大的矛盾，把对孩子教育方式不同的小问题演变成家庭破裂的大问题……爱孩子应该选择对的方式，严中有爱、慈中有标准才行。

说到这里，想起今天一位奶奶来找我谈孩子的问题。隔代看孩子可能什么都想给他最好的保护，我清楚她找我谈话的意图，也理解和尊重她的意愿。但是，交谈后我一直在想：这真的是保护吗？如果是公开的秘密，那隐瞒不如说破，说破后反而让他不再有借口继续坏习惯。化负面影响为正面能量的最好办法可能就是"置之死地而后生"，孩子该经受的心理打击，只要考量他能不能适应得了，如果在孩子能够承受的范围内，那么让他经受，反而会助其成长、让其坚强，勇敢直面现实不是很好吗？对这位奶奶跟我谈到的问题，我是经过长时间观察，也充分考量了孩子的承受力才做的相应行为，孩子比较坦然，但是家长接受不了，所以我做了让步。这份让步不是因为我觉得自己处理不当，而是出于对家长的尊重。学校的教育需要家庭教育的配合，形成一致的思想，孩子才会受益最大。

选择鼓励还是批评，要依据孩子的年龄来确定。从7岁开始，绝对不可以只让孩子听表扬声，否则就是害孩子永远长不大。教一年级的时候，我对学生说得最多的话是"好厉害啊！""没关系，你做得很好！"可是到了二年级下学期，我就会以提示为主去教育学生："怎么做才是对的？""想想，你会有更好的办法！"到四年级，我的教育方式开始逆转，不再哄着、捧着，而是变得直白很多，因为面对的是开始有自己思想的学生了，只有让他们认清对错，才能在人生的道路上不走歪。现在我带的是五年级，从老师的立场我更多的是如文中父亲那样，让学生看到自己的不足，哪怕残忍，也不想欺骗。因为现在的小学生的通病是"目中无人"，认为自己胜过所有人，认为自己都对、别人都错的学生占大多数。当然，我也会鼓励，因为在集体教育中我们能看到挣扎在自卑心理里的学生，让他们感受到阳光灿烂，才能让他们有阳光的心，逐渐走出自卑，变得自信些，再自信些。但是学生毕竟还处在一个可塑性很强的年龄，一切都有可能，只要能够看到自己的不足，认真对待，相信自满的心态会回归到自信的程度。批评得在点子上，学生不会因为老师的严厉就退缩了，反而让他们能更好地发展。批评不是谩骂，是在责备中讲道理，是"动之以情，晓之以理"。对于所有的学生我都是用发展的眼光去看，现在不好不代表永远不行，现在很好将来未必就很有出息。这些成长所需要的就是要以爱为基础的，用适度的警告和鼓励进行导航。很期望父母们也能很理性地给孩子正确的爱，真正的保护其实就是让孩子自己有足够的能力去应对他将要面对的一切，从小让他们感知爱的存在，塑造适应各种环境的性格，又相应地掌握好每个阶段应该掌握的各种技能，别错过每一次的体验成长吧！

经历就是一笔财富，这话一点不假。《"精彩极了"和"糟糕透了"》搭建的是爱的平衡支点下最美的人生。

（2011年11月23日）

请让学生自己来，好吗

嗯，我又接新班了——二年级，共47人，其中，男生31人，女生16人。

看到数据了吧？绝对让老师自然减肥的男女组合！男生近乎女生的两倍，可想而知我的境遇如何了！这帮学生那可真是叫人头疼：不管上课时间还是其他时间，毫无禁忌地跑到老师身边，拽着老师的手说："老师老师，我的书包不见了！""老师，我想小便！"……状况很多，需要了就会依赖！这份自然的依赖感让我知道自己存在的价值——对班里学生来说，我是安全的，是可以信赖的，这是一个好基础，我该高兴，可是也给我"出难题"了！

家长群里一片热闹，对学校的一切，学生的父母和祖父母们都是尽其所能，想参与其中能为学生多做点事情，并且是乐此不疲。看着热情的家长们，我的内心既感谢又温暖的同时，也感受到了我要教育这批学生的重重阻力——我们的一些家长舍不得孩子，以爱的名义越揽越多，也让他们的孩子越来越懒。学生无须操心，无须亲自打理，总有人替他们想着、做着，他们每天就负责快乐做自己就好了。对于责任，并不知道是什么。

一方面是学生的无限依赖，一方面是家长们的不放手，这样的组合让我看到了班级的整体态势：学生做事情拖拖拉拉，耳朵自动屏蔽他们不爱听的话，眼睛不主动去看他们必须要看的，写个字慢到都想抓着他的手代替他……总之，学生在教室里，却看不见老师，看不见课堂，看不见学习，看不见……不走心！橡皮擦、铅笔是他们要调遣的"千军万马"，他们要用它来和老师的讲解"开战"；前后左右的同学是他们的同盟军，他们要用"叽叽喳喳"来将课堂变成欢乐的天地；撕一张纸叠一叠、摆一摆、弹一下，瞬间战场"烽烟四起"……名堂多得很！

现状就说到这里吧！分析分析，找到药方——关键的问题是学生没有承担起应有的责任，自己能干的事情都让家长和老师代劳了！从我开始，忍住！要抵抗住他们的可爱卖萌，绝不代替他们做事情。也要强势阻止家长们过于干预，该让孩子锻炼的事情，一定让孩子们自己来，千万不要因为他们还是孩子，就剥夺了他们"做"的权利。他们是孩子，但是他们也是独立的人，而且必须独立，所以我们做老师的和做家长的一定要适度放手。何谓"适度"？家长可能把握不好，作为老师的我，要给予学生专业的指导，这个责任重大！

与学生接触的点点滴滴，我都记在心里，从表象看本质，确定了突破口——记作业！家长们已经习惯了老师通过QQ等方式布置作业，也已经养成了依赖——父母告诉做什么作业，然后由父母盯着完成。从开学伊始，我先通过家长群沟通，通告新举措，让学生自己将当天的作业记录在作业本上，老师不再在网上发布作业了。一开始家长群一片哗然，担忧自不必说，但是我依旧坚持。其实发布作业是多简单的事情啊，可我为什么非要每天费时费力地监督和检查学生记录作业的情况呢？学生学习是学生自己的事情，学生自己没有意识要做作业，那作业有何意义呢？我就是想通过这种方式唤醒沉睡在学生心里的潜意识——有意识的行为才会有目标和方向。在我相对强制的坚持下，学生第一天开学因为记录作业分三批回家，最后一批耽误近50分钟放学；第二天时间缩短到半个小时，同一批回家；第三天近乎按时放学，仅两名学生延误；第四天竟然午读时间就抄完了。学生的进步是飞跃式的，家长们的改变也是明显的。第一天还有家长忍不住，特意到教室想拿手机拍黑板上的作业。渐渐地，家长们也释然了，看着孩子字迹越来越清晰地记录，也欣然接受了我的要求。或许并不是所有的家长都放心，但是我相信家长们看着孩子的转变，一定会支持我的做法。

所谓心灵手巧，让学生劳动劳动是有必要的。我提倡"我为人人，人人为我，劳动最光荣"，所以以前即便是一年级的小学生，我也不厌其烦地教他们如何打扫教室卫生，何况如今接手的是二年级呢？值日是必须要安排的，人人轮流值日。为了让家长们配合和支持让孩子自己打扫教室，我提前将值日表发给家长，让他们明确知道孩子哪天值日。我在送完路队后，亲自指导值日生如何值日。我要求学生每个人各司其职，相互沟通协调，既独立又合作地在15分钟之内完成任务。当天亲自指导，并在家长群中表扬做得好的学生，第二天，在全班中公开表扬好的做法。训练了四天后，学生完全达到了要求，教室被打扫得干干净净。

突破，再突破！要期待学生突破，我们就必须要适度放手。"让学生自己来，好吗？"为了争取到更多的家长支持，我一边指导教育着这些学生，一边将指导细节化、量化，将其向家长告知。我相信，对学生最有利的教育必须要家校联手、齐抓共管。"教是为了不教"，我言传身教就是让学生自己去做好自己的事情，分清什么时候、什么场合做什么事情，这个态度一定要明确。态度端正了，方法是可以学的。有了对的方法，做什么都会变得轻松。为了学生，家长和老师必须要改变观念——学生，是要自己长大的！我们就是他们成长的陪伴、导引，让学生自己经营自己。谁都有第一次，我们要耐心些，协助他从不优秀、不够优秀走向优秀，这是一个过程。我打算"陪着蜗牛散步"，你呢？

（2016年9月8日）

我与同行——教无常师

精简课堂

古人说："为学者应博闻强记，博采众长。"作为培养"为学者"的老师，更应该珍视每一次学习的机会。有人说阅读文学作品在某种程度上是在作品中找自己的影子，把这个观点转移到听课上也是合适的，也就是说听别人上课也是在他人的课堂中找自己的影子。那么，我认为出去听课一方面是学习借鉴，另一方面也为自己提供了一个反思自己课堂的契合点。带着这样的思想，我加入2008年年初举办的深圳市南山区青年语文教师赛课的听课行列中，收获颇丰。

收获一来源于4月10日听到的《伯牙绝弦》。这篇文章作为赛课的篇目，已不是第一次听了，但是这个教授者的文学素养和在课堂上流露出来的文化气息，让我对这一课堂相对偏爱。小学语文几经改革，一而再，再而三地强调着语文的工具性和人文性特点要统一于课堂上，偏废哪一点都是不可取的。但是我认为，在小学阶段给学生以文化的熏陶也是必要的。小学是各个方面的启蒙期，学生的可塑性最强，这个阶段的教育痕迹应该说对一个人一生的影响是深远的。那么课堂里投射点文化气息，会让学生受到些熏陶，比那些用诵读的方式来表现重视文化的做法要可取得多。遇到能表现中国文化的篇章，我们不妨学习这位老师，给学生一点潜移默化的影响。

收获二来源于4月3日听的《检阅》一课。南山二外的孙老师在设计上懂得取舍，善于用课堂语言调动学生的学习潜力，节奏上把握得相当好，老师的语言也干净得很。听完课印象比较深，同时引发了我对于"精简课堂"这个问题更加深入地思考。

课改后，教材变动较大，许多老师在教学中抱怨课文太长、不好教。那么看看这次的《检阅》，也许我们能够找到解决的办法。就如我们常说的散文是"形散而神不散"一样，我们的课堂也可以只抓一个"神"。这对于老师来说难度加大了许多，毕竟处理教材的能力不是一朝一夕就能提高的，但是要有心为之，应该会有改善。教材处理得好，教学点抓得对，那么课堂就自然精简起来。孙老师在教学中抓住的是一个长长的故事里的两句话："这个小伙子真棒！"和"这些小伙子真棒！"，从而将全文读通、读懂，并读出新的滋味，可谓是简化教材很成功的例子。无论教材有多长，始终有一个你可以抓住的关键问题、关键句子或者关键词，只要把这个理解透了，再长的课文也能教好。

要精简课堂，老师必须在自己的课堂语言上多下功夫，尽可能讲精简、讲经典，这样学生才能学到最有营养的东西，然后才有机会进行创造性地发挥。老师把什么话都讲完了，学生还用动脑筋吗？比如，学习《晏子使楚》的时候，晏子和楚王在斗智过程中，楚王对晏子极其瞧不上，于是几次三番想取笑他，而每次取笑的方式和点都不同。课文用故事表现出来，这个时候就需要老师把话说精致了，原则是既要高出学生的概括又能被理解，才可以收到好的效果。于是，我只用"狗国论""怪规矩"和"南橘北枳"三个词把晏子的机智应对表现出来了。这样的词，学生一看就知道是怎么回事了，也能立刻理解并体会出味道来。有时候老师简练的语言还要注意一个重要的妙用——调遣学生学习的潜力。换句话说，就是要能创设出情境，这一点在朗读指导和引导背诵中尤其重要。老师的课堂语言要信奉"点到即止"，这样才能提高课堂教学的效率。当然，要做到这一点还是要花大功夫的。

古人云"文以载道"。精简的课堂应该是以质效为目标的，因此语文课堂要精简还必须要在"巧"上做文章。巧并不是要花哨，而是"巧妙"，能够契合文本的需要采用好的办法。

（2008年4月23日）

这才叫绝
——评赵志祥《伯牙绝弦》

2011年12月16日，在《"新经典名思教研"之华语地区小学语文十年课改成果教学研讨会》的资料单上，"赵志祥"的名字赫然跃入我的眼帘，颇感意外。再看他上的课名——《伯牙绝弦》，更感意外。一是因为这个人是我昔日的同事，我没有想到他已经隶属华语地区小学语文课改中的名师，与耳熟能详的"支玉恒""于永正""窦桂梅"等人并驾齐驱。当然，这个意外不是因为他的水平，只因他是我的熟人，所以感觉很不真实。二是因为这一课在其备课之初他曾经找过我，问过我对古文教学有什么想法，我给他提供了这一课所有课堂上用到的资料及我的教学设想。并且他当初备这一课是给深圳市被选拔上来参加广东省阅读教学大赛的选手去参赛的，如今他亲自操刀，会是什么样？我很好奇，等着看赵氏《伯牙绝弦》。

对于赵志祥，我曾经有过这样的印象：一位在教育教研上认真钻研求索者，一位在课堂上展现最大魅力和智慧的教育者，一位在学生心里种下语文感的"怪"老师。作为同事，我对其教育教研中的钻研精神、知识和技能上精益求精的追求，以及对于他人调侃式的批评天赋，都颇有体悟。在同一所学校时，他是我们的教研室主任，但是平时共事并不多，许是大家都有些"孤芳自赏"，或者叫"恃才自傲"，对他我永远是将欣赏放在心里，当面从未夸奖过他。反倒是他走出后海后，再见面时反倒更感亲切。第一次听他上《鹿和狼的故事》时，就对其上课"大气磅礴"的气场和"水到渠成"的自然做派颇为震惊，因此写了题为《三个等式》评课稿，最终获得市评课一等奖。这是我第一次对赵志祥的课认真地分析，不是因为任务所趋，只因为他给了我很多感受，自然而然地可以形成文字。这一次，我又不得不提笔写下纯属个人理解的赵氏《伯牙绝弦》。

说这一课，就一个字"绝"！绝在何处？

一"绝"在会"忽悠"学生，营造轻松的课堂氛围。上课伊始，看似随意抬起手表："孩子们，时间紧，任务重！本来要80分钟完成的任务啊，咱们要用40分钟做……我就问一个问题，你们是智商高呢还是低？"被贴上"高智商"的标签后，学生不断地被赵老师强化"高智商"应该怎么样怎么样……骑虎难下的学生特别受用赵老师这种天马行空式的"飘扬"，于是课堂上与赵老师的互动彰显着"教学相长"的古老教义。

二"绝"是对课堂的掌控力，可谓水到渠成、顺理成章。在重点和难点的处理上能做到"踏雪无痕"地过渡衔接。比如，在"朗读"和"诵读"的差异性上，赵老师没有用任何一个概念来教学生，而是在与学生的擂台赛"获胜"后有这样一句点评："即使你们读得好，也是失败了，"听得叫人莫名其妙，但是也吊足了学生的胃口，"因为你们是朗读，我是诵读哦！"可不是？学生是看着文字有感情地朗读，赵老师可是只字未看，用他擅长的诵读征服着每一名学生。于是乎，学生也纷纷进入"诵读"时间。很快，这72字的古文就变成了学生记忆中的篇章。可以说，这样的环节过渡简直是轻描淡写，却又恰到好处。赵老师的课堂掌控力还表现在选择展示者上。刚开始朗读选了两个班内最厉害的男生和女生，在他们互相一较高下之前，还请他们找出他们认为胆量小的同学，让这名同学在他们之前进行朗读，并对其表现大加夸赞："看来胆小并不是因为能力不够啊！除了有一处因为紧张有点小错，其他都好。而这一小错她还及时改正了，最厉害的人都未必能有勇气做到哦！所以只要不紧张，能力就显出来了。孩子，下次别紧张，你行！"这样给学生定下的基调水准已经很高了，后面"有实力"的两个人自然更要好好表现。果不其然，二人不分伯仲地展示完朗读后，赵老师送女生"完美无缺"，先读的男生获得的评价是"略有瑕疵"。意外之余，学生都看着赵老师，之前不是表扬了吗？老师还送给他热烈的掌声呢！这回怎么……"因为你的语气词'兮'拉得还不够长，读得还不够轻！'峨峨兮——明白了吧？'全场学生都在点头，朗读古文的韵味就这样滋生出来。进入诵读，赵老师请的是最后一个将目光从文本收回的学生，他的诵读慢而顺畅，正好符合这一篇古文的气场，于是赵老师不失时机地进行表扬："我倒觉得他诵得是最有韵味的。真的，你看他慢悠悠，有点孤芳自赏，还有点像老夫子，头还这样轻轻地摇晃。"边说边示范，于是四两拨千斤地将之前学生无论是朗读还是诵读时"声音过于高亢"的缺点消解了，这种因势利导的评价方式是需要教育智慧的。也因为这样，赵老师的课堂才变得妙趣横生、高潮迭起。

最绝的是他对文本的处理。虽然我教这一课时也是文意兼得、喜不自禁，但是对比赵老师的课堂我还是自感不如。因为我给的痕迹太过明显，而赵老师的课堂设计层次梯度非常巧妙。正因为这样的处理，课堂大容量反而不觉得"多"，没有紧迫感，学生学得很轻松。课堂上30分钟内解决完朗读、诵读、解文等主要任务，可谓高效，之后做什么呢？他一反常态写起课题来。这可是六年级的课堂，竟然将写字教学纳入展示授课中，确实让人意外。但是其奥妙在于写字只是引子，他要做的是课堂拓展，在"绝"上大做文章。"孩子们，'绝'能组成哪些词啊？"如此简单的问题！学生不断地组词，有两个字的，有成语，还有俗语。在学生说词的过程中，他既没有写"精彩绝伦""赞不绝口"这样的好词，也没有写"天无绝人之路"的常用俗语，而是信手写下三个特别不起眼的词：绝技、绝望和绝唱，并且让学生也在本子上按照"整洁、美观还要有速度保证"的要求抄下来。"同学们，我想要的词都是你们说的，我写在黑板上了。我现在要问，谁在文中读到了绝技？"妙！简简单单一个问题，就将看似要结束的课堂变得又起微澜，回味品读，并且拓展。于是，紧扣"绝技"理解句意后，不露声色地将"高山流水遇知音"的故事和《俞伯牙摔琴谢知音》的背景知识渗透进来，既立足课本，又跳出文本，这不就是大语文观的体现吗？那么，"绝唱"又是怎么在文中体现的呢？学生自然就说出了子丑寅卯来。看到这里、听到这里，我不禁感叹，亏他想到如此巧妙的设计，让学生在最短的时间内学到最多的东西！的确，课文72个字就展现了这三个词，每一个词有对应的地方，所以赵老师说"只要把绝望写在对应的句子那里，我就知道你理解了"。赵老师巧妙地将给的痕迹减少到看上去都是学生自己触及的知识边界。看到如此精彩的处理背景和文本的设计，我不得不叹服：赵老师，高人！

这个高人在这节课里展示的最高超的能力在于"激活"生命的课堂。先来回顾几句评价语言："不用我表扬你了，全场的老师都给你掌声了！""会读、会背不算大本事，能发现问题才是真本事！""我才不批评你慢呢，你是踏实，有把握了才展示出来，这就对了！""你们也会搞一个绝唱的！""孩子们，时间到了。咱们得守时啊！"……虽然我没有描述这些语言出现时是什么场景，只是将它们罗列在这里，但是我们仍然能从这些评价学生的言语中至少捕捉到一点，那就是他能把握每名学生学习中的亮点。因此，我在听课中写了这样一句话："捕捉每名学生的亮点，化腐朽为神奇的生动感在适度的点评中绽放出生命的色彩。"一位将学生的成长放在心上的老师，怎么会不精彩？一位连学生的时间都要去珍惜的老师，怎么可能不受爱戴？课堂上的生命是要有进步的声音的，这节课我看到了学生在愉悦中提高着学习的兴趣，发挥着自己的学习能力，更在充实和丰厚着自己的知识、进步着技能。记得在解文析字环节中，赵老师让学生自己看注释，理解后又让同桌互解。一般人到这里简单展示一下就可以了，但是他却将"发现力"考虑进来："我告诉你，有一处注释是错了的，你们看'志在高山'的注释，有没有问题？"一个提示又挑起了学生的思维，很快学生就补充了"用琴弹出了，表现出巍峨挺拔的泰山"。于是，赵老师不失时机地让学生用括号将这句话框起后，写在原注释后面。"同学们，你们都上当了，其实没有错，因为翻译有直译和意译两种，到了中学老师会给你们讲意译，一般意译的时候就要像我们刚才那样用括号括起来，知道了吧？"在这样的细节中，赵老师也能把趣点找到，却又不失真知灼见！课停在这里，我写下评语："课堂上踏实地走稳每一步，实属不易！"回想这堂课，读得韵味十足，背得通畅流利，理解得准确到位，拓展得恰到好处，赵老师不再似从前"孤芳自赏"了，而是与孩子们共赢课堂。总而言之，赵氏《伯牙绝弦》是"紧扣文本，教会学生学真知的"。这就是小学语文的课堂生命力！

赵老师游刃有余的课堂张力里蕴藏的是他对与小学语文教育教学的理解——得趣得心，不失孩童天真烂漫的天性，也不乏踏实求学、精益求精的学问做派，张弛有度的课堂节奏里，学生获得了最大的利益。赵老师在课堂上看似闲庭信步，却是心思巧妙，这样的课是我一直追求的，在观瞻中，我确定我走的方向是对的。课堂上，我愿意看到学生的生命因为学习而热烈奔放，老师的教学艺术因为学生的成长而活力四射！这才叫绝！赵老师做到了，我呢？

（2011年12月19日）

自由的氛围　自动的学习

——听荔林小学盘舒书老师执教《The odd pet》后感

2014年12月12日，在南山区教研中心银主任的信息提供下，我走进非常陌生的南山实验学校教育集团荔林小学，听了一堂非我专业的英语课。这节课是盘舒书老师执教的二年级的绘本阅读《The odd pet》。与其说这是一堂英语课，不如说是英语阅读课，是传统的英语教学改革实验，整个课堂氛围自由，学生的学习已经不是从被动到主动的转变，而是自主状态，让我在听的时候不自觉地羡慕和愉悦起来。那么老师是如何做到的呢？不妨让我们先回顾盘老师环环紧扣的教学环节。

课题入手后，盘老师就走进了Role-play reading环节，先让学生选择书中自己喜欢的角色，然后在读到这个角色时边读边做角色动作。这让学生因为自主选择确认了被尊重感，是学习，更像是游戏。马斯洛的"需要层次"理论中就指出，人有尊重的需要，当其得到满足，就可以增强人的自信心和自豪感。在盘老师的这个环节里，我看到了兴趣盎然的学情，班级群体的学习自觉性和主动性进一步彰显。但这毕竟是群像，课堂要让每名学生获得阳光还要尊重差异。盘老师的下一个环节就是让读得好的学生能够展示风采——Listen and act。顾名思义，请一名学生大声朗读绘本《The odd pet》，其他学生边听边表演故事内容，这就有了聚焦。英语是一种交流工具，那么听的训练是非常必要的，落实学习重点如此潜移默化，老师设计是巧妙的，学生掌握是轻松的。一本书里蕴藏的丰富资源，如果只是被读一读、看一看，那就太浪费了，所以盘老师设计的第三个环节是Picture free talk：老师将绘本一页页地投放，根据学情随机提问："What can you see?""How many?""What's colour?"……学生在和老师一起重读图的基础上获得大量的机会训练自己的说，是动脑筋地说、边听边看地说，学生会因为发现文字以外的信息而兴奋。最能表现出老师为学生的自主学习搭建平台的地方体现在后面三个环节：Brainstorm and draw the mind-map, then share; Homework show; Share your homework。这三个环节中，学生的发现、创意、表达等都是在一种自主状态中，呈现了对学习的渴求和热情，学生在发现、归纳和创意中获得成功的体验，单词的学习也好，句子的表达也罢，甚至是完整的故事情节构思，都成为二年级学生学习英语的自然运用。

根据相关的心理研究指出，小学生的专注长度平均为15～25分钟，但是在盘老师的课堂上，二年级的学生在40分钟的学习中几乎没有一个走神的，为什么？盘老师教学方法的多变就是秘诀，它使学生对自己已经知道的内容保持着足够的好奇心。就以"Homework show"为例来说，学生自己的作品要自己展示，虽有投影图像显示，但不做展示的学生能保持多久的注意力去听呢？根据经验，时间稍久，听、看的学生一定会有走神者。盘老师请第一名展示的学生自己读，同学们看；第二名学生展示时，就请其他的同学跟读；第三名学生上来展示时，读了几个后，老师就邀请全班同学和他一起读……最后一名学生展示时，干脆请全班同学站起来，让他们边看边听边表演。多丰富啊，每名展示的学生都会获得全班同学的赞扬，自己不仅仅是"看客"，也是合作者和学习者，最后还是评判者，那情况就不一样了。盘老师真是了解学生的心理，能够轻而易举地保持学生的学习专注度，采取多变而务实的方法，通过及时地干预指导让学生保持着新奇感，从而达到让学生的学习热情持续高涨的目的。

在盘老师这节课上，我除了看到老师带领学生在自由的氛围里自动学习外，还看到了老师润物细无声的"德育渗透"和"修养指导"。环境的力量是很大的。老师说话轻声细语，事事示范在先，让学生很有分寸感。当学生带着小组的思维导图到黑板上张贴展示分享时，老师会提醒在讲台分享的学生转过身面向同学再说；当学生带着评价图去找伙伴分享时，老师会用手势告诉他们轻轻地；当学生分享自己的作品时，老师会告诉学生评价结果的用途是检查自己的不足，从而再去努力……课堂能将这些事情做得如此细致，让我这个旁观者打心底里佩服。二年级课堂的40分钟里，盘老师仅用了一次课堂被动调控。这样的课堂是我们喜欢的，老师的引领要做多少工夫，也是我们能透过课堂看到的。孙云晓老师曾说："最好的也是最有效的儿童教育方法，就是培养良好的行为习惯。"在这节英语课上，老师对学生行为习惯的关注就是最好的教育。

教育是慢的艺术，教学过程中要少些功利，教育之美自然就会越来越多。

（2014年12月12日）

这节课真的姓"语"
——《刷子李》评课

4月19日上午，我观摩了两位老师精心打造的专题研讨课，最大的感受是这次的研讨课不是作秀，也没卖弄，她们的课很有品——是怀着对教育深深的挚爱和对学生真诚的关爱，深扎文本、深研教材后的良心呈现。尤其是南山实验教育集团鼎太小学戴桂英老师执教的《刷子李》一课，上得大气，浑然天成，是一堂高品位的语文课。在我看来，这节课真的姓"语"了。

《刷子李》这篇短文为略读课文，选自冯骥才的《俗世奇人》，以"刷子李"的高超手艺为话题。作者注重细节描写，用朴素又具有浓郁的"天津"风味的语言塑造主人公奇人之形象。

一、这节课姓"语"——语言的"语"，纯粹精简

首先，戴老师有深厚的语文基本功：大方、流畅的粉笔字；标准流利的普通话，声音甜美。更难能可贵的是，戴老师的课堂语言精练，指令清晰明了，譬如"梳理课文，发现奇人技高"环节，学生两次自读，老师提示语言分别为"扫读5分钟"和"跳读找发现"，这样有方法、有目标地提示语言，充分尊重了学生的学习活动时间；整堂课，其导入、过渡、串讲和点评的语言精练感人，如春风化雨，点点滋润着学生的心田，有巧妙的点拨、由衷的赞美、热情的鼓励，颇有大家风范。在这一节课上，戴老师精准的语言界定让学生在品词析句中拿捏分寸，推进深度思维，让我叹为观止。在比较《凤辣子初见林黛玉》和《刷子李》中的侧面描写不同时，戴老师说："因为这只是节选，所以只是简单地进行了侧面衬托，但在《刷子李》这篇课文中，它不仅仅只是一个侧面人物的简单烘托，而是拓展成了一波三折的情节。"就这样，水到渠成地将学生的视角从人物拉入情节中了。

其次，戴老师注重锤炼语言，概括人物和特点。这一点从她的第一个环节"猜谜游戏，回顾写作方法"就充分呈现出来了。单元精读课文中出现的人物，戴老师描述了三个："眼疾手也快，摔跤善用脑。蹦来又跳去，总想使巧招。可惜没耐性，胜负谁知道？"（小嘎子）"中国葛朗台，病重口难开，临死不咽气，伸出两指来。谁能知其意，将话说明白？"（严监生）"高声谈笑甚无礼，貌若仙子心玲珑。聪明弄巧善言语，嘘寒问暖假关情。"（王熙凤）或五言或七言，带出了古诗的气质。梳理刷子李奇人技高，老师的概括又采用三字组合，"规矩奇""效果妙""动作美"，无不在引领学生锤炼语言。

戴老师也很注重学生围绕核心问题去品词析句。这是一篇略读课文，其学法与精读自有不同。叶圣陶说："精读是准备，略读是运用。"学生怎么运用精读课上所学之法来举一反三呢？戴老师用"哪个关键词吸引了你的眼球"来进行点拨，让学生走入文本并深研文本，不仅寻得了构思的支架，更获得了写作的方法，体悟到冯骥才独特的观察眼光和描写式的语言魅力，可谓匠心独具，让课堂学习得以层次式推进！

二、这节课姓"语"——语文的"语"，打通壁垒

听戴老师的课，我脑海里重现出张孝纯提出的"大语文教育"，其指导思想就是四句话：联系社会生活，着眼整体教育，坚持完整结构，重视训练效率。戴老师非常巧妙地在《刷子李》这一节上落实了这四点。戴老师用猜谜游戏将《刷子李》所在的整个单元的教学简明扼要地呈现在学生眼前，这既体现了略读课文的地位和作用，也是着眼学习内容上的整体教育是让学习更成体系化的完整结构的体现。从《刷子李》到《俗世奇人》，再从《俗世奇人》跳到今天电视里的各种达人，戴老师有梯度地延伸着语文的范畴，将生活和社会毫无违和地迁移进课堂，联系着学生的学习，而课堂中围绕正面描写和侧面描写略读《快手刘》，更是指导得法，促疑、促学、促思，训练效率高。从小组合作完成情节设计图的效果看，这堂课确实实现了以较少的课内读写量达到提高学生听、说、读、写、思等水平的目标，事半功倍。这样的高效课堂，语文味是足足的！

这节课姓"语"，还在于其真阅读。无论是对课文抓住核心问题进行的扫读还是跳读，戴老师始终不放开这个"例子"，以及单元中其他课文的例子作用，在反复推敲中体会其写法的精妙。而将学习推向高潮的要算拓展阅读了。戴老师没有采用"群文推展式"将作家冯骥才的《俗世奇人》一书和盘托出，而是先引入《快手刘》的一段正面描写，让学生在课堂上用已学方法快速阅读后谈感受，从而为设计"一波三折"做铺垫。这样的设计有认识、有验证，更有运用，读是为写服务！戴老师分两步引入《快手刘》，最难能可贵的地方在于把落脚点放在作家冯骥才观察的眼光和描写方式上，这是一种文风的关注，在小学语文课堂上是比较少见的。蒋勋曾言："文学的效果很难估量，它不直接给人答案，而是给人多一点机会去思考。"戴老师的课就是在用冯骥才的小说熏陶学生的"文学范儿"，就是在借文学来给学生创造机会去思考——我们到底要读什么，到底应该怎么读？这堂从"单文"到"双文"的语文课在某种意义上也是文学启蒙课。

三、这节课姓"语"——语用的"语"，学以致用

观戴老师《刷子李》的教学，实施重在"领悟并学习作者刻画人物形象的方法"，我首先改几句诗来评价一下这节课。

导入——未成曲调先得"法"。

环节——一枝一叶总关"法"。

过渡——嫁于春风"自"用媒。

氛围——云自"有"心水自闲。

这一节潜心会文的高品格语文课，目标指向明确，意图落实充分。它立足单元整体人物的描写方法，切中并巩固正面描写，关注并突破侧面描写，发现并尝试一波三折，这是在为学生积累写作经验。从猜谜游戏导入开始，教学始终没有离开过人物描写这个核心主题。戴老师一次次用表格或者图示的方式呈现出描写人物时"写什么"和"怎么写"的问题，提炼了思维，为写作构思搭起了行之有效的支架。

写作构思1

人物	神态	外貌	动作	语言	心理	侧面描写	特点
小嘎子			√		√		机灵、性急
严监生	√						吝啬、爱财
王熙凤		√		√		√	泼辣、圆滑

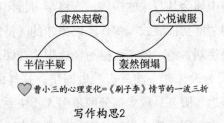

♥ 曹小三的心理变化=《刷子李》情节的一波三折

写作构思2

写作难在何处？方法知道，但是不会用。戴老师的课堂阅读解决了"方法"的问题，也解决了"用方法"的难题。戴老师注重语用，不仅仅在讲方法是什么，且搭梯子降低掌握的难度，再创设情境，给出了具体任务，学以致用——这是学什么用什么，这是真正有效果的学习。在学生依据文本来品味侧面描写后，她不失时机地总结了一个学习方法，叫"从不同角度来说同一个问题"。这是夸奖学生找到的依据充分，也点出了侧面描写的关键所在。"不同角度"，戴老师将其设置为"次要人物"的选择和"一波三折"的情节设置，而这在写作上被称为"构思"。用《快手刘》的试手，小组合作构思，再用原文加以验证运用，让学生体验着成功运用方法的快乐，语用点轻巧落地。

　　语文课堂是缺憾的艺术。我听了这节课后，还有一点想法，提出来与大家商榷。老师的课堂注重了语言达意之效，忽略甚至遗落了文字"表情"之力，这大概就是谦虚的戴老师在说课环节中指出来的"并没有将文本的价值百分百兑现"吧。形式还是要为内容服务的，我认为语文课上"语情"必不可少、必不能缺！

　　　　（2018年5月2日，此文为评课参赛作品，获得区评课一等奖）

教育成长

第二篇

也谈"教师做研究"：批判何来

——听丁道勇老师讲座偶得

2014年9月27日上午，在南山实验教育集团麒麟中学的综合报告厅参加"深圳市南山区教育局'引领者计划'首批骨干教师培训研修班"，我聆听的最后一场讲座是由北京师范大学教育基本理论研究院的副院长丁道勇老师主讲的《教师做研究》。讲座从"什么是教师做研究""为什么要教师做研究"和"中国的教师研究"三个方面直接呈现中国基础教育和高中教育的现状和实际，剖析教师研究的方法和策略，力荐教师要做真研究的原则和态度，对每个聆听者不无启发和触动。整个讲座中，丁老师的诸多观点温婉又犀利地掠过我心田，漾起层层涟漪，泛起最多思考的就是这句话："教师研究指向应是对自己的课堂实践进行批判性反思并能与他人沟通反思成果。"

在我的意识中，研究无非是质疑、分析、评估、构建、解释、推论、说明和论证，从没有将之"与他人沟通"挂过钩。丁老师一语点破，我稍加思考，如醍醐灌顶，的确感知老师如果缺少了"与他人沟通反思成果"确实不能成为完整的研究，最多也就是"闭门造车"，或孤芳自赏，或变得毫无价值。因为"沟通"会将理性思考推动到实践层面，即"实践是检验真理的唯一标准"。不"沟通"，其完整性和推广性从何谈起呢？社会发展拉动教育改革，教育再不是少数人的事，不再只是隔离于社会、局限于校园或家庭的事情了。现如今整个社会对教育的关注度空前高涨，人们对教育"似是而非"地说长道短，让教育工作者多了一个使命，让全社会正确认识和理解"教育"，从而成为教育最积极的力量源。用一句话说透就是开放办教育，实现教育透明就必须要做相应沟通。基于此再看沟通的对象，既可以是自己服务的对象和连带对象，也就是学生和家长，促进"教学相长"，体现研究最佳价值；也可以是自己的同行或者可以指引我们专业成长的专家、领导等，以便探讨研究内容、方法等最优化方案，增缺补漏，少走弯路、错路，达到高效教研；还可以是范围尽可能大的社区，以达足够广的认同度，从而获得更丰富的教育资源，优化教育模式。如此的"他人"，那么沟通途径和方式自然也就不可单一。在家长会上，我们的侃侃而谈里可以多一点研究；在教育教学中，对学生的谆谆教诲可以多找些切合实际的研究指导；在与同行的教育研讨中，不妨多思考一下；在各种培训学习机会里，不要吝啬地谈谈自己的教育思考……来自实践的一些经验，经过教研后沉淀，还可以形成文字，诉诸笔端，借用讲座、交流会等口头沟通，也可以在网络、报刊，甚至出版等途径加以推广。沟通会让研究不自觉地明朗化。想到这里，我突然忆起多年前赵明仁博士在我们学校结束调研时，语重心长地对我说："你有那么多教学反思，为什么不整理整理出版呢？让更多人从你的教学研究中获得启发多好！"那时我做教师近十年了吧，但是我并不认可"出书"，只想低调地完成我"教书育人"的任务。如今看来，我确实不懂"沟通"对于教师做研究的价值了。

对于"教师做研究"这个话题，在中国教育，尤其基础教育界大有蔚然成风尚之势。何故？或因自上而下的硬性推动，或因有责任感的中小学教师职业追求途径，或因教育改革的必要条件落实，或因来自家长学生问题的衍生……眼下中小学教师，的确或主动或被动地走在"专家"的道路上，就教育教学整点课题、做些"研究"似乎也成了家常便饭。可到底是不是真正的"研究"？怎么做才是真做研究呢？——在听这个讲座之前，我从未深入地思考过这个问题。丁老师将其指向为"批判性"，自以为"然也"！

真正的教学研究必须具有"批判性"指标。还记得我实习那会儿，在一所重点高中，又是重点班级，实习指导老师是位颇有教育心得和教育风格的语文老师，他在我听完第一节课后交流时，抛给我一句很有自我批判意识的论调："教育是遗憾的艺术。"他的这句话一直根植在我的教育人生里，至今我仍然做到谨慎地在上课前做尽可能多的准备，以减少点"遗憾"，也养成了教后好好反思我的教育教学，并形成文字（写得多了，所以才有良师益友不停规劝出书）。我教学多年，小学教材教过好几轮，对课文很熟悉了，可我仍旧会尝试不同的教学设想，一直在折腾，以"变应不变"，自鸣得意的是至今没有用相同的教育方式对不同的学生。教育对象是人，思维是人最独特的能力。因此，学校教育的最重要功能之一就是通过各种媒介去教人"思维"——学习也好，交友也罢，抑或是做人，那些自小的本能如何在教育中提升，就是看其思维是否独立和自信、能否求真和开放、会否分析和系统等，这些无不关联"批判性"。

资料显示，"批判"一词的英文"critical"源于希腊文"kriticos"（提问、理解某物的意义和有能力分析，即"辨明或判断的能力"）和"kriterion"（标准）。从语源上说，该词暗示发展"基于标准的有识辨能力的判断"。批判性思维又是什么？概括来说就是以逻辑方法作为基础，结合人们日常思维的实际和心理倾向发展出的一系列批判性思维技巧。最初的起源可以追溯到苏格拉底。从其历史演变过程里，我们发现《教师做研究》中的"批判性反思"与大教育家杜威描述的"反省性思维"极为相近，即"能动、持续和细致地思考任何信念或被假定的知识形式，洞悉支持它的理由以及它所进一步指向的结论"。显然这是一种思维的技能，可老师的"批判性反思"还应该是一种人格或气质，既要表现出思维水平，更要凸显人文精神。

可批判何来呢？解决这个问题前先要强调两点：其一，"批判性反思"不等于否定性推翻，而是在实践中既要找到合理性，也要找出不合理点，并深入研究出合理化的方式方法，认识和修正并行才能叫作"批判性反思"；其二，"批判性反思"也不是权威性批评，它需要对现象和信念做必要的质疑，以便让结论更耐推敲，思考和决断是同步的。既然如此，批判性的来源也就跃然纸上了，即对自己教育教学理念否定的勇气、对自己教育教学实践质疑的敏感、对自己教育教学效果的洞悉力等。

勇气、敏感和洞悉力这些概念似乎有些虚无，那就朴实点说，从认知角度看，我们必须对从事的职业保持足够的好奇心，这样就特别愿意去探究教育教学的方式方法，随着自己认识的提高，区分自己教学理念中的优劣也就渐渐容易，发现别人指责、赞赏的不同反馈自然会捕捉真诚度，而教育教学行为预设的效果也会实现得越来越轻松。一切如初见，便能获得勇气、敏感，洞悉一切，再批判性反思。

教育是系统工程，"批判性反思"既要顾及整体状况，又要结合相对具体的环境。现如今，我们的基础教育"超前"教育非常普遍。"不要输在起跑线上"的论调是从何时流行的，我无从考证，但是它遗留给中国教育的硬伤是很明显的，教育变成了"功利"的途径还是真的为学生的健康快乐成长服务？这个问题解决了，教学教研的"批判性反思"也就不会无的放矢了。"十年树木，百年树人"，教育必须放眼于未来，找到根本。现实需要与教育原则之间的冲突值得每一位教育工作者做批判性反思。

研究是为了去伪存真，因此在教育教研"批判性反思"里还要坚守一个原则，即没有充分的根据和理由时莫轻易判断。老师往往靠经验取胜，可是从我们自己受教育，现如今又从事教育的经历来说，"经验"真的可靠吗？多少学生在老师的"经验"里心灵受伤？多少新入行的同事因为前辈的"经验"不敢创新？多少荣誉落户令"经验"老师失去价值？教研中的批判性反思要敢和"经验"叫板，千万不要成为一个有经验的教书匠，干点技术活，而要追逐教育的人文关怀，研究经验，思考着教书育人。

老师做研究虽已老生常谈，可是真做到"批判性反思"确实没那么容易，一己之力到底能改变多少现状？在这个问题的拷问下，还有勇气做真研究，并坚持做真研究的教师，自然而然就是在"对自己的课堂实践进行批判性反思，并能与他人沟通反思成果"的，可贵，可贵！

（2014年9月29日）

视角决定看到的风景有多不同

——记2015年4月9日"南山区首届骨干教师培养对象学科培训启动仪式暨现场展示会"点滴收获

无论什么，都抵不过思考后的理解和接受更具价值，这一次任务式的培训学习，我又一次被不经意地洞开了教育思考之门，落脚点在"视角"：教育的视角开阔与否、定位准确与否，将开启完全不一样的知识和智慧之门。何以有此想法？还得从"南山区首届骨干教师培养对象学科培训启动仪式暨现场展示会"上，南山地理教研员高青老师分享《我们生活在地理学家的时代——重新理解和发现中学地理》时的一个环节讲起。

高老师先从地理学科的角度剖析了"马航事件"中空间信息技术的运用和中国的雾霾现象分析调查报告等世界和中国热点问题后，将焦点缩小到了地理学科思考——中学的地理学科能教给学生什么？高老师开始剥丝抽茧地给出答案。一张大南山山顶近景的照片出现在PPT中，高老师娓娓道来："我们的学生到南山上看到的可能是这样子的，好点的可能是这样的南山……"此时PPT展示的照片从南山顶绿树掩映下透视出的蛇口的局部鸟瞰照瞬间跳到了以南山为前景的照片和以全南山区全貌为后景的照片，"其实，我们希望同学们在南山上这样看南山。"高老师继续说着，而此时我的心已被这三张照片震撼了——学科有知识上的差异，可是却有智慧上的相通。

诚如高青老师说的，中学地理能教给学生的应该包括"探寻知识的兴趣、科学的学习力、尊重生命的价值观和学习活动中的自信"，我们目前的小学教育也应该站在宏观的角度考量知识点，可持续地考虑教育的对象，老师的作用就应该是拓宽学生视角，让其在旺盛的学习兴趣牵引下获得和提高学习能力，自信满满地实现自己的学习目标。如果老师站在生命的高度和广度去教育，那么在学生的身上能看到的将是更多的生命价值。困惑我这么久的问题开始变得明朗起来，教育应该抱有的最具生命力和价值的视角就是最广阔地发展。

教育的对象是人，把学生当成有思想、有尊严的人，即便是几岁的孩子，老师都要尊重他的个体认知，在这个基础上创造出学生乐于接受的学习方法，能主动而快乐地开展创造性地学习。那么，具体到教育工作该怎么做呢？

首先，要坚守学科特点但又不拘泥于学科限度地拓展学生认知的领域。我们每次学习培训自上而下地强调跨学科融合，这次的学科培训启动仪式不也正是采用这种跨学科方式吗？大学科才会产生大视野，博采众长，融会贯通。老师的视角是开阔的，自然带给学生的也就丰富得多。当前社会，老师如果只会在自己的"一亩三分地"上耕耘，显然是不够了，世界的种种认知都不会被分割成语文、数学、物理或化学等纯粹地解读，而是将这些纯粹的学科知识综合起来，再进行必要的推论、演绎等才能看清这个社会的一切。学科是基础，是将知识更细化地传播，所以从小开始，学生要学的科目就不少。为人生奠基时，这么多学科要能在学习中融汇，那知识就"活"了，也就有了生命力，对人的厚积薄发将有无穷助力。再说，哪一个涉及社会的项目是靠某单一学科就能实现的呢？所以教育到底不是传授知识，而是传递思想和培养思维，这样才真的让学生受益。

其次，要在生活的大背景下教授知识。这有两层意思，其一是不能忽视生活中的知识；其二是要将学习与活动结合起来，重视实践的学习方法。为什么要重视生活？当今世界，知识更新得太快，信息瞬间万变，把学生剥离出生活情境，而将其限定在书本里学死知识也是不正确的。握准时代脉搏，将人类文明嫁接到现代社会，使其能够被继承，又能以此为基础进行延伸，解决实际问题。简言之，学习知识要多些实践活动。研究表明，人们通过阅读可以学习到10%的知识，通过听可以学习到15%的知识，而通过亲身经历和体验则能学习到80%的知识。如此高效的学习方法当然要多用。譬如，我们学习一组课文感受语言魅力，教学中我就采用了活动式设计，改编故事为话剧表演，提示学生两人表演的相声经改编后可多人同台表演。学生大胆地创作后正式演出，玩着玩着就体会出语言表达的魅力。平常同学间开的玩笑谁最逗趣呢？引导学生有意识地展开幽默地交谈，这不就是轻轻松松将学习和生活融合了吗？学习的兴趣还是空话吗？不，真实可见！

教育是对人的工作，所以人的能力理应被重视培养。譬如，法国小学就非常重视"自己交朋友""解决彼此间问题""自己防范""面对挫折""顺应潮流，但找到自己"和"分辨是非"等关乎学生思想成长、EQ锤炼的能力。我们的基础教育在以人为本的教育视野中，难道还只是盯着读书和考试不放吗？当然不应该！智商开发不能等同于人的发展，所以说，学校教育的视角如果是学生的素质提高，势必将目标指向学生的各种能力提高，既要培养灵活运用知识、顺利通过各种考测的学生，也要塑造出人格健全、综合能力过硬的生活强者。对于老师的种种称号中，"人类灵魂的工程师"最为叫我敬畏！因为这不仅指明教师是个技术活，更是艺术工作者，更是要走心的！人的变数是最大的，所以当老师一定要选定好视角去育人。视角决定了看到的风景。

我们还可以从很多角度出发去做教育，但无论怎样做，都不能忘却教育的正确视角。只有站在人的高度和广度，才能教育出温婉优雅的人，才能温暖如春。我多希望教育与人的成长不再处于"你在桥上看风景／看风景的人在楼上看你／明月装饰了你的窗子／你装饰了别人的梦"（卞之琳《断章》）的境界中，让教育真为学生的成长助力！

（2015年4月10日）

坚守的另一种选择

——记"南山区首届骨干教师研修班第三次区内集中培训"所感

2014年11月30日，星期日，我拖着疲惫的身体前往前海中学，走进区教研中心为骨干教师精心准备的培训课堂，就"教育的国际化视野"开启异域文化之旅。带领我们感受不同文化背景下研讨教育相关话题的有三位"专家"——香港大学讲师，且有跨文化（内地和香港）工作和学习经历的黄显涵女士，她主讲《以香港基础教育为例谈行动研究》；香港明爱教育集团职业训练及教育服务总主任，擅长国际理解教育传播、英语教师培训等的郭伟祥"老"人，他以香港学校举例阐释《科组领导如何建立合作文化》的主题；Lynn Pendletor来自澳洲，她在堪培拉委员会中负责"国家英语框架"及其英文简介，并指导里面所有教师的职业发展，她带给我们的话题是《教师在课程开发中应具备的基本能力》。教育要以开放包容的情怀去推行实践，因此，各种想改变教育现状的思考和做法对于我们这些辛勤耕耘在教育实验田——南山这片沃土上的一线教师都是有启发的，至少对我个人而言，参会后迸出的念想是——"坚守的另一种选择"。

坚守什么？教育理想。还记得我们大学毕业刚走上教坛时对自己的承诺吗？随着时间的流逝，我们自己也在被社会环境改变着。虽然一直在做教育，可是做着做着，我们做的和当初设想的教育是一样的吗？我们的存在为社会带去的是什么？我们的存在感又如何获得呢？这些问题应该成为我们常常反省的拷问点吧！否则随波逐流下去，我们还配叫作"老师"吗？

另一种选择从何而得？黄显涵女士用她的思考告诉我们是现实，郭伟祥老师说是需要，而Lynn提供的是寻找。

黄显涵女士的讲座题目虽然是《以香港基础教育为例谈行动研究》，但是讲座的内容和结论的得出却是通过对比内地与香港的基础教育来进行的，她所得出的结论也是针对香港教育文化背景下的行动研究指导，听来多少有些"隔离感"。授课完毕后，在Q&A环节，我的认同才多于批判。在对同行的问题——如何积累和沉淀自己的回应中，她讲座中的那些观点、理据和举证才真的具有说服力，不再是理论层面的介绍，而是经验化了的引导。在她说自己能够积累和沉淀下来的原因中，我总结出两点：自己的选择和被推动向前。因为有想法、有契机，自己可以选择。而实践中呢？现实总有叫人妥协的力量，不过这就产生了矛盾，生发了痛苦，于是就思考突围。是啊，"在折中的时候我是否违背了我的初衷"是我们经常经历的，思考中重新定位自己，找对自己的位子。所以，行动研究的首要问题是老师的角色定位就显而易见了，"反思—行动—持续反思"成为行动研究的关键核心也就不难看出了。

　　郭伟祥老师是个土生土长的香港人，虽然他用不标准的普通话讲课让人听着别扭，但是他的做事方式处处显示的细节化也在起着教育的作用：一开始的"卖不足"开场，是师者无须藏拙的诠释，从孔子开始就教导"知之为知之，不知为不知，是知也"，实事求是的精神在师者身上尤其要时刻体现；因为普通话不够标准，所以他打印了讲义的内容和补充的资料，人手一份，多细致的考虑！不足可以原谅，更应该积极弥补，这是必要的，但是未必人人可以做到。"人贵有自知之明"，对我们每个人存在的知识缺漏、性格缺陷等，应该找到妥善的方法降低因此对他人的困扰，尤其是我们的学生。讲授中，郭老师随时会问一句"你们明的"（意为询问别人是否听懂了），港式普通话里看出他随时会关注讲授的效果，这不是我们教育应该关注的吗？面对班级授课制的现实，学生是否学有所得，应该成为教学最该关注的焦点。聆听和观察中，坚守的另一种选择就是需要，郭伟祥老师用他的精细和务实进行了良好诠释。

　　很庆幸自己虽然是语文老师，但从初中开始学习的英语知识还在，所以在下午澳洲文化部分，虽然听着费劲，但还是能第一时间感受到老师不一样的教学风格。是的，在只有教学大纲没有任何教科书的情况下，老师的寻找和选择的余地扩大了，丰富的社会资源可为教学所用了。无论是"有意教学"阶段还是"概念化教学"时期，它能融入的因素很丰富，只要能够把握住教学的出发点——为了学生快乐学习，使其了解并有能力去做可持续学习。为此，教学就不可能选择封闭式，而开放式的教学在其课程管理方面和我们当下的现行教育体制有着迥异的方面。比如，澳洲政府对教育者的管理是促发老师思考的，因为他们每学年要收集来自老师的资料，递交的资料无非是年级教学内容以及选择的理由说明。这一方面能将优质资源整合，再投放社会，形成资源最有效的循环；另一方面也是促进老师有计划、有个性地寻找落实教育思考，便于知识更新和观念转化，老师的能动性发挥了，受益的必然是学生。所以，他们可以整合教学，丰富的图书资源为课堂带来了不一样的氛围，学生依据自己的水平找到自己可以使用的学习资源。对于教惯了一本教材的我们来说，多盼望自上而下的这种资源整合，否则也不会在自己的教学里补充那么多教材以外的内容。可是加了那么多的内容，真的受学生欢迎吗？回到"出发点"去问，学生是在快乐学习吗？不欺骗自己的话，我们是会承认"负担增加时想快乐都难"。那么，我们该怎么寻找途径营造让学生快乐的课堂呢？这是不能照搬的！

我们羡慕香港有大学教授引领基础教育研究，让中小学的教育科研更具可操作性，让一线的老师做可以做的科研；我们也感叹澳洲丰富的教育资源和极少的教学规范，让基础教育为学生的天性保驾护航，促使生成可持续性学习的动力源。可是我们也不要否认自己的教育对"经典"尊崇的情怀，教材中的那些文章和知识要点虽然固化了，可是只要老师懂得活学活用，一样可以成为亮点。就拿创新而言，角度不同则结果也不同。也许对许多事情都不只是批判和认同这么简单，去发现、开发和创造，这是坚守教育理想的另一种选择。当对比文化背景不一样的教育时，我想对比的是理念还有方法是否先进。教育的国际化视野首先就该包容，那为何对自己的教育文化那么苛刻呢？取其精华，去其糟粕，再博采众长，为我所用，改进正在路上！

（2014年11月30日）

教育点燃　智慧唤醒

——听林君芬《技术提升教育的智慧——信息技术与教学融合的理念与案例》讲座

2014年11月2日，在南山区骨干教师第二次集中（学府中学）培训课上，林君芬老师做了题为《技术提升教育的智慧——信息技术与教学融合的理念与案例》的讲座。聆听下来，让我不得不叫好的理念很多，从中获利和受启发的案例更是让我主动反思自己的教育教学。

一、为"智慧教育是人的教育"称赞

看讲座题目，我们能够第一时间感知主讲者是要讲技术的，但是和一般讲技术的专家不同，林君芬老师首先谈的是智慧、智慧教学，并强调"智慧教育是人的教育"。对此理念我有两重理解：其一，智慧教育的施教人必须要具备教育智慧，教育的主动者要积极思考、研究教育的智慧；其二，智慧教育的对象要被关注的是他们的智慧，教育的被动者在受教育的过程中关乎其智慧的"知识、记忆、理解、联想、情感、逻辑、辨别、计算、分析、判断、文化、

包容、决定等多种能力"，这些都应该成为教育者关注的焦点和重点，予以适当培植。对于这两层意思，林老师用"三明之师"加以细述。我个人觉得"三明之师"中的"明白"和"明智"都是针对教育者的，而"明日之师"则更多的指向受教育者。

我们除了要做到孔圣人所倡导的"六德""六行"和"六艺"外，道家思想中的一个重要支点"无为"在智慧教育中也不妨运用。正所谓"善学者，师逸而功倍，又从而庸之；不善学者，师勤而功半，又从而怨之"。那么为了学生成为"善学者"，老师要智慧地知道并做到"当做才做"，尽量少做，让学生多做。也就是"有所为而有所不为"，才能实现"教是为了不教"的教育理想。

二、为"技术改变的是教师"点赞

科技发展辐射到教育上，是技术改变人，还是人改变技术？在多数人看来，这是"工具的改变"和运用，电子白板、多媒体平台、电脑投影、平板电脑走进了各类课堂。当今教育屡见不鲜的"新技术"工具的替换越来越频繁，老师的教育教学或多或少地都在运用着这些"信息技术"。如此看来应该是技术改变人吧！改变的是什么？改变的是教学手段。仅此就足够了吗？不！融合于教学的信息技术更需要的是老师改变技术，这是林老师讲座中一直在渗透的理念——技术改变的不是方法，而是老师本身，智慧因此发挥效能，并产生新的智慧成长点。

如何理解这个理念？在现实教育中，我们不难看出，相同的信息技术因不同的老师而产生不同的使用效果。就拿我们学校的iPad实验班来说，最初的班主任兼语文老师也在用iPad教学，但她的展示课让我们看不出这个工具的使用让教学有多大不一样，反而觉得不用效果会更好，至少学生课堂的注意力会更好调控。一个学期下来，这个实验在这位老师手上显然是推而不动的，于是校长从南山实验学校引进了有这方面经验的老师接手，继续进行实验。没到一个月，学生就和老师共同研究出了iPad教学的独特性和优越性，它还原了教与学的"生态"过程，实现了高效课堂，iPad教学推广也变得容易多了。目前，我们学校的实验班从一个年级扩增到三个年级共八个班，其中有三个班是主动申请加入进来的，而其他班级的老师也会在教学中使用iPad。

技术改变的是老师，才能恰到好处地使用信息技术，而不是为了使用而

使用；技术改变的是老师，才能让技术隐于教学之中，发挥其必要的作用；技术改变的是老师，老师就能发挥其更富有智慧的影响，让更多人从信息技术本身获益无限。技术改变的是老师，信息技术与教学融合的问题就不再停留于用不用技术的层面了，而是上升到"怎么用"的思考，这就能将"融合"落实。

三、案例中的智慧

最喜欢林老师所举案例中的《等腰三角形》的教学实例。在这个案例中，我们能清晰地明白奥科贝尔说的"影响学习的唯一最重要因素就是学习者已经知道了什么。要探明这一点，并据此进行教学"。学习是为了解决问题的，在案例中，老师用信息技术将学生在等腰三角形这个知识点里的学习问题可视化，并据此设计出"剥茧抽丝"的教学环节，让学生能够在互相地促进中习得真知识。

而最冲击我的案例是《"扫"出学习的精彩》，我为学校在项目推动上的做法叹服。用"任务码"来呈现学校的一切，身在学校，感觉如入一个大游戏场，多好玩儿！

在实际案例中，最能印证我教学的案例是《诗海拾贝》。《诗海拾贝》是语文综合性学习内容，以活动教学为主，但毕竟还是语文课的内容，因此如何激发学生的积极性并又有足够的文化含量成为活动设计时必须考量的。在这个案例中老师做了修改，尤其是学生自己的准备成为他们课堂发现问题、解决问题的基础，课堂不仅有预设，更有生成，学生的主动性精彩纷呈，而老师的精彩也因此熠熠生辉。

林君芬老师这个看似推广信息技术的讲座，将其魂落在了"智慧"上，这是教育。林君芬老师的教育用"三明之师"点拨着在教育求索路上的我们，讲座期间，林老师的追问也唤醒了我们发表看法、参与讲课的意识。听后再来咀嚼她讲课的内容，满满的是对自己教育的反思和诊断。可以说，听完这次讲座，我既有对新技术的了解增益，也有对教育进一步的认识，更有对教育手段本身的提升，多方位的获得是培训给予我的提升，智者不倦！

（2014年11月3日）

思考教育

第三篇

语文活动　活化语文

　　我深知带高年级的语文再不能如过去那样领得过多了，毕竟学生对学习语文已经有了一定的基础和方法。那么该确立什么样的教育教学目标呢？作为语文科任老师，我要做的是让学生在原有水平和认识的基础上，提升对语文学习的兴趣和感悟，而且能持续升温。如何办到呢？除了教学中的创新，别无他法。在创新时，语文活动是必不可少的一环。因此，这个学期每个单元的语文活动我都尽量配合单元学习，一方面展现学生的所学所想，另一方面锻炼提高学生的语文能力，用语文活动来活化语文课堂，延展语文的价值。

　　下面就对已经做的三个单元的语文活动进行回顾，并从中剖析语文课堂教学创新的问题。

　　人教版小学五年级上册的前三个单元各有侧重点：第一单元是"我爱阅读"，第二单元是"月是故乡明"，第三单元则为说明性文章。显然，关于阅读的话题得围绕着"书"来说，正好书中有个综合性活动的安排，我们选择了关于"开卷有益与否"的论题，开展了全班性的辩论赛，让真理越辩越明。情感是第二单元的侧重点，但是我将学生的活动改成了"古诗词展示会"，让学生用各种不同的方式表现尽可能多的古诗词，从而揭开古诗词的神秘面纱，让学生自觉主动地丰富自己的学科素养，背记古诗词。说明性的文章相对来说很枯燥，但是与生活结合的最紧密，最有实用价值，所以不容小视。一方面我得让学生饶有兴趣地做，另一方面也要考虑他们的能力。于是我让他们做实践活动：收集并研究各种产品的说明书，然后写出调查报告，陈述如何写好说明书。学生收集资料和如何运用资料需要他们自己在实践中慢慢掌握技巧。换言之，三个活动从不同的角度设计都是为了提高学生的语文素养。

　　教育的最终目的是为了不教，语文活动正是学生在语文课堂上学到的语文技能和知识的最好展示，同时又能给学生创造一个融会贯通的活学活用的平台。在活动中，我们能够很快捕捉到学生掌握了什么，在哪一方面还有待提高。具体到这三次的语文活动中，我所能感受到的可能更多。

　　当学生面对现实问题时，他们不是让问题搁置，首先想到了"公平"和

"权威"的解决方案，让难题在最短的时间里得到解决。这种处理问题的方式让我很高兴，多年的耳濡目染，让他们有了这些意识和行动，这不正是我们所倡导的"活学活用"吗？

在辩论赛活动中，对于主持人，我当初的设想是一名就够了，但是被全班推选为主持人的学生却想要做辩手，于是推荐了另一位。当我对她进行单独辅导时，她竟然说她有些害怕，于是我征得她的一个好伙伴的同意，让他们俩一起来做主持人，这样一男一女又很公平。就是这个举措，让辩论会现场有了生成性成果：评选最佳辩手环节，我们的男主持人事先准备了投票纸，让全班同学直接写下心中的辩手名字即可。这一项我并没有事先交代，而是学生创造性地在做，主动而积极。所以，辩论赛结束后做小结时，我特别赞扬并感谢了这两个小主持人。这样可以以点带面，形成辐射作用。

而惊喜最多的还是辩论环节。8名学生，占有各自的资料，进行了唇枪舌剑。平常少言的学生，在辩论中却是"寸土必争"。尤其是我们的男生，他们在辩论赛场上设有了平时表现出来的那种对事相对漫不经心的态度，正如女生在辩论赛后写下的感言那样："真是小看我们班男生了！"他们在辩论气势和辩论风格上都高出我的预料，因此他们最终获得了所有学生的认可，获得了胜利，两名最佳辩手也全部都是男生。这是学生自己潜能的一次释放，如果没有这样的展示机会，我们班男生怎么能凸显出团结和睿智呢？活动中，学生在不断挑战，也在不断提升自己。

如果说辩论赛让学生的潜能得到了很好的开发，那么古诗词展示就会更加体现出集体的智慧和力量。

一首简单的古诗词，在学生的再创作和改编下产生了更加夺目的光彩，也让中国文苑中的"奇葩"变得更加亲近自然，滋养着学生想象的世界。

如果让你表现《九月九日忆山东兄弟》这首诗，你会怎样做呢？我们的学生从两个方面入手，故事分为家乡和异乡，两边同时进行，共7人表演。在黑板上简单地画个月亮，表演开始了。对着月亮，家乡的伙伴们欢天喜地地相约，而另一头则在回忆当年，对月抒怀，以释乡愁。对比之下，把诗歌中那抹不去的情境展现了出来……"我那兄弟如今又在哪里呢？"把家乡亲人对游子的惦记勾画得非常生动。这7人组合有男有女，没有以前那种界限分明的男女分组了，其创新性和感染力都是足够的。

无论是《水调歌头》的集体诵读、《锄禾》的教育片、《四时田园杂兴》的场景展示，还是个人表演的《静夜思》《题西林壁》等，都是那么富有创造力，以至于有些学生看见了别人好的展示形式，马上即兴创作新的展示。这种"你好我要更好"争着学习的情境是我们传统的课堂中比较少见的。在活动中，同学间互相感染、互相激励，充满了正能量，让学生潜在的意识得到了表现。古诗词展示会也是学生个性化学习的一次良好契机，更是学生自我学习的又一开端。通过展示活动，学生知道了要么充分准备，要么就得学富五车，才能在关键时刻灵机一动，把握住机会。

而将实践活动延展到生活领域，让他们知道只要留心，随时可以学习语文，用比较和归纳的方式学得的知识会有另一种魔力——不容易忘记，而且内心总有种自豪感。用生活积累来对照书本知识，才发觉书本的知识是多么有限，但是却非常基础，不可小视，如此对自己学习的主动性也做了一个很好的提示：主动学习，快乐无限，难题自解！

这三个单元的语文活动确实在提高学生学习兴趣和主动学习这两方面作用明显，同时也在某种程度上达到了"活动"代替"讲解"，让教育效果更加深入。教是为了不教，活动让学生自觉地学习，老师只需起画龙点睛的作用即可，这是"不教"的好招啊！

（2007年10月27日）

文言 渗透

在小学阶段，学生对文言文的接触机会并不是很多，除了古诗词之外，古时的散文辞赋在教材中出现得较少。人教版小学语文第十册中《杨氏之子》可以说是小学生正式与文言文打招呼的作品了。如果说小学语文最难的是写作文，到了中学就多了另一项难点——文言文阅读。毕竟作品年代比较远，加上语言习惯的不一样，令许多学生一提文言文就犯难，尤其是年级越高，对文言文的畏惧心理越强。这样的现象是不以我们的美好愿望为转移而存在的，理应受到重视，并且能够找到问题的症结，予以改善才好。要解决这个问题，首先必须要知道为什么会产生这种现象，所以，我们先从现象分析开始解读本文。

从功利角度来提一个问题：文言文在当前时代下对我们的生活有何用？答案肯定是否定居多。是啊，想想看，除了一些学识渊博的学者，谁还会"掉书袋"呢？当前，文言文成了名副其实的"学堂文"，只有在基础教育的课堂上才能看到一群人被迫学习着"之乎者也"。

这让我想起另一个现象：从《百家讲坛》节目里走出的优秀学者谁不是受惠于文言文的思想才能厚积薄发呢？当人们惊叹这些学者睿智的时候，我们的古人可能会笑话今人的浅薄吧！他们无非是用今天人们习惯的语言在讲述文言文里的思想罢了。试想，如果不是因为文言文阻挡了我们学习中国先哲和历史学家们独到而精髓的思想，把那些闪耀的光辉遮掩在自己的眼前，我们还会如此惊叹吗？当然，对于这些学者的分析能力又是另一层面上的佩服了。

其实，学生不是抗拒文言文，只是觉得没有用罢了。久了，文言文的一些特殊用法就变成了大家的难题，当想捧起古圣贤书来读的时候，发现是那么的深涩难懂，罢了，还是读些能看得懂的书吧！于是，文言文自"五四"倡导白话文以来逐渐淡出，甚至于即将消失在当今的生活中。所谓"拳不离手，曲不离口"，一不用，二不想，三不学，如此，文言文的命运就只能沦为大部分学生学习的难点了。毕竟没有学习的氛围，只能让文言文里蕴藏的丰富精神财富一直沉睡了。

我们应该重视文言文在一个人成长中的作用。到底应该怎样在小学阶段根植"文言"的种子呢？这是我在教《杨氏之子》前一直在思索的问题。

从文言不兴的原因看，氛围非常重要。因此，我首先在营造文言气氛上多动脑筋，让学生能够自然地接受这个应该熟悉的"陌生物"。具体做法是借助每日警句的平台，向学生传送名言警句，如"博学之，审问之，慎思之，明辨之，笃行之""人而无信，不知其可"等，让学生积少成多，而"不求甚解"。同时，我也有意识地引导他们慢慢养成一种习惯，有意识地读点文言的文章。在我们班每天有"新闻台"（班级日常管理的一个项目），其中一个板块是介绍成语故事。我们知道，成语多有出处典故，这样我就抓住了机会，把他们讲到的故事典故的原文带给他们，让他们对比着读。在我的教育教学中，我也常用文言做点评。比如，一名学生上周刚答应的要帮助同桌共同进步的，可是课上他又没忍住，找同桌说话了，我点其名，问："人而无信，可乎？"他立刻意识到应该认真上课了。这样让文言成为日常语文的教学习惯，学生对文言文的陌生感自然会消除不少，这种做法的好处就是"润物细无声"。

可是氛围只是外围的，文言文的学习阵地毕竟还是课堂教学。《杨氏之子》仅55字，但是可以学习的点却很多，作为文言文的入门文章实在是再好不过了。除了文字解释外，我想里面折射的文化气息是一个很好的切入点。比如，古人名字的学问。再比如，介绍人物的方法等，与现如今的习惯最为不同，这都是可以做文章的点。课堂上，我将之处理为现学现用，让学生理解并加以巩固。顾名思义，现学现用就是当堂举一反三："孔君平"三字体现了对成年男子的尊重，体现在"君"字上，而古人通常先说姓后加尊称"君"再呼其名或者字。讲完这个文化点，我立刻让学生拿生活中的人加以称呼：韩君涌、李君子强、田君斯然……他们立刻找到试讲的对象，很快模仿对了，可惜的是忘记了特指"成年男子"，他们所练习的对象都是同学，而其中还有女生。这样一来，立刻又引出了古时候对小孩和女子的称呼问题，讲解后其印象就更深刻了，文言文也因为文化习惯而变得富有乐趣和生命了。刚串讲完全文，恰逢我校校医来班里登记生病人数。就是这样的事情，我让学生讲述，然后现场用文言文的方式说出，我做修正："易先生诣吾班，立于门口（问）曰：'几人有恙（病）？'（括号内为学生初稿）吾师管夫子近前，答曰：'全勤！'遂课。"这样一件事情用口头语言表达会比较长，用文言文就相对简洁些，在对比中让学生体会古人的表达方式。随后，我又拿课堂内刚刚发生的事情让学生尝试用文言文的方式进行叙述。几经运用，很多学生开始喜欢文言文了。于是，我又不失时机地让他们用文言文的方式写班内的同学，落实于笔头，然后在班级内进行讲评。一篇枯燥的文言文在"学以致用"的教学理念和操作中变成了兴趣盎然的学习模本，在这样的基础上再来体会文中人物的语言精妙之处就能水到渠成，如此一来，语言的魅力在运用中散发出来并被接受着。

我们知道，学生的短时记忆是很强的，其好奇心也很强，初学文言文的浓厚兴趣并不能代表他们就会自觉地学习文言文了。作为老师，我很清楚要让这种兴趣持久必须要做些后续的工作。那么，怎么做才能既不令学生反感又能抓住教材来做点文章呢？正好这册教材后面的单元里涉及古典文学，把涉及的故事原文带给他们读一读就是个不错的做法。比如，《晏子使楚》《将相和》等文章学习完之后，我就和学生将原文又读了读。现代文的易懂和文言文的精辟，在对比中表现出来。有效利用能让学生接触到文言文机会的课文，同时，我还借助于练习题来拓宽学生阅读文言文的视野。

治标还要治本，学生未必能看到学习文言文的作用，可是我们要在教育教学中加以渗透，让学生逐步接受文言文，喜欢文言文，以至于自觉地学习文言文。我以这样美好的愿望实施着我的文言文启蒙教育。

（2008年4月23日）

真心阅读
——一位老师眼中的阅读快乐

"书是和人类一起成长起来的，一切震撼智慧的学说，一切打动心灵的热情，都在书里结晶成形。"（赫尔岑）每读这句话我都会想：爱上读书是多么正确、多么自然的事情。亲近书是因为那里有我们熟知的内容，也有我们还不了解的表达。一个与书做朋友的人怎能不快乐？快乐的事情谁不愿意做？在阅读中，什么才是不能轻易做到，却又能获得快乐的事情呢？我的答案是真心阅读。在我的心中一直有一个方向，那就是让我的学生能在长大成人的初期真心阅读，辨别思想真伪，体悟人生善恶，获得心灵的真正的自由，让人生一起步就能在正常轨道上收获阅读的快乐。我引领着我的学生们"真心阅读"，和他们一起品尝阅读滋味中那很长很长的阅读快乐。

一、幸福的种子

什么是幸福？学生的回答很实在：收到生日礼物，吃大餐，想干什么就干什么……幸福本来就是很实在的体验，有无之间没有特别的门槛。和吃到美味的食品时的满足感一样，捧起一本好书，翻开书页，开始一个人独有的与书对话和交流的时间之旅就是走向幸福的开始。因为在书中能寻找到想要得到的关心、渴望的祝福、心仪的礼物，甚至是根本无法实现的愿望……而这一切就是幸福具体的内容。

决定人是否获得幸福感的重要因素首推自身的性格。培根说："凡有所学，皆成性格。"读什么书，对一个人的精神成长实在太重要了。不是说性格决定命运吗？如果我的学生能在阅读过程中形成一种"好性格"，那么，他们无疑为未来播下了第一颗幸福的种子。正如意大利作家伊塔洛·卡尔维诺所说："青少年的阅读，可能（也许同时）具有形成性格的实际作用，原因是它赋予我们未来的经验一种形式或形状，为这些经验提供模式，提供处理这些经验的手段、比较的措辞、把这些经验加以归类的方法、价值的衡量标准、美的范式，这一切都继续在我们身上起作用，哪怕我们已经差不多忘记或完全忘记我们年轻时所读的那本书。当我们在成熟时期重读这本书，我们就会重新发现那些现已构成我们内部机制的一部分的恒定事物，尽管我们已回忆不起它们从哪里来。这种作品有一种特殊效力，就是它本身可能会被忘记，却把种子留在我们身上。"

第二颗幸福的种子是"聪明"。"我们不必羡慕别人的聪明，如果也要像别人那样聪明，那就是读书。"（左拉）因为在一定范围内，阅读就是积累知识。"腹有诗书气自华"，知识滋润着气质，知识武装着高贵，知识更支撑着思考。知识又内化为思想，这样的人不是最无畏的吗？面临任何生活都有足够的智慧去应对了，成功的幸福就会向你招手。

"兴趣"是书里暗含的第三颗幸福种子。一个人感觉到生活没有乐趣，精神就会空虚，一切在他的眼中和心中都显得无聊起来，还何谈幸福呢？爱上读书的人绝对不会无聊，因为书是他的兴趣，有了兴趣的引领，一切都变得充实而富有意义，生活中的阳光就永远不会消失。哪怕身边没有一个朋友陪伴，只要手捧一本书，就能得到精神的愉悦，仿佛知己在伴，永不孤单。

书中的幸福种子实在太多，如果一个人的精神成长史就是他的阅读史，他就能收获种子的成果——幸福。

二、美好的方向

说到方向，我马上能想到垂直方向的"高度"和"深度"，还能想到水平方向的"广度"，同时要提到的就是"长远性"。书籍给了我们观察世界的高度，让我们视野开阔，书籍也给了我们认识社会的角度，让我们的思想深刻。无疑，书给我们指明了美好的方向。

读书给人带来的变化，不单单使人接触和了解一个他之外的广大世界，而且引起他自身内部的变化。因为阅读是与智者、先贤对话的最佳途径。而智者与先贤无论是思想的高度还是深度，都给阅读者的生活带来不同程度的影响，那些表面的、平淡的、没有内容的时刻融入书籍中，也让阅读者的心智空间一下子扩大开来，和书开始交互，从而有了自己看待世界的角度，也有了认识问题的高度，形成自己思想的深度。在时间的延续线上，未来成为他内心的设想和最明确的方向，时间也就成了他实现梦想一个又一个实实在在的行动，把握得住的方向。

阅读能够打开的世界是我们用一生践行都走不尽的。可以说，书让我们在有限的生命里、有限的出行中，能够认识和了解多种多样、丰富多彩的世界，让我们永远对未来抱有期待，把目光投向远方。因为还有那么多好玩的事情我们没有尝试，还有那么多美丽的地方我们没有去过，我们没有理由停下。书打开的视野，让我们不愿再做井底之蛙。正是因为这样，当我在小学五年级的课堂上把季羡林和哥本哈根联系起来推荐读书时，学生内心的雀跃和期盼，以及为未来的设想变得那么明显而明确。阅读中，我们多是间接的获得，可是我们在间接获得的时候都会有亲身体验一把的愿望，不是吗？"假如有一天我也……"这样的设想不是某一个人在阅读的时刻才有的，而是书把我们自然地引向了那个"书中的世界"。终于有一天，间接变成了直接，我们也不会忘记是书产生的巨大魔力，让我们梦想成真。

三、真实的情感

人的感情是需要激发、熏陶的。可以说，陶冶人的心灵，书是居功至伟的。童话故事里的童真烂漫，散文小说里的情思浪漫、寓言神话里的哲理智慧……哪一个不是我们自己也有可能经历的？

在书里，我们可以沉浸在文字或者图画所营造的氛围中，一样的感同身受，一样的同仇敌忾，一样的哀怨惋惜，一样的激情澎湃……即便我们并没有那么多的亲身经历，也能知道那样的感受，因为文字和图画把我们的精神吸引，让我们也和文本中的你我他一样获得各种各样的情感体验。而这种体验也会延续到我们的真实生活中，让我们不会被突如其来的灾难吓着，因为我们"经历"过；不会因为沉重地打击而萎靡不振，因为我们"经受"过；也不会面临巨大的成功兴奋过度，因为我们"获得"过……一切的情感都能在作品中找到原型，然后再对比实际的生活时，倍感真实。

书不出声人自明。童话可以培养爱心、留住童心；散文小说可以提高情趣、品位和修养，让我们更加热爱生活，热爱生命……因为阅读时我们完全可以延续别人的思考，延长别人的智慧，丰富别人的想象，以我为主，成为书的主人，从而获得情感上最真的满足。

书如朋友，是可以日久生情的。一个人要有朋友，要有自己钟情的人，对于书也是一样。老师可以帮助学生摸索、寻找，但最终还是要学生自己找到，自己建立起感情。在茫茫书海中能迅速地找到属于自己的那本"书"时，就是书真正的主人了，心灵也就最自由了，这是我期盼我的学生们和书建立起的最真实的情感。

无论是幸福的种子、美好的方向，还是真实的情感，甚至更多，都得来源于好书。也就是说，好读书不够，还要读好书，读好书也不够，还要把好的书读好，才能获得阅读的真正快乐。怎么把书读好呢？唯有真心阅读才行。一个小学生，一切尚待成型，更需要产生一种自我的意识去真心阅读。只要真心阅读、喜爱阅读，每一本书都能带来不同的感受，都能丰富美好的人生。别忘了，书是一个人不断增长知识和提高自身修养的不竭源泉。

（2008年9月16日）

情动书活

——小学高段阅读活动推荐

"动之以情，晓之以理"在我们的教育中常被提起，而书本里本身就有"情"和"理"，用引导学生阅读来实现教育是一个很好的途径。这样说似乎有些功利心，但是我以为，这种"功利"却与当前功利化读书有着本质的区别。我们无法回避现实，在功利化越来越恣意地伸展手脚，走进校园影响学生阅读的时候，我们要怎样才能把读书变成很自然、很自在的事情，融入教育之中，让它成为最好的心灵选择呢？五、六年级的学生作为教育引导的对象，我以为针对他们的心理需求开展一些阅读活动是行之有效的方法。这个年龄阶段的学生在价值取向、性格塑造以及情感需求等方面都处于关键的起步期。活动中要充分考虑这些，首先得有让学生自己爱上读书的阅读活动。可是真的要让与读书相关的事情变得轻松、愉快些，还得设计以让学生懂得读书为目的的各项阅读活动。下文我就从这一侧面来推荐一些在小学高年级可以采用的、效果不错的阅读活动。

一、辩论：懂得选书

十几岁的孩子开始有了一些自己的主见，也很喜欢按照自己的想法去做。可是我们不免担忧，这样任其而为的话，难免会有学生走偏，尤其在选择图书这一方面。面对着琳琅满目、种类繁多的图书海洋，学生按自己的喜好选择的话，那些搞笑的、流行的，甚至是充斥着暴力等不良影响的书籍很容易被他们选中。对于免疫力还很弱的这些学生恐怕很难从书的贻害中走出来吧？正是因为这样，我们很有必要在这方面做引导。但是以我们的审美来定标准，让学生执行，显然是这群朝着少年走来的学生不能接受的。那么就得很巧妙地把我们对学生的担忧之情和期望之切传递到学生的心灵上，同时又让他们不会有压迫感，行之有效的方法之一就是举办辩论赛。

记得在我撰写的教育故事《语文活动　活化语文》中描述过以"开卷是否有益"为主题的辩论赛，我就摘录其中的一个小片段作为示例，来展示我的某些具体做法吧！

在男女双方自主选择辩题后，由全班推选一名主持人，我专门负责培训。而辩手的选派完全是学生自己做主，男女双方各选四人作为主要辩手，互相协商定下自己的位置，然后进行有针对地准备。在此环节出现了一个难题：很多学生都想当主要辩手，各不相让。男生的解决方案是先组成考核组，让想参加的人进行比赛，最终选定了人员；而女生则是几名争夺三辩的学生找到我这里，来征求我的意见和建议，最后也确定了辩手。

由于辩论赛的举办，学生懂得了读书要有所选择，应该读那些精神营养的"好书"，丰富和拓展自己的知识，而即便无意读到不好的书，也能从中辩出不好来，这样在对比中也能提高自己的认识。总之，能否"开卷有益"，关键取决于自己的领悟和甄别能力的高下。另外，学生也达成了共识：读书应该成为我们的日常习惯。为此，我们共同订立了每月用读书报的形式来交流各自的读书情况，让读书成为提高我们学习的一个重要途径。

真理越辩越明，在关于读书的众多话题中，选择出学生喜欢的话题或者讨厌的话题，让学生从心中有发表意见的冲动。老师在这样的辩论中起到的作用如下：一是授以辩论技巧和规范；二是画龙点睛，做好点评官；三是穿针引线，做好相关组织工作。至于学生要怎么辩论组稿，持什么观点之类的具体内容，就得放手让学生自己操办了，这叫"放中有扶，扶中有放"。辩论中，学生受自己或者同学的某些观点影响，懂得甄别，学会选择，从而在自己选择图书时不再是盲目的。

二、共赏：提高文学审美力

课前五分钟的美文分享，是我在五年级上学期一直坚持的做法，赢得了大多数学生的追捧。做法很简单：按班级名单顺序轮流，每天一名学生到我的书架上找出一本书（注：作为老师，本人办公室有书架，架上书满），选择出他自己最想推荐给大家的一篇美文后，先读给我听（我趁机单独指导一下朗读），然后说说自己选择推荐的理由，再把书带回家去，按照我的指导，学生可以利用晚上的时间自己练习朗读，做好第二天向全班推荐朗读的准备；第二天推荐朗读后，由推荐人先说推荐理由，再由全班同学自由谈感受，这样形成美文共享五分钟。由于推荐者准备充分，效果可想而知。无论是预设的还是生成的感受，在共赏中都能带动全班提高审美力。

有人可能会问，这样不影响语文教学吗？其实，语文课教什么？还不是教会学生懂得怎么读书吗？那么和这样的阅读活动还有冲突吗？没有！相反，倒是相得益彰了。全班共赏的阅读活动是个"做在课内，功显课外"的阅读进行式，它让学生在他人的推荐和观点中找出自己的不足或者兴趣点，从而可以更加有目标性地阅读自己想读的图书。对于学生来说，通过朗读的方式来表现自己的阅读水平是一件很光荣的事情，也是一次能获得成功的好机会。同时，通过交流，学生之间能交换思想，在碰撞中激发更多的思维火花，从而更加会读书了。

容易做到，但不容易做好，富有挑战性的活动让学生喜欢；容易做好，但不容易坚持，对学生而言也一样富于挑战。美文五分钟的活动就是学生展示自己的机会。可是一直做下去的话，难免会给某些学生造成负担，这种情况老师一定要考虑在内，因此找准时机停止一下，看看学生的反应再变化形式是很有必要的。毕竟五、六年级的学生好奇心还是很重的，"喜新厌旧"也是正常的。因势利导是我们教育的精髓方法之一，我们依据学生的心理，采用"请君入瓮"的方式，让学生自觉地走进共赏的活动中，写读书日记、办读书报纸……都是把自己好的感受表达出来与大家共享的好形式。让学生多点选择，让硬性规定和自主选择结合起来开展共赏式的读书活动，一定能让学生乐于表现自己的阅读水平。

目前我们到了六年级，把美文五分钟的阅读活动和班级新闻台结合起来，推出了班级的固定栏目——《佳人佳话》，让那些文字感悟力好的学生筛选作品，由口头表达能力和表现能力较强的学生进行推荐朗读（注：本活动还在实施中，具体成效还不能做出评判）。

三、写作：展示文字处理能力

爱读书转化成会读书，我认为一定不能丢开"写"这个环节。"读一本书=写读后感"，这个等式如果成立的话，读书就会变成学生的苦差事，还有谁愿意阅读啊？可是写不就是摘抄吗？不就是写写读后感吗？不然。我在做语文教学的一个课题时研究过读和写的关系，这两种重要的学习方式如果能做到很好地融合，那就意味着学生的语文水平或者说文学素养的提高。到底怎样让读写结合起来呢？不急，我们得先给学生分分层次，才能说具体的做法。

爱读厌写，这是学生中最多的现象。读书可以是扫描式的，也可以是深入思考式的，相对来说比较自由，因为不好检查，最多是量上统计。不像写，有文字留底，就可以评出个三六九等。学生对于写有畏惧心理，还愿意主动动笔吗？对于这样的情况，我们最好采用鼓励式写作——诱写。具体的做法是：一让他找书中的细节，出猜谜比赛的题目，让他有个考考大家的机会。这样的事情并不是写作，但无异于写作中的"列提纲"，做久了，学生就知道怎样写了，也就不再厌写了。像我们班申志浩和钟楷成的作文能力就是这么培养起来的。二让他们挑同学作文的毛病，并要写出依据。这样可以让他们自觉地把自己阅读中获得的体悟调动出来，并结合自己的观点表达出来。

爱读懒写，这样的学生也不在少数。这些学生有写作基础，可是因为习惯性地不爱写，懒得动笔，所以错过了许多积累阅读精华的机会。对于他们，最好的方式就是奖励式写作——激写。和诱写不一样的是，学生是知道自己在写作的，但是他们的动力不够，缺少的是写作的欲望，而不是缺乏能力。这时我们就可以在物质奖励上动动脑筋，摸清他们喜欢什么，然后定下写作的要求和标准，一旦他们达到了，就给他们想要的东西。用外力来推动内心，把自己的能力展现出来，同时获得提高的机会。

对于爱读爱写但写不好的，这部分学生缺少的是能力转化。这个时候老

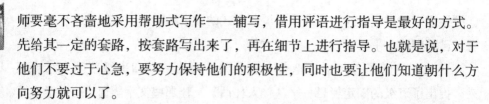

师要毫不吝啬地采用帮助式写作——辅写，借用评语进行指导是最好的方式。先给其一定的套路，按套路写出来了，再在细节上进行指导。也就是说，对于他们不要过于心急，要努力保持他们的积极性，同时也要让他们知道朝什么方向努力就可以了。

还有一类学生就是爱读会写的，虽然这一类型属于凤毛麟角。对于他们，我采用的方式是把他们化为我的教学资源，让他们成为大家追捧的榜样。这样做有两个好处：一方面，他们因为被摆在这个高度上，不敢松懈，只能越来越好，如此有了更大的学习动力；另一方面，榜样的力量是无穷的，其他学生会自觉地追赶，谁不想成为最好的呢？也就是说，对于这些佼佼者，我采用的是榜样式写作——赏写。老师的赏识和同学的羡慕足以让这些学生"自豪"地写下去，而且越写越好。

写的问题解决了，就会带动更深层次的阅读，他们会自觉、主动地从所阅读的书中汲取自己需要的营养，从而内化成自己的素养，读书会让他们更加快乐。

关于高年级的阅读活动还有很多，但无论是哪一种活动，设计者都要把握住学生的情感，把学生放在心中后，再去想怎么开展阅读活动，这样学生才能在阅读活动中获得身心的愉悦，书才能在读中活起来。当书成了学生心灵的依靠时，学生的心就能融进书里，书就是另一片天地了。

（2008年9月16日）

尊重的教育

——记香港静山小学游学一天

2009年4月3日，在翁波特主任的带领下，我们一行四人前往姊妹学校——香港静山小学，进行了为期一天的访问交流。这次的游学时间虽短，但是收获颇丰，所以当我结束这次的交流时，内心很感谢安排去香港游学的领导。同时也在慨叹，幸好我没有如以前那么固执地拒绝，放弃这次机会，否则不会有如下的收获。

所做一：独自上课

有幸被推荐去香港学习、交流，本应高兴，但是带着要去上课的任务，内心更多的是有些惴惴不安，我明白这份不安源于我对香港基础教育的陌生。尤其是在一个语言环境与我所处的环境完全不同的区域里，普通话教育到底推行到什么样的程度，我心中一点底都没有，要我面对他们上课，实在有些为难。为了将这种可能的尴尬降低到最微弱的程度，在接到上课任务的时候，我有意咨询了一个问题：是用我们的教材还是用他们的教材？所幸的是他们要求用他们的教材，于是顺理成章地，我可以通过他们安排我要上课的篇目——《桂林山水歌》（贺敬之），揣测他们的中文教学程度，并以我估计的水平进行了相应的备课。同时考虑到香港的特殊性，推行普通话和对祖国文化的推广成为我想借助于我的课堂实现的额外目标，所以在备课时比较有意识地增添了"宣传"祖国璀璨文化的部分。在交流安排时，我还有一个独立承担的任务是协助教学，当时我并不知道是怎样的形式，领队和我说就是用普通话进行一下示范朗读课文——《问路》（金波）。对于我而言，这个比较简单，所以也没有认真去想这一节课。

真正开始上课，我发现尽管我做足了准备，但还是远远不够。首先是没有预料到他们的电教设备无法兼容我做的课件，可是我除了装有我上课PPT的U盘以外，什么都没带！现实是我无法用课件，怎么办？只能舍弃。我没有多想，选择回到最原始的上课形式上来——一支粉笔、一块黑板加上一位老师和一班学生。顺应环境变化，我准备上课。

静山小学六年级每周只有一节普通话课，而且上课也是用白话（即粤语）的，这一点我事先根本没有想到。这给我的课堂教学语言带来了麻烦，学生习惯于"粤语"环境，我更擅长用普通话，可是课堂是师生共同演出的舞台，必须要在"共通"的基础上才能教学相长。在现实存在困难的情况下，我选择和学生商量：我用较慢的语速讲普通话，学生尽量跟随我的节奏，认真听，及时思考，尽量用普通话，实在困难了也可以用白话表达。在尊重学生习惯的过程中，我期待通过我的教学让他们提高普通话的水平。

正式进入教学环节，首先要检测学生的普通话水平，于是，我邀请了这个班的班长先进行朗读，我和全班同学认真聆听。在朗读中，我发现学生的发音基本准确，但是没有朗读技巧和表现力，读诗如读药品说明一般，平淡而磕巴。造成这个情况的深层原因当然是学生的语言感悟力不够。源于此，我确定了自己的教学策略——以标点符号作为切入点，用我的示范引领学生进入诗歌情境，用我的理解带动学生思考，从而领悟整首诗的美，表达出自己的情感来。

课堂上引领学生领悟文字的魅力，我分成三个层次进行，即字词、句和段。当然，这三个层次在教学引导时是相互渗透和融合的，以句的表达作为朗读指导的重点。我依据每个词不同的特点，分别用不同的方法引导学生准确理解，如情境创设"如情似梦"的沉醉、类比和文学点表现"几重"的依恋、现场表演展示"水绕山环"的整体美感等。文字表达的意思在标点符号的提示下怎样融入情感呢？这要让学生有相应的生活经验才能用自己的声音表达出不同的感悟来。如"山"和"水"给人的不同感觉，引导学生明白尽管情感相同但所写对象不同，他们就读出了诗句中不同的赞美；再如比较用感叹号还是用问号表达感情强烈程度，现场让学生针对我的教学用普通话造成他们学习困难的实际，让学生发泄不满，从而使他们理解了诗歌中的两个问号原来也是在赞美桂林山水，从而读出了情感的层次。细节处理好了，整体感自然就不是问题，而且从课堂开始到课堂结束，很明显地感觉到教学中老师给的点加起来的效果绝对不是1+1=2的。因为学生的能动性和积极性被调动起来后，他们会创造更多，当学生在自己饱满的情感中走入桂林山水，沉浸在自己声音营造的美丽画面里时，他们是愉悦地结束了这堂课的。

从课前的陌生到课后的喜悦，我知道我的课堂有了实效性。应该说，这堂课在内地的教学中绝对不能算是一节好课，因为教学目标非常单一，而且教学环节也不是那么紧凑，但是我却很高兴我用这样的方式上了一堂课。原因如下：第一，我尊重了香港教育文化，他们的"务实"精神让他们不会浪费每一种教学资源，所以任何设备只要还能用，就还继续用，绝不浪费。尽管这造成了我上课时无法展示我备的课，但是回归最朴实的教学方式却让教学的"原生态"更具有指导价值和研究价值，拉近了我与学生以及香港老师的心灵距离。石因为相撞才会有灵光，击水起了涟漪才更具风华，和顺利的教学相较，这样的教学带来的成就感更让我欢喜。第二，尊重教育对象的重要性在我心里的地位更高了。在以往的教学中，我一直视学生的进步为最高教学目标，但是这节课让我从学生课后对我的热情，分别时拿着我教学的课文表达留恋，以及香港老师听完课后对我真心的赞美和称赞中懂得，尊重教育对象才能获得人们对教育的最多尊重。因为尊重教育对象，让教育对象进步，才能让人知道教育的力量，才能相信教育、相信教育者。这是一个人成长的力量来源。

这节课上，我还懂得了尊重的教育才更具有生命力和感染力。

所做二：协助教学

提到协助教学，我们脑海中的第一反应是协助教学可能是什么呢？递个资料？分发材料？或者是维持课堂纪律？反正我是没有任何概念地被香港的同行带进了他们的课堂。在我想来，既然是协助，应该没有我什么事情，毕竟课堂是老师的主阵地，是不会让外人介入的，最多就是让我用标准的普通话示范朗读一下吧，我只要听课就好了。

静山小学的徐老师在课堂上尽量让学生知道文章写了什么，用各种方法让他们了解内容，我正在等待她的下一步教学行为时，突然听到："下面请管老师给大家上课。"此时课堂时间至少还剩下20分钟，我不可能扭捏不上，可是这么长的时间怎么处理？我边走上讲台边想。可是讲台是个神奇的地方，当我站在那里时，就可以立即定神，下面十几双求知的热切眼睛，等待着我的"师者智慧"。

这是金波的一首很富有童趣和生活情趣的诗歌《问路》，学生应该会非常喜欢，但是从我听课的收获中，没有感受到学生对这首诗歌的喜爱。我决定用剩下的20多分钟让他们喜欢上这首诗，并喜欢读诗。二年级的学生很爱表现自己，这是天性，同时模仿能力也很强。那么我就从趣味性入手，把知识和技能融进情境中，引着学生读出诗歌的节奏和美感。因为有了第一节课与香港学生打交道的经验，这节课上得非常顺利，同时实现了内地课堂上常说的"目标、方法和过程"的要求，在"知识、技能和情感价值感"上，香港的学生都得到了滋养。总之是"大半"节愉悦的课堂。

课后我在想，从我实践的收获来看，首先我认为这样相互交流学习的方式很有效，真的达到了坦诚相待、互通有无、共同进步的交流目标。但是这种新的形式不是一般学校都能够采取的，而静山小学的老师敢用，我非常佩服他们的勇气。因为一个客观事实是，内地的普通话教学绝对高过香港，他们用这种对比教学的方式，势必在学生面前暴露出他们自己的"弱项"，但是他们不怕，只要能够让学生进步，也让自己可以好好学习。他们用这样的方式，让我们走近他们的课堂，是怎样的勇敢和好学，以及为学生着想啊！这样的交流学习方式也是最节约成本的方式，我再次佩服香港人"务实"的精神。为什么这么说呢？因为我们知道，为学生上课必须要"备学生"，怎么让老师和上课对象熟悉，又不浪费学生的学习时间呢？内地赛课或者公开课，要用不熟悉的学生时，总会安排上课的老师与对应上课班级的学生见面熟悉一下，这样做虽然便于上课，但是却浪费了学生的学习时间。可是用"协助"教学的方式就能够让交流的老师在上课中了解到学生的程度，以及他们已掌握的和未掌握的，在上课时不会无的放矢，从而达到最实用、最有效地交流。也就是说，协助教学的交流形式是"节约时间成本"，增加教学实效的。其次是节约教师成本，用协助教学的方式，可以让共同承担一节课的两位老师因为要完成一个共同的目标，做到很自然地互相尊重、互相学习。无须介绍什么，只要用眼睛和心灵，就能彼此照应着开展教学。所以在上完课后，我和徐老师的关系一下子亲近了许多。

协助教学的这节课让我领悟到人要有这种突破精神，在我出去学习的有限次数中，这一次的收获是最丰富的，也是源于这样新颖的交流方式。所以，我更加尊重我们的香港同行。

所见：走进静山小学，被她的校园氛围深深吸引——学校很小，但是干净、有序，校园文化非常浓郁且富有学校特色。这是一所教会学校，所以校园内各楼层上张贴的"温馨提示"更多的是对人性的关怀。比如，"儿童拥有这样的权利"，让学生能够时刻受到"真"和"善"的滋润。香港曾是英国殖民地，长期以来，英语是他们除粤话以外最熟悉的语言。这个学校里营造着英语的学习环境，走进每间教室，几乎都可以看到能够提示的区域里铺满了，甚至是重叠式地张贴着英文。有些是学习的内容，有些是提示的常识，还有的是学生的才华展示……总之，浓浓的英语环境让人自觉地学习着英语。学校的公共区域里也在营造着民主的气氛，有专门让学生和老师们表达感谢的墙，设置在进门的位置；有专门让学生表达心声，主要是不满的声音的墙，设置在通向一楼"礼堂"的过道边；有专门表扬、选择各个兴趣小组的区域，位置在全校活动的礼堂的柱子上。这所学校很重视学生的阅读，所以只要是公共区域，学生就能随手拿到可供阅读的图书，同时还设置了新书推荐台和还书箱，学生借书要到图书馆，还书只需放在还书箱里，有专人每日清点，并通过电脑消除借书记录，无须学生亲自排队去归还。

静山小学最大的特色是学生，他们张弛有度和温文尔雅的行为方式让这所学校深深地吸引着我。我们去的当天赶上香港的中小学生"拒绝毒品宣传周"活动，所以学校里的每个人左胸前都贴着一张圆形的"拒绝毒品"的标志。大家见面时点头问好，声音不大，但是非常热情亲切；上下楼梯时自觉地放轻脚步，靠右行，和站在楼梯口迎接他们的老师进行眼神问好，校园里静静地完成着集体项目；进入课堂讨论后，每个讨论小组的声音绝不影响其他小组，但是讨论后的全班交流，学生代表小组发言时声音自然洪亮起来……静山小学的学生真的是一群文明素养很高的小朋友，所以学校里秩序井然，让参观学习的人非常舒服，并且印象深刻。

由于时间太短，所见到的还很有限，更不能就我看到的这些和他们学校的领导和老师做更加深入地探讨，从而领会更多、学习更多，这是个遗憾。

所听：在与静山小学的领导和老师的交谈过程中，听到了许多让我们羡慕不已的事情。

第一是老师的进修事宜。在这所学校里，老师的学历几乎都是硕士，这么高的学历完全是因为政府对教育的重视。每个学校都可以为老师申请进修的机会，由政府出资，供老师脱产去澳洲或英美学习半年或一年，拿到相应文凭。当然，这项进修政策是针对英语的，但基本上每位教老师都有机会出去，老师们在自己的岗位上工作，又能得到专业提升的机会，这种实效的培训让老师更加敬业，也是理所当然的。

第二是学校的管理模式。静山小学的校长介绍，因为他们处于香港，所以获得资源相对方便，他们学校要实行的一些政策，多从学习渠道获得。学习归来后，依据自己学校的实际，商讨制订出相应的计划和实施方案后，再开始推行，这样落实的效果就非常好了。比如英文读书计划，他们学习后，先是把要让全校学生阅读的英文材料按不同的年级分册，同时买断书号，成为本校专利后，再由出版社出版。同时制订出实施原则和检测方式，在取得家长支持的情况下在全校推行，让每一名学生做到自觉地读英文。

所想：在我工作十年的时候能有这样的学习机会，还是很开心的。当我走出去之后，才能更好地梳理我的教育积累，换一个环境检验自己的教学，确实能让自己有所提高。

教育对人应该起到更多的润滑作用，这也是我通过静山之行在思考的问题。在静山的课堂上，我几乎没有听到老师对于学生行为的一句批评，甚至言重的情况都没有。老师更多地从自己的立场思考改变教育效果的问题。言传不如身教，所以香港的学生才会给我们留下"温"的印象吧。教育是要把人带向

"真"和"善"的境界中，从而创造人类社会的美。对于这样的终极目标，我有时候也会遗忘，在教育教学时也犯过急，也有让学生不能理解的时候。从香港归来后，我会尽可能地进行"温和教育"，因为让我的学生更加有修养的办法是我要首先更有修养，不是吗？

但愿我还能有更多外出学习的机会。

（2009年4月13日）

当初衷偏离正常的轨道
——观《请投我一票》后感

5月2日，学生放学后我们继续教育，大家一起观影。这是一部有关教育的纪录片，片中讲述的是武汉长青路第一小学三年级（1）班民主选班长的整个过程。民主选举班长现在已经司空见惯，但是影片中的"民主"二字是以新鲜概念出现在三年级学生面前的。民主选举班长主要分成几个板块进行：老师推选三名候选人并在全班公布，之后是三名候选人在全班找两个助选人展开为顺利当选班长而进行的各项活动，依次是才艺表演、候选人之间辩论和候选人竞选演讲。在准备这三项活动时，家长起着举足轻重的作用。三个候选人中，女生叫许晓菲，来自单亲家庭，母亲是本校的教导处主任并任教音乐课；身材偏胖的男生成成的母亲是电视台某节目的编导，祖父母与他们一起生活；名唤罗雷的小男生一直是班里的班长，其父是警察。这三个孩子的"民主"开蒙就在这三个家庭中被晕染开了。"善"被民主剥去了最温婉的外衣，赤裸裸地去欺骗、耍手腕吧，因为只要成功了，一切都值得。真是这样吗？

看完电影，我思绪万千，教育到底教人什么？我想，作为倡导"民主"在三年级开蒙的学校老师，最想达到的目标就是影片中一直在呼喊的那些口号：学会做人，学会学习，学会生活。这所学校里每天的活动开展都在指向这个目标，但是影片展示的却是与口号相反的情况。教育的成果看什么？看学生！我仔细想了想这部影片中选择的这三个主角，不得不说编剧的别有用意，这三名学生正好检验了这所学校的教育所倡导的三个点：罗雷的行为举动暴露的是"学会做人"形同虚设，请客送礼都变成了学生的生活，这不是一个民族的可悲吗？可是罗雷在其父母的怂恿下就是用免费请全班同学搭乘武汉市的轻轨，给全班有选票权的同学送小礼物的方式来进行竞选拉票，并成功当选的。许晓菲的表现让人看到学生是否学会学习不是大人硬塞硬给的。她妈妈在用得天独厚的优势给孩子铺垫的道路上，孩子自主学习的能力有多少展现呢？唯一展示出来的是她在收集竞选对手缺点时表现出的一点点自信，可是这点自信却用错了地方。而成成这个大男孩最为天真烂漫，却没有生活自理能力。三年级的孩子上完洗手间竟然还是叫爸爸来处理后事，演讲稿父母一手包办不说，还在父母的照拂中不知感恩，只会耍"太子"脾气……如此种种是教育者的初衷吗？如此种种是教育应该运行的轨迹吗？

讽刺，真的是讽刺！

影片在很大程度上反映着中国教育的现状，家庭教育与学校教育无法达到一致的现实让学校的教育成效很不理想。可是学校教育能够代替家庭教育吗？当然不能！家庭教育如何做到科学而全面，目前已经引起了教育主管部门的重视。因此，有许多学校开办了家长学校，这是将教育资源整合得很好的途径，让家庭教育成为学校教育最可靠的同盟军，目标一致的同时，教育的策略、方式也能更加符合学生的成长规律和教育规律，而不是只重结果，忽略过程。在以亲情为基础的家庭教育达到一定程度时，学校教育与之相得益彰地为学生成长奠基，这样的理想是我们教育人最乐意看到的吧！如果学生在自己的成长过程中真的在"学会做人，学会学习，学会生活"这三个方面得到最正确的指导，学生的童年应该是快乐的，成年将是成功的。做人，做什么样的人？诚实守信是基准！学习，怎样学习？自主自信是最佳状态！生活，想过什么样的生活就应该想什么样的方式，但是自立自强是没有错的。我们教育出来的如果是诚实守信、自主自信、自立自强的一代新人，何愁社会没有发展？家长们凭着个人经验在教育自己孩子的时候，也应该考虑到孩子不是完全孤立的个体。他们有其成长的必要环境，在一个大家都生活的环境中如何脱颖而出？靠旁门左道或许可以风光一时，但总显得底气不足。不如让学生踏踏实实做好应该做好的事情，让其自己为自己负起能够承担的责任，大人在必要时从旁协助，孩子应该活出属于他自己的人生，而不是父母的翻版。

教育讲究的是以智启智，而非以术启智。做个智慧的教育人是观影后我最大的感受，教育的春天里开放的应该是智慧之花！

（2012年5月3日）

你真的教了吗

2015年4月16日至17日，南山实验学校鼎太小学邀请三位来自华东地区高校的老师给一线语文老师做了三场有关"作文教学"和"读写结合"的专题讲座。可以说，这三场讲座让大多数老师都有"醍醐灌顶"的感受，让身处其中的我们激动而充实，正像南山实验学校的张校长所说："专家老师讲的东西还是需要细细回味，在实践中慢慢消化的。"在接下来几天的工作空隙里，我一面整理提升，一面考虑着如何在教学时进一步落实强化。不过非常奇怪，在这个过程中，我脑海里一直盘旋着这三位专家的一个共同问题："你真的教了吗？"也许诊断自己的作文教学还要从自我否定开始吧！

对照叶黎明老师在《教得明白、正确和有意思》讲座中提到的种种方法，其中有一点我一直在做，但是做得非常不到位，那就是写作中的"读者意识"。在平日的教学中，我会告诉学生："你写出来的东西得让读的人知道你写的是什么，当时是什么样的，而不是只有你自己知道，你得要描写出来。"我顶多就是用这句话去告知，但告知叫作"教"吗？不，显然不完全是。在叶博士的讲座中，她一直强调"心中有知识，口中无术语"。即使强调地讲也与这一标准相去甚远，尽管自己苦口婆心，但是学生就是很难做到。从这样的教学效果看作文教学，等于实际上老师没有教。"读者意识"在作文教学中，老师应该做到"潜藏式"教学，而不是直白地讲。那么如何做到呢？这让我想起了初带这个班的一次下水文教学：写当天的语文课。学生在日记里写事做不到"有顺序，叙事完整，且重点突出、详略得当"，于是我先用我的视角写了同一节课，然后让学生对比着读，接着交流我的下水文和他们自己的文章有何不同，更喜欢哪一种。最后学生总结出了写事的文章关键要让人"身临其境"，所以要对许多细节加以描写，描写时多用些修辞手法等。接着，学生重新再写这堂语文课，果然好了，这就是"潜藏式"地将读者意识放在了写作之中。然而遗憾的是，我并没有一以贯之地这样教作文，常常选择最直接的"讲"作文。用叶博士的话说，这就是粗放式的，真要让学生走进真正的写作过程，还需要老师的精细化设计，给学生必要的写作支架。而"精细化设计"才叫作"教"，教的点是学生够不到、解决不了的难题，比如，"表达方式""文体结构""精准用词"等。老师切忌空提一个概念，例如，"生动""具体""融情于景"，怎么做到生动，怎么写得具体，又如何达到融情于景，这些才是我们课堂上要落实的重点。阅读教学应该成为作文教学的基础，在课文学习时，我们是读者，读者会从哪些角度解读文本呢？我们每天都在实践和体验，可是为什么学生读得再多仍然不擅长写呢？因为我们还没有将其结合起来。的确，在教学知识点时，我们要注重运用。

来自上海师范大学的王荣生老师的讲座非常具有"模版化"。他就《写作任务和过程的指导》讲了四点，其中，最后一点所强调的"要将作文修改编入写作过程"让我猛然发现，原来这么多年我也成了剥夺学生学习机会的"替工"了，异常惭愧！回顾过往，我通常指导或者要求学生写好作文，学生在我的要求下象征性地修改后交上来的作文，我总是不厌其烦地帮着修改，然后再返还给学生，就再没有进一步的动作了。现在细想，这似乎是编辑应该做的，而不是老师应当做的。王教授叮嘱我们说："老师是指导修改，不是帮着修改。"可是这些年来，我作为老师做得更多的竟是帮着改，真是错了，大错特错！这样看来，"修改"这个要素我还真的没有教，或者说我教了，但是根本没有意识到写作教学中还应该纳入"修改"这一要素。纳入了"修改"的写作指导会让学生更能获得写作的成功，这一点是我听完讲座后回想我的另类作文教学《我们组合写作文》领悟到的。在那堂作文教学中，我就是无意识将"修改"借助于学习共同体纳入到写作过程的，在写中改、改中写，从而当学生将成品呈现时，精彩纷呈。"修改"不应该在作文成型后才进行，而是可以在构思、行文时，只要有必要就应该落实，这就是我们在作文课上要教给学生的，也是要交给学生做的任务。用专家的思想反观自己的教学，这才明白对学生更有利的是什么。在那个时候，我知道学生两堂作文课下来是轻轻松松、高高兴兴的，也是小有成果的，而促成这个结果的无非是用对了教作文的方法。还有多年前参加区作文教学比赛获得了一等奖第一名的好成绩，无外乎也是如此。尽管我也知道作文修改很重要，也给学生强调"作文不是写出来的，而是改出来的"，可真正像样地教学生修改作文还是屈指可数，大多数的时候，我都是处于代劳状态，自己累得很，可就是得不到学生的"赏识"。王老师的讲座算是唤醒了我"沉睡的意识"，得换个思维教作文，学生才真的乐于写作！

"语文学科要重体验"这句话是作为作文教学支架研究的专家周子房老师从实操性角度对我们的作文教学进行指导，做题目为《功能性写作教学设计》的讲座时一而再、再而三强调的。在文字的带领下体验大千世界，也用文字描述大千世界里的体验，那么"教"如何变成"体验"？必须要教得得当。作文教学中的"体验"又是什么样的教呢？模拟特定的语境，让学生有目的地写文章。也就是说，学生得知道他为什么而写，写出来的文章是用来做什么的，有个特定的角色代入，才有写作的切入口，也才好构思、好选材、好组材。在作文情境上，我们也花过心思设计，但是更多的是用"假"生活，而不是用"角色定位"的角度。的确，学生虽然小，但是他会有许多社会角色，比如，图书馆的小读者、校园的小主人、班级里的汇报员、家校联通的好桥梁……这些社会角色会让他们有许多切身的体验，体验有了，就有话可说了。在教前两届学生的时候，我还会让他们模拟各种不同的人的语气、语调去朗诵，同一段文字用不同身份会有不同的解读。可是不知道从什么时候开始，我就忘记了学生在学习中，尤其在写作中可以模拟充当不同的角色了。不过，这个学期我又稍微记起来一些。比如，在学习第一单元的趣味语文的时候，我就让他们好好体验着：谁能用讲故事的方式读读文章？谁可以将这篇文章当相声讲一遍？可不可以将其编成笑话呢？学生确实感受到了语文的趣味性。第二单元写的是童年生活，那里面的特写镜头也常常成为我们体验的切入点……但这些都还局限在阅读教学里、写作教学中，我对各种类型的文章还没有很好地做"体验化"处理，看来"真的教了吗"这个问题在这一点上，我又得回答"不完全"了。

　　诊断完，自我否定后，我该如何教写作文？自然是要朝着有效性进发了。所以，每天在处理了日常杂务后，我还要多些思考，多些精心设计，让学生真的能够看得到自己的成长！不过，作文教学还是"三分教，七分养"的。"教"是我的功夫，"养"就是要激发学生进行大量的、广泛的阅读了，这是我无法代劳的。要想真正提高自己的写作水平，学生还得要多与精品文字做好朋友，因为读写是不应该分开的。

（2015年4月23日）

家教破"智" 求真向善

在近代中国教育史上，蔡元培绝对是一个重要的存在，在其《中国人的修养》一书中提过一个观点："决定孩子一生的不是学习成绩，而是健全的人格修养。"对此观点认同者甚多，但现实的中国教育现状，无论是家庭教育、社会教育还是学校教育，更多的关注依旧在"智力"开发上。我们到底要怎样在重"智"教育体系中重新注入诸如"人格修养"的课程呢？要从小开始，从娃娃抓起。

无意间在网络上看到反映1952年儿童教育的老画报，贴近生活、图文并茂地讲述着八大主题：同情与爱护、父母之爱、性教育、关于死的问题、勇敢与惧怕、嫉妒与公平、发展想象力和关于好奇心。画面中出现的成人显然是母亲的角色，而画面的左下角赫然印着"儿童心理教育图"。结合这两个细节，我们不难想到孩子的成长关键在家庭，家庭中关注孩子成长的关键点是健康的心理教育，"三岁看大，七岁看老"的老话不假，一个人的性格塑造初期，其家庭的印记是最重要的。

鉴于这样的认知，结合我们目前客观的教育现实，学校教育有责任从专业的角度给予家庭教育以适度指导。正好9月13日上午，在北师大权威出炉了《中国学生核心素养》研究成果：学生发展所核心素养，主要指学生应具备的，能够适应终身发展和社会发展所需要的必备品格和关键能力。中国学生发展核心素养分为文化基础、自主发展和社会参与三个方面，综合表现为人文底蕴、科学精神、学会学习、健康生活、责任担当和实践创新六大素养，具体细化为十八个基本点。认真研读之后，很容易找到孩子正确成长的实效性家庭教育方法，需要求真向善、激趣注美。何谓真、善、趣、美？我的理解可能与大众不完全吻合，下面一一阐明。

一、求真

时间构成生命，这一点我们谁都不会否认，但是面对孩子，我们的父母、祖父母等成人突然忘记了这一点。于是我们会看到这样的常态：家长们显得碌碌无为地陪伴在一个或者一群孩子身边，任这些孩子跑跳欢笑，甚至是胡作非为，没有任何底线，最多看不过眼了，会轻描淡写地说一句"不可以"，至于孩子听没听、改没改全然不在意。以妈妈为代表的家长们端着饭碗，追着或者哄着孩子吃饭，一顿饭可以吃上一个小时，而地点更是除了餐桌之外的好多地方；"袜子不要脱！"可孩子自行脱了后，家长乖乖地帮他收起来……这些现象都是什么问题？家长的行为和态度给予了孩子一个"时间观"，这样的你是在培养"磨洋工"的孩子。

孩子再小，只要他存在于天地间，就要面对"时间"这个概念，大人们用自己的方式给了孩子许多理解时间的角度，而最正确的方式是要在时间中追逐"效率"，可我们又有多少个孩子从小就接受过这样的教育呢？等到孩子上小学了，一切事情就开始有了"时间尺度"。上学不能迟到，每节课40分钟，下课10分钟，哪一件事情不是与时间有关？孩子在之前没有严格的时间管理，一入小学，如何适应？

让孩子生活在真实的时间流里吧！孩子与世界沟通的方式是由成人决定的，我们要采用孩子能理解的方式，让孩子感知到"时间"的存在，并且要在行为中以时间为标尺。成人教育孩子的随意处理就会造成孩子的放纵任性和懒散，这绝对不是我们期待的结果，所以在诸如时间这样原则性的事情上，我们必须要"求真"。让孩子真实地活在美好之中，简单的办法就是在言传身教中让孩子学会"时间管理"。浪费时间就是浪费生命，这一点西方的启蒙教育确实可取，孩子也能做到追求效率。

教育孩子求真，还有一点就是要抓住孩子成长的关键期，给孩子适度的教育，诸如性教育、死亡问题、父母爱等精神和心理方面的知识，要用儿童化的语言予以讲解，讲得童趣一点、浅显一点，但不能是错误的。千万不要糊弄孩子，搪塞只能封堵孩子求知的欲望火山，当有一天你问孩子为什么对什么都不好奇、不求上进时，那就要问问在孩子想了解时有没有认真对待了。

教育孩子求真，就得把孩子带进大自然，让他们用自己的眼睛去观察和感知世间万物。还记得《假如给我三天光明》的作者如何在黑暗中感知这世界的吗？她的老师就是耐心地带着她触摸物体去认识这个世界的绚烂多姿的。其实，我们的孩子在启蒙阶段也是"盲聋"的，得好好刺激他的每一个神经，尤其是眼睛和耳朵。把孩子带进大自然，家长们在旁陪伴、引导和期待，孩子会自己打通与这个世界交流的通途。

二、向善

人之初，性本善。孩子的世界清纯一片，善良出于其本性，所有的孩子都会同情和爱护弱小，这份情怀一定要在他有破坏性表现的时候激发出来，让其自我修复。

举个例子，我见过因为大人们的笑声而不断丢东西的孩子。大人们因为孩子总是一直丢东西而表现出厌烦、制止，甚至呵斥。其实站在孩子的立场，他想的特别简单，就想博大人一笑，他以大人的第一反应来判断这件事情的好坏，之后情绪的变化孩子都是看不见、听不见的，因为他在自己的情感世界里。这个时候，我们得唤醒孩子的情愫——激发出他的同情心："你听，杯子叮叮当当的，是不是摔疼了在哭啊？你给它摸摸！"孩子是天生的诗人和小说家，他会立即走进大人创造的情境，真正关心起杯子来。如此这般，我们的孩子就会表现出最善良的一面。与孩子相处，说话的方式最重要，禁忌呵斥、命令和妥协式口吻，倡导和善、启发和邀约式的语调。这是孩子向善的必备。

在那些有趣的优质童话里，主角往往是动物，这是为什么呢？原因就是一个公开的秘密——孩子的同情和爱心让小家伙们自然与小动物亲近。例如，小鸡、小鸭、小猫、小狗、小兔，甚至蜘蛛，凡是孩子见到的小动物，都成了他们的好朋友。童话作家无非是"投其所好"，用孩子的视角写故事。我们的家长在日常教育陪伴中真应该向作家们学习。是啊，一个孩子的善虽是天性，但是如果没有被开发，它也会消失的，所以父母后天保护孩子的善之本性很重要。方法简单得很，让他们自然地亲近小动物，从小照顾和保护它们，他们的责任感和爱心就会被很好地激发出来。

三、激趣

孩子的天性是以喜好来驱动行为的，而孩子的喜好往往又和家庭的熏陶密不可分。按此逻辑推算，孩子的行为驱动源关键还是家长如何激趣。

家庭环境是一个激趣要素，家长想让孩子变成怎样的一个人，家庭氛围和环境布置将有一定的诱导作用。比如，书香世家里，书是最好的伙伴，那孩子也会将兴趣点放在翻翻书上。在此我要特别说明一个误区，家庭环境激趣并不是仅仅着眼于"有什么"和"是什么样"，往往兴趣点恰在"缺什么"上。我在读"孟母三迁"这个故事的时候，特别佩服孟母的智慧，她知道自己的家庭经济状况无法满足孩子成长的全部需求，但是可以"借力"于外——实际知道了，但是无法拥有，于是就去争取。这让我想起了现代家庭对孩子诉求的一种处理：孩子看到人家弹钢琴也吵着要学，于是上心的父母也不管孩子是不是一时头脑发热，就想方设法凑钱买了钢琴让孩子学。可没学多长时间，孩子不弹了，钢琴闲置着。如果在这个时候，我们的父母学学孟母，能够"借力"——有空就带孩子听一听、看一看，并在意志力上做足文章后再让孩子去弹，说不定孩子还真会变成钢琴高手呢！不要让孩子轻易获得他最渴望的东西，拥有的容易了，珍惜度就会不够。我们重视的是孩子的梦，让其踮踮脚才够得着最好。毕竟环境只是一个相对的、静止的要素，要达到此处"无声胜有声"的作用，还是要靠生活在其中的人的活动。

这个世界上能够不用引导就成功吸引孩子眼球的事物很多，尤其以电子产品为主，这让父母们很头疼，总是要"防"着。不如我们换一个角度思考，那些事物为什么会让孩子着迷？无非是操作简单、很有趣、轻松，并很容易让他看到自己的成就。这些表象其实透露了一个真理，即孩子的兴趣主要停在他擅长的事情上，因为做得出众，所以更加喜欢。想明白这一点，教育孩子就简单了。让孩子在家长的关注下体会"成功"，就要多赏识孩子做的一切，将其优点用放大镜显示出来。渐渐地，孩子会将一些重要的、不那么轻松的事情也当作自己的兴趣。所以，激趣的关键方法是赏识，有标准地赏识，无时无刻地、恰如其分地赏识，让孩子自信地做好自己。记住，人往往会把自己最擅长的事情当作自己的喜好。

四、注美

美是什么？真是美，善也是美，它与丑相对，没有比较就没有真相。所以在孩子小的时候，不要过分地保护孩子，那会让孩子变得脆弱，要适度地将生活中的"不愉快""不和谐"引入孩子的世界。说到这里，我想起我最爱的一部电影《美丽人生》，一对在纳粹集中营里生活的犹太父子时刻受到生命的威胁，见到了残暴和苦难的父亲却将"美丽"注进了孩子的心田——他们分成两大阵营，正在做一个游戏，这个游戏的法则就是活着的方法。等到孩子终于幸存下来，他的人生里满是感恩思念，满是磨砺后的珍惜，满是遇到困境时的冷静和思考，这是一段充满爱的美丽人生，哪怕伴随着战争和苦难。父母的陪伴，要点燃孩子积极向上的激情之火，在残酷之中获得一份积极的力量，而非抱怨、逃避。品质和意志力才是真正的好老师，美是正能量，是激烈中的平和。

人生更多的时候是做选择题，所以在成长中我们要让孩子学会选择，恰如其分地选择就是美丽人生的开始。孩子再小也要做决策，他自然不会去理性分析，而只是直觉使然，这直觉如何找到成人世界的"正确点"呢？这就是我们有作为的地方！在这个教育思路上，我们要借用商业营销的思维。"您是喝咖啡，还是茶"的点餐效果好，还是"您喝点什么"的效果好呢？显然是前者，前一问是做选择题，后一问是做问答题。所以，家长们可以将意图和标准代入选项中，让孩子在选择时自建标准。晚间作业时间，家长问："你先做哪门作业？"这一问里，不排除孩子压根就不想做作业的思想，你问了，他要思考半天，磨洋工开始。换个问法："今天数学10道题，语文就是写生字，你愿意先做哪一门？"这一问已经排除了孩子不想做作业的想法，且难易程度摆着呢，喜欢挑战的孩子会选择难度更大的数学，先苦后甜；愿意先甜后苦的孩子会选择先做语文。这样就会很快决定下来。在这样的选择中，孩子们自然就知道了做事情的标准是什么。交给时间吧，它会塑造一个懂得取舍的、敢于决断的孩子。

一个举止文明的人也是美的。家教中，我们不能少了礼貌。关于这一点，古今中外的家长都会在意，在此文中我仅想提醒一点：别为了家长的面子才让孩子表现礼貌，而是要从责任担当的角度落实孩子的文明——作为人的基本素养，这样孩子才会在大人不提醒的时候也能注意好自己的言行举止。

习惯应该是家长培养的，"养不教，父之过"。在物质条件相对富足、社会生存压力增大的今天，孩子的父母千万不要丢点钱，让自己的父母、保姆或者社会辅导机构来替自己"管"孩子，就放松了自己的重要责任。记住，养育养育，不是简单抚养长大，而是要教育成人。每个父母都是有任期的，在任期之内，无论如何都要自己担责，要聪明而科学地教导孩子求真向善，做最大写的"人"字。

（2016年9月17日）

唤醒

"我现在很苦恼……孩子说:'妈妈你变了,你每天回来就知道管我字写得好不好,作业做了没有……'",一名学生的妈妈在家长会上实话实说。抛开这个家长语气中带着的那么点不满,那么点因为现实而忽略自己的责任引起的不悦,站在老师的立场上还是能理解家长们这个非常现实又普遍的困惑的。"管"还是"不管"?管吧,影响了和谐融洽的亲子关系,尤其是双职工父母,每天和孩子相处的时间有限,却要硬起心肠来管教孩子,于心何忍?不管吧,自己的孩子问题谁来解决?为何现在的家长这样尴尬的处境越演越烈?为何现在的家长在孩子的教育问题上这么心力交瘁?理由只有一个——家长定位不准。他们选择做孩子的朋友,做孩子的玩伴,做孩子的保姆,做孩子的保护人……就是还没有做好自己——父母。在我的心目中,父母得有父母的样子,在孩子心中有绝对的地位,是把这个世界介绍给孩子的最主要的人。所以,父母要给他们的孩子树立正面的形象,一言一行都在潜移默化。

在高铁车厢里,一个不到5岁的小男孩在6个小时的车程中没见他撒野地跑、大声地叫和胡闹地吵,而总是面带笑容地和妈妈有说有笑。这么有教养的孩子,说实话我还是第一次遇到。我忍不住观察起他们:孩子要做什么,妈妈都是鼓励的、喜悦的,但是妈妈与他说话时轻声细语,且一定是在确定孩子看着她的时候才说。我见到妈妈有两次非常严肃:一次孩子因为车程过长,不耐烦地问妈妈什么时候才能到家。当孩子带着情绪问妈妈的时候,这个年轻的妈妈是不回答的,而是要求孩子"好好说话",直到孩子不带情绪地问时,妈妈才告诉他"要到下午6点多到""再有2个小时就可以到""还有1个小时可以到",妈妈不厌其烦地回答着孩子相同的问题。另一次严肃是因为孩子受车厢里其他孩子吵闹的影响,说话声音很大,妈妈把儿子抱在怀里,对着儿子的耳朵说了一堆悄悄话,然后当孩子一大声说话,妈妈就把手放在嘴边,儿子一看这个手势,声音一下子就压低了……在这个年轻的妈妈身上,我真切地感受到什么叫"教育"。教育不是什么都要管,也不是什么都不管,真正的教育应该如这位妈妈一样,有所为有所不为,哪怕是如说话声音这样的小细节,也应该及时干预，不宜让孩子在公众场合大声喧哗，这样孩子有教养就不是空话了。

教育真不是"管和不管"的问题，而是在管与不管之间做好"唤醒"。

怎么去唤醒？又唤醒什么？这才是教育要思考的。唤醒什么？当然是孩子心底的真善美。我们盼望孩子快乐，就要唤醒他内心快乐的种子；我们要孩子过得幸福，就要唤醒孩子创造幸福的能力。怎么唤醒？这就是要家长修炼的地方了。

依据孩子的成长规律，把握好关键期去唤醒是最应该做到的。孩子的成长是有规律的，在懂事前会经历三次叛逆期。如果父母在孩子2~3岁的第一次叛逆期，错过了立规矩，那在他7~8岁的第二个叛逆期就坚决不可以错过了。当孩子刚上小学就总是逆着你的心思说话做事的时候，父母们一定要记住，这是孩子成长的关键期，需要我们不那么民主地告知孩子他应该怎么做。为什么要不那么民主？因为这个时期的孩子还没有独立的思想，他的自我意识还没有建立，因此需要成人给他最简洁、最准确地建立好这个机制。如果过于民主，带来的后果就是孩子更难区分对错，那么他的行为不端时，就请你不要责怪他，因为你根本就不曾教过他！可是他在学校里或你不在的环境中，必须要按"约定俗成"的规矩做事才不至于碰壁，可是作为父母没有教过他，那么他四处碰壁、总遭批评就在所难免了。你要你的孩子面临这样的困境吗？当然不愿意，所以你得给孩子立规矩！如果说你错过了第二个叛逆期，那么就不要错过12~14岁的第三个叛逆期了。这个时期的孩子自我意识抬头，因此你要多听孩子说心声，适时疏导，必须在民主的基础上进行教育，否则一切说教都是空谈，只会引发对立。这个时期你要唤醒的就是"尊重"，有条件地尊重。这三个叛逆期一过，到孩子的青春期了，如果在叛逆期处理得当，孩子的青春期里会洒满阳光，根本不会有让家长担心的问题出现。越早唤醒越容易让孩子优秀。

唤醒孩子当然还需要好的媒介。书是最好的选择。尤其是现在，我们的孩子被电子产品和娱乐节目包围着，要让孩子身上有与众不同的气质，必须要想方设法地带孩子走进书本世界，那里有浓缩的真善美。讲到这里，我又想起假期里去用餐，在饭店里看到的叫我担心不已的那一幕：父母们带着三四岁的孩子和朋友们聚餐，大人们聊着天，为了让孩子不哭不闹，就将手机打开，播放动画片和游戏，让孩子自己看着玩儿。到菜上来后，妈妈就喂饭给正在专心致志看着手机动画的儿子。这解决了大人的麻烦：其一，孩子不会哭闹干扰父母与朋友聚会；其二，孩子不会饿肚子，这样父母也就不会担心孩子的健康。可是我想问：孩子在人群中被独立出去了，会不会让孩子越来越孤单？孩子连吃饭都不能自己做，他怎么会培养成自己的事情自己做的习惯呢？我们换一个情节：父母与友人相聚，孩子带着一本书，那么让孩子拿着书去找自己最喜欢的叔叔阿姨讲给他听，他是不是就学会了与人交往，也学会了安静等待？等到菜上来了，他放下书，大家一起吃饭，聊天时还可以谈谈刚刚读的图书，是不是更有利于孩子成长？父母陪伴在孩子身边，千万不能只是身在其中、心在他方，这是我们的孩子越来越孤独、越来越孤僻的原因之一。父母要让孩子感受到你的爱，这是需要付出的。

唤醒孩子还需要适度真实。父母往往只想将美好留给孩子，所以自己的苦和难总是瞒着孩子，这样怎么能够"平等"？孩子需要了解父母最真实的生活状态，但孩子的心灵毕竟脆弱，所以有些"残酷"可以延后再让孩子知道，但是适合孩子理解的难处还是要对孩子讲清楚。比如，双职工的父母可以和孩子分享自己的忙碌，让孩子理解到父母为什么没有办法如其他家长那样陪伴自己，需要孩子更合理地安排时间才能有更多的互动时光。不是说"穷人的孩子早当家"吗？其实是孩子真切地体会到了父母的难处，那么他内心为人子女的"孝顺"就会变成实际行动了。

德国哲学家雅斯贝尔斯说："什么是教育？教育就是一棵树摇动另一棵树，一朵云推动另一朵云，一个灵魂唤醒另一个灵魂。"相信孩子吧，父母的教育只有在平等、尊重的态度中才能激发孩子真正的行动力，才能"青出于蓝而胜于蓝"。为人父母的，千万不要再纠结于管还是不管这个问题了，只需要记住在管与不管之间，还有一个词叫作"唤醒"，请用你的实际言行去影响孩子，让他们做最有教养、最阳光乐观的孩子就对了。

（2016年10月23日）

童心激活创新

——浅议低年级寓言的教法

"寓言"一词最早见于《庄子·寓言》："寓言十九，藉外论之。"后人解释为"寄寓之言"。所谓"寓"，"寄托"之义也。寓言就是寄托着深刻含义的一种简短的故事，浅显易懂，但传达的信息却异常丰富，如果在教学这种文体时，处理得符合学生的身心发展特点，适应学生的认知水平，将有助于激发学生的学习兴趣和创新精神。具体到低年级，由于学生的认知水平有限，理解能力不强，就要在意童心、珍爱童趣，必须密切联系学生的经验世界和想象世界。下文将结合人教版二年级下册语文课本中的《揠苗助长》和《守株待兔》两则寓言故事，具体谈一谈低年级寓言教学中的童心童趣。

"一个寓言可以分为身体和灵魂两个部分，所述的生动的故事好比身体，给予人们的教训好比灵魂。"只有将故事丰满起来、立体起来、鲜活起来，并让学生与其熟悉甚至亲近起来，我们才能使道理也好、教训也罢活跃于学生心中。所以，怎么读寓言是关键，应充分利用学生活泼好动的天性，在自由、和谐、平等的氛围中对话和交流。

寓言最可爱的地方是故事塑造的艺术形象往往会暴露一些弱点或者缺点，拿自己的生活一对比，学生读出来就会觉得"很好笑"。既然如此，我们在课堂上何不让学生"笑"得充分一点、彻底一点呢？让学生用代入感来演一演，真切地体会到作品语言文字所表达的情感。比如，《揠苗助长》里的农夫："巴望自己田里的禾苗长得快些，天天到田边去看。可是一天，两天，三天……禾苗好像一点儿也没有长高。"我连续请了4名学生走到"田边"（其实就是黑板），分别表演第一天、第二天、第三天和逼自己想办法的那一刻，学生表演出的连续感非常强，通过动作、表情和语言充分表现出了农夫的焦急，观看的学生被他们的表演逗得捧腹大笑。在模拟表演的强化中，学生的朗读有了滋味——"天天""可是""一点儿也没有"都被处理得出神入化。我可以明显地感觉到课堂表演可以促进学生的创新思维，可以让他们愉快地投入到课文所描绘的情景中去。

寓言的篇幅一般比较短小，叙述和描写时很少用烦冗松散之笔，语言非常准确、精练，这就给学生带来了再创作的空间。《守株待兔》的结尾是这么写的："日子一天一天过去了……"这里可是大有文章可做的，等待与期待不一致，加上时间又这么长，中间总会发生点什么吧？与寓意相结合着，我在课堂上设计了一个环节：不同的人去劝这个固执的守株待兔者（我来扮演），学生可能是他的家人、邻居、村长等不同角色，层层递进地来劝，而我守株待兔的立场始终不变，每次都对学生想象出来的合情合理的劝说词予以还击。在一次次劝说无果中，故事的寓意植入了学生的心田。在语言文字训练中适时地扩充想象，化枯燥无味的说教为具体可感的形象。这样，学生在浓浓的乐趣中读懂了故事，明白并"消化"了寓言的真正寓意。

心理学研究表明，低年级学生的思维主要是形象思维，在他们的观察与思维中，现实的世界就是形象的世界。但是寓言本身具有教训性和讽刺性的特点，相对而言需要抽象思维和逻辑思考，这就意味着学习寓言对他们来说存在着天然障碍。这一对客观存在的矛盾怎么解决呢？在组织寓言教学时，必须尊重学生的年龄特点，让他们能够自由表达，才能引导学生通过寓言故事本身的分析去揭示和"消化"寓言的真正寓意。《揠苗助长》的故事蕴含的道理是要遵循事物发展的规律办事，不可急于求成。这个道理是在请一名学生站上讲台，接受下面同学的4个有价值的问题传达出来的。学生问的问题有："请问，你为什么一定要那么累地用手拔禾苗呀？""你看到禾苗都枯死了，你难过吗？""你知不知道你那么做很傻，你以后还这么干吗？"……这些有价值的问题被站在台上的学生认真地听取，又依据自己的体验和理解给予回答。在互问互答中，在自由表达中，学生不仅仅领会了寓意，还得到了明是非、知善恶、识美丑的自我审美教育，同时在交流中也达到了语言训练的效果，一举多得。

尊重学生让他们能够自由表达，除了课内大家一起演绎故事里的片段、瞬间外，还可以自创剧本、自我演绎。因此上完课后，作业之一就是将故事用自己的方式表演出来，并用手机录制，发在群中交流。完整表演故事何尝不是背诵积累呢？这也是注重学生的个体差异，点燃每个学生思维的火花。

低年级寓言的教学中富有童心童趣地读、演、问、答等都是必不可少的，一方面它增益着课堂的趣味性和学习的主动性，另一方面它会加深学生对形象的感受和对寓意的理解。而老师依托文本开发的想象空间，更会给学生插上一对翅膀，让他们放飞思维，自由地联结起故事和生活，用文字里的智慧创造自己快乐的学习天地。当然，教无定法，但要记住原则：不要落入成人化品评寓言的方式去教一群七八岁的学生，要有童心，富有童趣，才能让寓言激活学生的创新能力。

（2017年6月15日）

教师节代言

2017年9月10日，我终于碰上了一个真正有假期的教师节，真好！我想说——

一、祝福的话——真诚地说

1985年，我是二年级学生；2017年，我做了19年的小学老师，历时33年。每到9月10日送出和收到的祝福语里最多的是"节日快乐"和"老师您辛苦了"。到底什么样的祝福才更接近老师的心灵呢？

我是一个普通人，生命是我最宝贵的财富，"健康、幸福和爱"是我的期许和追求；我是一位老师，教育是我的本职工作，"情怀、信仰和责任"是我矢志不渝的操守和坚持。"教育无他，唯爱和榜样。"思量至此，我要送给全天下的同行这样的祝福："能永远健康，永远有力量，永远在讲台上激情飞扬、展现自我！"只有我们呈现出来的是最健康的生命状态、最有活力的工作状态，才会给我们陪伴和帮衬成长的学生一个"美好的世界"、一个"精彩的世界"！

二、溢美的辞——浪漫地读

1985年，我是二年级学生；2017年，我做了19年的小学老师，历时33年。凡是与"老师"相配的诗词歌咏，都离不开"春蚕""红烛"和"园丁"，时代年轮和社会大潮里这些不变的歌颂，如今读起来是诉不尽的艰难胜过了美好的褒扬，你不见"春蚕到死丝方尽"，倒有些作茧自缚的愚蠢可笑？你不见

－175－

"蜡炬成灰泪始干",似有油尽灯枯、生命自熄的宿命难逃?读之不寒而栗!

教师这个职业竟如此这般辛勤劳苦,怎么吸引新鲜血液的倾情注入和加盟?细思量,自定位:我们其实是白昼的阳光,将温暖注入万千家庭心头;我们其实是黑夜的点灯人,照亮学生的世界,点亮自己的生活;我们其实是四季轮回里的春风化雨,润物无声,多数情况下可和煦静待生命积蓄蓬勃之力,弥散桃李芬芳。

三、要做的人——有趣一点

1985年,我是二年级学生;2017年,我做了19年的小学老师,历时33年。读过的老师形象,形容词最多的是"和蔼可亲",最多的表达是"老师像妈妈/爸爸一样",这真的就是老师应有的样子吗?怎么这么没有标识性呢?

老师,一支粉笔,两袖微尘,三尺讲台;老师,引领精彩,教导澎湃,呵护悲喜;老师,用知识丰盈学生的内心,言传身教示范做人的道理,宽容鼓励学生走出迷茫、追逐梦想……可为什么学生的笔下流淌出来的文字里老师的形象是那样的模糊?你可以说他们写的是"张老师",也可以是"李老师",我们的教师队伍似乎只有群像,无法给学生独特交往体验的老师还是大多数,这种悲哀责任在谁?无须追究!

有人说:"如果每名学生在成长的路上都能遇到一位好老师,世界会更美好。"为了世界更美好,我们就去做一位好老师吧!做一位怎样的好老师呢?我想,对学生来说,遇见一位有趣的老师,一定是幸福的,所以我要做就做一位有趣的好老师!有趣一点的老师,语言不能干巴,能旁征博引、深入浅出。如何做到?"腹有诗书气自华",哪怕只剩下边角时间,也要捧书阅读,给自己注入"书卷气"。有趣一点的老师,生活不能单调,要"出得厅堂,入得厨房",要工作更要生活。"教育即生活",严肃认真地传授知识和道理,轻松愉快地分享体验和见闻,从来都是相得益彰的。放下身心去旅行吧,你有这个时间预算;释放疲倦去看场电影吧,你有这个空隙……遵守规律地工作,随性自由地生活,让自己沾染些"烟火气"。"所有的大人都曾经是小孩",有趣一点的老师,尤其是有趣一点的小学老师,一定少不了的就是得有十足的"孩子气"。用童心对童真,以童趣激童心,充满爱和天真地行走在学生中,才能走进他们的内心深处。允许他们随心所欲地给你起外号,这是他们对你特别的爱的称呼;乐见他们恶作剧式地耍耍威风,这是他们对你最放松的信任；认可他们没有把握就敢挑战的勇气，掰个手腕，恢复个魔方，朗诵一段绕口令……和学生寓教于乐。激励他们"嘚瑟"也好、炫耀也罢的兴趣和才能展示，为他们提供一切可能的机会和平台：胖子们也能跳"草裙舞"；不同的乐器合一块就可以组建"班级小乐队"；学生是天生的文学家，就来个"自创诗歌大擂台"；静止的文字不如灵动的表演更深入人心，那就"课本剧串烧"……不想用一种模式掩埋多种可能，是有趣的老师最乐意做的尝试。

"教育指导社会，而非随逐社会也。"为师当有大地般厚朴，当如农夫般耕耘，更应以自己的思想和情怀般去坚守。今天，第33个教师节，致敬所有老师！今天，我的第19个教师节，执言自己，不断前行，臻于至善。

（2017年9月10日）

创新教育

第四篇

阅读课教学

故事之外的营养

　　学生的心田是一片沃土，你想种什么样的种子呢？文学的？创新的？求知的？合作的？应变的？冒险的？责任感的？都可以，只是你要像种地一样，做好准备，选好时节，用适合的方法播种。所以，静下来想一想吧，"言传不如身教，身教不如境教"；为学生大声朗读经典图书吧，要播撒的种子将会随着那一本本有趣的书发芽生根！用一本本书滋养生命、呵护成长，我们出发！

　　47个，年龄7岁上下，萌娃——顽童而非学童，稀里糊涂上学校，糊里糊涂把书读。每天看着他们那些让人啼笑皆非的表现，我认真思考着在他们的心田要种下什么。学生对父母的依赖感很重，又对什么都好奇，别人做什么都要去看看。显然在自然形成的班级中，这样的好奇心是集体学习的大障碍，没有规矩意识、集中不了注意力是常态。他们的个性化是难能可贵的，不应该被磨灭，可是集体教学里，又必须要做到守规矩，难以平衡，除非让书说话。我要为全班朗诵的第一本图书就选择由法国的约里波瓦著、艾利施绘制的《不一样的卡梅拉》。这套绘本的故事内容极具创意，充满了想象色彩，幽默风趣，插图也富有法国绘画艺术特色，精美中又有些许的粗放，很有童趣，最关键的一点是我的一群学生和故事的主人公非常相像，都是那么的与众不同。跟随着故事，与众不同的学生能找到梦想吗？能学会应变吗？参能承担责任吗？能愿意不断独立自主地求知吗？能如故事里的主人公一样敢于幻想、敢于尝试别人不敢想的事情吗？

　　先把"梦想"种下！2016年9月6日下午，我从十年前购置的这套图书中选了6本，抱着走进了班级。《我想去看海》的封面PPT一出现，学生就七嘴八舌地说起来了："我看过！""老师，我有！""是卡梅拉！"……呦呵，他们倒是自己聊上了，完全不在掌控之中。那么老师的问题出来了："从封面上你都看到了什么？"教室里再次混乱："什么叫封面啊？"啥？哦，我的孩子们，你们真是二年级的学生吗？看来对于什么是书、书的组成，我还要找一套丛书来让学生自己看了，以后的阅读课内容有了着落。

问题开启完，我开始读故事了，绘声绘色地、惟妙惟肖地、也有点夸张地读了起来。"读得太夸张了吧！"果然有学生嘀咕得很大声，看来之前父母和老师没怎么用表演性的声音为他们讲过故事，他们对新事物还不太习惯。我也不理会，手捧着《我要去看海》继续演绎，学生在我的声音营造下很快走进了故事里，饶有趣味地看着PPT上的故事书。随着故事的推进，PPT也在翻页，到了第9页，故事还在读，可PPT停止了翻动。"老师，那没动！"学生急了，不惜没礼貌地打断我，指着屏幕大叫。他们以为是我忘了翻，其实是我故意的，听是小学低年级更为重要的训练点，何况这47名学生还常常故意屏蔽老师的声音呢！对于学生的反应我真是高兴啊，至少他们的注意力很集中。最关键的是，我接下来会设置训练学生"想象力和理解力"的问题情境。

一节阅读课，我大声朗读故事，学生听故事，就是这么简单吗？

孩子们以前大概就是听故事吧，但是在听我讲故事的时候，他们随时会被挑战：观察仔细吗？不仔细是说不出"卡梅拉怎么介绍她的家呢"，也表演不出"卡梅拉是怎么努力生蛋的"，想象丰富吗？不丰富是讲不出"卡梅拉怎么到达大海边的，经历了什么"，当然也玩不出"她在海边玩了什么游戏"，体会不出"和海浪嬉戏有什么快乐"……故事里原来可以实践这么多好的学习方法啊，思维在故事的推进中不断做着体操。一个故事讲完了，别忘了这是一套故事，可不止一本啊，我当然要推荐其他故事，关键还是要把学生带进图书的世界。一下课，学生纷纷围过来，"老师，我能借你的书看吗？""我想要看《我不是胆小鬼》，可以吗？"我的目的达到了，把书借出去让学生自己看吧！爱上书其实就是瞬间的事情。

看似简单的故事，我们可以做的文章很多。不要只讲故事，不要只让学生体验故事里的道理。故事要结合学生的想法，不要那么快就让学生变成成人，讲故事前想想学生的生活里什么最重要。当然是快乐、无忧无虑，所以作家们在写儿童故事时，总是把快乐的感觉用各种人物、各种事件营造得轻轻松松，那为什么读故事的人、听故事的人和看故事的人非要过滤掉这些快乐，而只盯着知识和道理呢？用故事带给学生一种生活，我想借助书带给学生的第一个建议是去读书吧，读最感兴趣的书，读最适合的书，读优质的书。要好好用自己的眼睛，我想借助书给学生的第二个建议是去观察吧，细心点，就会发现不一样的精彩。人最厉害的就是要用脑用心思考问题，我想借助书给学生的第三个建议是去想象吧，去思考吧，那会让你更加与众不同，也会让你出类拔萃。看，别人想不到的你想到了，多棒！我想借助书给学生的第四个建议是训练一种能力，去朗读吧，带着理解、带着感情朗读，就会让故事插上翅膀，飞进更多人的心里。所以，我们班课内的课文是要每名学生朗读录音的，练着练着本领就强了。我想借助书给学生的第五个建议是去选择吧，感兴趣是一个标准，别人建议也是一个标准，自己思考又是一个标准，但是要记住：怎么做和做什么，最终的选择权还是在自己这里，哪怕你是孩子，也要选择好。

相遇在美丽绘本中的教与学可以很轻松，不带任何道德和功利的枷锁，只需要彼此喜欢，只关注快乐。大声朗读故事，这是简单的教育行为，老师可以做得专业点，营造文化氛围，悄无声息地感染无知无畏的孩童；家长可以做得柔情点，营造感情的氛围，大爱无疆地教养年幼任性的孩子；孩子可以做得随性点，立即行动就好，做着做着就会不一样。把生活读进故事里，把故事读进生活里，那么生命就会变得朗朗乾坤。只有行动才有未来，不要把我们的教育做得枯燥乏味，借着书去爱我们的学生，也把这个世界的爱揉进书里，大声为学生读出来。

（2016年9月10日）

大声读出你的爱

2016年9月19日，在中秋假期调休后，新的一周正式开始，我们班的阅读新乐章正式奏响主题曲——"妈妈讲故事"在班级微信群启动。

一、序曲——思考结合

刚接手新班级，事情多得自己都不好意思去一一数，那为什么要先推动家长们建立一个专门的微信群，让学生大声朗读和听"妈妈讲故事"呢？出发点是基于教育人才终极目标的思考。

什么是学生一生的陪伴？书！为什么？还记得现代社会提倡终身学习的

理念吧？反观我们自己，我们怎么终身学习？阅读是首选的方式，所以从根本上说，我们将学生培养成"终身的阅读者"准没有错。可是新问题来了：学生会主动找书做朋友吗？又会和什么样的书做朋友呢？面对如此现实，我们作为教育者该做点什么呢？

思考到这里，我想到两句话："兴趣是最好的老师。""品质和意志力才是真正的好老师。"所以我们不仅要激起学生阅读兴趣的火苗，更要促成学生坚持读下去，让阅读的欲望越燃越旺。怎么做到呢？亲子共读，而且要大声朗读，因为"朗读是最便宜、最简单、最古老的教学手段"，因为孩子大声朗读其实就是为阅读的兴趣"做广告"。再回到现实，虽然陪伴学生阅读的好处很多，可是如今的父母都非常忙碌，与子女在家庭中接触的时间很少，因此不能保证所有的家长都能空出时间来为孩子大声朗读。现在是互联网时代，家长的资源价值最大化是能够轻而易举解决的——建立微信群，让有时间的家长为自己的孩子大声朗读故事的同时录个音，然后让全班同学都听得到，多好啊！

为孩子好的事情，与家委会一拍即合，妈妈们的轮值表很快安排好，要讲的故事也很快圈定了范围，并确定了每个故事控制在10分钟以内，每周一到周五晚上7点30分准时发送。

二、主题曲——聆听交流

"妈妈讲故事"已经上线了，为了让好事"不流产"，我每晚都要在群里守候、陪伴和监督，经过3天，我们的"二（1）班语文朗诵群"终于开始步入正轨：妈妈讲的精彩故事准时发送，学生也会在听完后交流心得，气氛热烈，唯一遗憾的是还没有达到100%的学生都在讨论。

我只是一位小学老师，拥有的权利除了建议权外，似乎并没有任何作用。只是我的内心总为那些错过如此好事的学生惋惜，因为我们选择"妈妈讲故事"在微信群里来陪伴孩子，是有充分依据的。

在吉姆·崔利斯《朗读手册》一书中有这样一段话："当大人读书给孩子听的时候，有3件重要的事同时发生：孩子和书之间产生一种愉悦的联结关系；家长和孩子同时从书里学到东西；家长把文字以及文字的发音灌输到孩子的耳朵里。"大人是孩子的行为的最终榜样，妈妈们为孩子大声读故事，本身就是"言传身教"。阅读，与书交朋友，孩子们会因为故事而爱上书，会自然而然地找书读。"我们教孩子去热爱与渴望，远比我们教孩子去做重要得多。"别忘了，孩子最初的阅读兴趣和良好的阅读习惯来源于倾听。

倾听的习惯是后天培养的，我们必须要慢慢教导培养，在听"妈妈讲故事"的过程中，孩子们无疑会逐渐养成倾听的好习惯。班里这些孩子，尤其是那些没有参与听故事的孩子，还没有养成倾听的好习惯，就这么错过岂不是太可惜吗？

听力的进步有助于阅读理解力的进步。妈妈们在读故事的时候是经过认真准备的，她们先进入故事里，再把故事的内容、语言化为自己的理解和感受，最终用声音呈现出来，她们会主动加强形象感受，紧紧抓住与听者的交流。所以，即便是孩子们看不懂的复杂故事，经过妈妈们读出来，他们听起来也是很容易理解的。这么棒的提高认识、催动思想情感的方式，如果错过了多么可惜！

其实，朗读这种出声的阅读方式是小学生完成阅读起点的基本功。就语言学习而言，无论中文还是英文或者其他语言的学习，朗读都是最重要的。朗读技巧不是一朝一夕就掌握的，关键还是要练习。实践往往从模仿开始。妈妈们的朗读，孩子们很容易入情入境，这对孩子们来说无疑是很好的范例。同时，不同的妈妈朗读的方式也会有差别，他们接触多种朗读方法，通过不断筛选、比较，就能提高认识，从而渐渐找到朗读的技巧，形成自己的朗读风格，这是无声胜有声的效果。孩子就这样自然而然地成长了。所以，孩子们除了听妈妈们讲故事，还可以大声朗诵课内和课外的文章，既学习积累，也练习展示，何乐而不为呢？

别忘了我们还要交流心得的，这样的发言方式对孩子们自信心的建立是不是很有益处？

总之，这个主题曲完全是为孩子们的成长而奏的——激发兴趣、培养能力。

三、尾曲——以读促读

大声朗读故事实际上就是"讲书"，从我们成长的历程探寻中不难发现，孩子学习阅读的一个必经阶段就是"讲书"——小小的孩子看到书，自己不会读，就会拿着"丢"给爸爸妈妈，意思就是"你讲给我听"。此时，父母应满足孩子的愿望，并且应该声情并茂地讲。如果你的讲述平淡无奇，孩子也会因此对这本书失去兴趣；如果你的讲述惟妙惟肖，能让孩子读后仿佛身临其境，那么他一定会深深喜爱上这本书。我们的故事都是妈妈们精心准备的：用什么样的软件录音，配上音乐，选什么故事，普通话不标准怎么克服……在录音前，妈妈们真是不怕麻烦，讨论来讨论去，这样讲故事不愁孩子们阅读的欲望不被点燃。

要让孩子爱上读书，就要给他创造环境，妈妈们讲的故事我们之前就已经购买好作为班级藏书了，孩子们可以借阅。而且这些书的简介还喷绘张贴在宣传栏中，目的就是引导孩子自己找书来读。今天，我们的小图书管理员告诉我："老师，我认真做了，很好，就是有点累！"这个接到任务特别认真的孩子当然累了，孩子们在妈妈的故事引导下，急着想看看后面的故事呢，毕竟每天上线的故事妈妈们都控制在10分钟以内，这极大地调动了孩子的好奇心。听了故事，再来看书；看着书，再听故事，看似相逆的两个过程，本质上是没有差别的——关键就是孩子主动阅读了。

"书籍是人类进步的阶梯"，同时它又促进孩子们更文明、更优秀。这样用书去引导孩子做人，才是我们读书的目的。当阅读触动孩子们的心田，书就会成为孩子的朋友，阅读会带给孩子们自然生命之外的奇妙快乐和美妙；当孩子领悟了阅读的精髓，他们就会久久回味书里的一切，心心念念的就是那本有趣的书。期待这样的美好生活孩子们都能一生拥有。

（2016年9月21日）

以语文视野整合　在语文空间教学

——记小学语文第五册第三单元整体教学思考和实操

语文要怎么教？教什么？这是我们教研中"老生常谈"的问题，答案不一而足，我最愿意接受的观点是教无定法。理想的语文目标指向必须是明确的，那就是在确保学生有浓厚的学习兴趣的前提下，提高学生的素养和能力，在语言文字的熏陶下协助学生的真实情感朝健康而自由的方向建构起来。抱着这样的认知，再结合着学生实际水平不断做相应的教学尝试，这是多年来我不断坚持的。当教学又一次落定在人教版第五册第三单元时，我开始筹划着推进单元整体教学。

要做整体教学，必须要抓住、抓准单元主题，然后围绕着它做"主题单元教学设计"。要抓住、抓准单元主题，必须要吃透教材。本单元以"金秋时节"为专题，由一段导语、一个语文园地和四篇课文组成，课文的主要文体是诗歌和散文，这也预示着"情感"基调非常重要。《古诗两首》《风筝》《秋天的雨》是精读课文，《听听，秋的声音》是略读课文。课文从多角度描写秋天，有的表达了在秋天里人们对家乡、对亲人的怀念；有的记叙了孩子们在秋天里活动的欢乐；有的描写了秋天美好的景色。教材里处处洋溢着浓浓的秋意，那秋天的江、秋天的山、秋天的水岸、秋天的雨、秋天的色彩、秋天的声音等，都会使人们心中产生不同于对其他季节的感受。好的教学设计一定不能脱离具体的学情：三年级的学生，经历有限，体验也不那么丰富，情感的细腻度根本谈不上，更何况我们的学生生活在南方大都市。作品是成年人写的，那些乡村的景象和融景之情，这些学生并不能一目了然地读出来、看得懂，需要通过不同的教学手段和策略带其进入。

当然，要做主题单元教学设计，最关键的一定要清楚什么是主题单元设计。语文不只是一门简单的学科，而是融工具、能力和素养为一体的生活必备学科，所以它又不止于课堂里。我所认知的语文主题单元教学就是不以思想和知识为主线，而是以文化视角为教学线索，兼顾识字、阅读、口语交际和写作的综合性学习，将教材作为一个例子或者是范式，突破"文选式体例"的束缚，使语文课向课外延伸，向学生生活、学校活动、其他课程和社会延伸，保持好语文学习和生活的良性关系，这将有利于学生保持浓厚的学习兴趣，更有利于学生的个性化阅读，也会促进学生的思维发展、创新能力的培养和学会学习。具体到本册书的第三单元，我将教学设计为四个高地：有阅读期待和体验牵引的起点即夯实基础和阅读分享的第一阶段——过生字词关；朗读体验和分享感悟的第二阶段——过课文内容关；发现归纳和展示分享的第三阶段——过情感表达关；大胆创作和体验成功的终点——过写作关。这四大高地并不是平均使力，老师的作用更多地集于起点和第二阶段，其他两个高地更多地是让学生有所作为。每个阶段里都会有精心设计的教学推进单，对学生的学习过程进行具体而深入的指导，以确保学生的学习始终与老师的教学设想保持一致，同时又有个性化的学习体验凭借。

我们以最重要的"起点"来看看单元整体教学是如何操作的。

起点就是以单元导语为切入口，通过老师的引领启发，让学生在各种形式的学习活动中对本单元的学习内容有一个大致了解，初步感知本单元主题的情感意识，激发其强烈的求知欲，并趁机指导学生拓展和延伸自己的阅读范围，搜集相关的学习资料，为下一步学习奠定基础。因此，我设计了一个学习推进单，旨在抓好关键词、丰富积累、拓展学习渠道和引入阅读整本书。

学生完成好推进学习单后，在课堂上通过教学环节来串联好知识点，既有预设的，也有生成的。让学生在丰富的教学环节中既有所展示，又感受不足，从而达到自己要学习的欲望。

特殊的作业带出了学生个性化的阅读体验，也展示出学生的阅读美感。下面是一个精心设计的学习推进单。

第三单元主题学习推进单　　　　学号　　　姓名

阅读学习单一

学习目标：读懂、读透单元导语，明确本单元学习任务和重难点，明确学习方法。

学习方法：精读中抓关键词，浏览了解课文编排，为整本书阅读打下"秋天"的底子。

1. 本单元导语在书上＿＿＿页，共有＿＿句话。每句话分别讲什么，请选择序号依次排列＿＿＿＿＿＿＿＿＿＿＿＿＿＿＿＿＿。

A.怎么学和学什么　B.正值秋季　C.秋天有哪些美丽和美好

2. 看到"金秋时节"，脑海里立即想到的含"秋"的成语有＿＿＿＿＿＿＿＿，又通过A.上网查询；B.词典查找；C.向父母请教；D.与同学交流的方式，新增了相关的成语有＿＿＿＿＿＿＿＿＿＿＿＿＿＿＿＿＿＿＿＿＿＿。

以上成语中，写出秋天"缤纷的色彩"的有＿＿＿＿＿＿＿＿＿＿＿＿＿＿，

表现秋天"美妙的声音"的是＿＿＿＿＿＿＿＿＿＿＿＿＿＿＿＿＿＿，

我从＿＿＿＿＿＿＿＿＿等成语中读出了秋天带给我们的欢乐和愉悦。

3. 浏览单元目标，我们要学习的课文有＿＿＿＿＿＿＿＿＿＿＿＿＿＿。

看着这四篇课题，你想知道＿＿＿＿＿＿＿＿＿＿＿＿＿＿＿＿＿＿。

小调查（请如实填写）

1. 你读过哪些写秋的古诗，请写出诗名，别忘了书名号和诗人＿＿＿＿＿＿。
如果当众让你展示一首诗的话，你会选择背诵＿＿＿＿＿＿＿＿＿＿＿。
2. 输入关键词"与秋相关的古诗"，通过百度搜索引擎搜索一下，你共搜到了
＿＿条相关信息。对这样的结果，若用一句话来形容一下你的心情，你会选择＿＿。
A. 书到用时方恨少；B.学无止境；C.纸上得来终觉浅，绝知此事要躬行；D.生
也有涯，知也无涯。
3. 你读过哪些名家名篇写秋呢？
以下是老师给你的推荐，你会选择立即读哪一部作品？请在作品下方画横线。
绘本：《14只老鼠秋天进行曲》《一片叶子落下来》《神奇的大迁徙——候鸟
的春去秋来》《风中的树叶》《秋天没有来》《落叶跳舞》《小种子》《田鼠
阿佛》
童话：《蜻蜓》《稻草人和小老鼠》《秋巫婆的树叶信》《秋天的风铃》
散文：《故都的秋》

学习推进单

　　选择这个来作为作业，是因为我恰好在2015年冬至时，由学校工作安排，在有家长参与和西西弗书店协调组织下，与汤素兰老师围绕儿童阅读和创作进行了一个多小时的交流，让我可以通过邮件将学生绘画式的阅读感悟传到知名作家那里，也在学生的心里种下一颗美好的种子。目前，我们还在等待着汤素兰老师的点评。

　　在学习资源已不为老师专有、学习方式多元化的今天，如果我们的学校教育没有有别于其他学习途径的优势，势必让课堂教学缺乏生命力。整合学习资源，不再割裂和孤立自己的语文教学，让学生在课堂上如走进一片美丽的森林，既能看见每棵树的秀美端庄，也能看见野花、野草、蘑菇、鸟雀等构建起的美好生态环境。让学生充分享受语文生态，是我们要不断追逐的目标。求新不如求变，作为语文老师，我认为学生学习减负的最好方式是用正确的方法把他们带入语文学习的世界，让他们用自己的方式搭建、组合语言文字，表达自己的想法和情感。当这种表达喷薄欲出的时候，他们发现自己的字词储备不够，就会自觉主动地积累更多；当他们发现自己的表达方式单一，就会非常渴望阅读佳作名篇，在借鉴中丰富自己的表达；当他们发现自己的思想狭隘、不够积极，就会从人类最精华的文学作品里找到自己思想的动力，让自己始终保持在激昂的生命之中……教育就是唤醒。而语文课上，我作为老师就是以语

文的视野整合，在语文空间里调配好语言文字，并乐此不疲地丰富"一本语文书"。

（2017年10月22日）

当"初页"遇见班级阅读

——我们班的《忠犬八公》共享阅读

科技改变生活，科技改变学习；阅读浸润人生，阅读构建未来。当科技与阅读相遇时，能演绎的版本是多样的。这一次，我们读《忠犬八公》这一本书，选择用"初页"来完成我们班的阅读分享，以让全班42名学生的阅读成果差异性最大化地展示。

一、为什么选择"初页"

打开"初页"官网，其中有一句宣传语特别打动我："阅读，用读诗的姿态，看有心跳的故事，跟懂你的朋友交流。"一个班42名学生，加上我，加上一本我们共同阅读的书，在"初页"里阅读，会是一个非常有诗意的事情，也会因此产生激动人心的思想碰撞，你分享的，也许正是我没有注意的，正好可以弥补我的不足；你发现的，恰巧是我也关注的，正好可以讲出来切磋切磋；你表达的，大概是我还不太清楚的，不妨相互学习一下……在同一个平台里，我们围绕某一主题去分享。

我们都清楚，阅读是一种较复杂的智力活动，"每一阅读瞬间都在刺激记忆，而被激发的记忆则能够通过不断调整视角的方法使各个视角活起来，并逐一个性化"（德国美学家沃尔夫冈·伊瑟尔《阅读活动，审美反应理论》）。当这种指向个性化的行为必须要在班级形成一个强场域，达成共识、收获阅读成果时，我选择了用"初页"来呈现——每名学生都有属于自己的一页，将自己的发现、想法和感受分享出来，一起完成一个任务。

新《语文课程标准》也明确指出："阅读是学生个性化行为，不应以教师的分析来代替学生的阅读实践，应让学生在积极主动的思维和情感活动中

－ 189 －

加深理解和体验，有所感悟和思考，受到情感熏陶，获得思维启迪，享受审美情趣，要珍视学生的独特感受和体验。"我认为，阅读个性化的重点在于以课内带动课外阅读，其表现可以是阅读方式，也可以是阅读内容，还可以是阅读结果。所以，我从二年级接手这个班级开始，就以"妈妈讲故事"的微信分享和以阅读课老师带着读故事和观赏电影等方式激发学生的阅读兴趣，三年级伊始，又以进入图书馆自主选择和老师推荐必读书目的方式，将学生带入更进广阔的图书世界，这些举措就是对学生阅读方式和阅读内容个性化的极大尊重和鼓励。其实，如果学生不能在某一领域获得成就感，再浓厚的兴趣也会随时间渐渐变弱、冷却，直至消失。在给学生充分的阅读自由时间后，我们在10月底开启了整班共享阅读。选择"初页"共享的第一本书就是《忠犬八公》，就是对学生阅读成果个性化的重视。

当然，采用科技结合阅读还有一个实际原因：本班原为iPad实验班，人手标配一部iPad，但由于一些我不知道的原因，实验没有做起来。我接手本班时工具早已有了，为了让家长们不至于白费金钱，教学中我尽可能地指导家长和学生将其作为学习工具，因为工具要为学习服务。

二、怎么结合"初页"和《忠犬八公》

"工欲善其事，必先利其器。"首先要准备好要读的图书和需要的APP。

《书语者》的作者在自序中写道："激励学生阅读大量的书籍，并在离开学校后的很长时间里依然热爱阅读，保持着自主阅读的习惯，使他们成为真正的终身读者。"我们要引领学生读整本书。所以三年级开学初，我就发布了阅读推荐书目。近两个月过去了，能有多少家长、学生按照推荐去做？我不是非常乐观。因为人都是有惰性的，老师不检查，家长又有自己的一套理由，靠学生自觉对于三年级的学生来说还是太理想化。基于这样的认识，我提前一周在班级群预告下周要读的书目。果然，群内家长们开始积极响应，最后由家委会会长为尚未拥有图书的学生购得图书。于是，学生开始积极阅读起来。

因为移动APP开发层出不穷，许多APP尽管很好，但未必为人熟知，"初页"就是这样的一款APP。为了让阅读共享顺利，周末，我在班级微信群里提醒家长为下周阅读分享下载好"初页"APP，并用图解和文字讲解的方式指导家长以学生实名注册，了解基本操作，再通过练手操作来逐个指导。学生在周末与父母一起接触这个新鲜玩意儿后，周一，我再通过全班讲授的方式教会他们如何完成阅读主题的分享。

　　《忠犬八公》叙述了30年前发生在日本的一个真实故事：与上野英三朗教授一见钟情的秋田犬八公（小八），依然依照主人生前的习惯和约定，用整整10年的时间在涩谷站等候上野英三郎教授的到来。故事感人至深，催人泪下，曾两度被拍摄成电影——1987年日本版和2009年美国版《忠犬八公的故事》。西班牙作家路易斯·普拉茨在这两部影片的基础上，围绕着爱和忠诚，创作了这部经典图书。我们的阅读分享原则就是以原有知识结构为底座，进行不同层次的阅读，向一个目标一个目标的台阶状前进，完成全程阅读。由此每天分享一个主题：第一集晒封面，看封面捕获信息、联想生活和猜想故事；第二集读情节晒感动，把最让自己感动的情节拍下来并写出感言；第三集找第一次，上野英三朗教授的爱的细节；第四集证忠诚：小八坚守10年做那些事儿靠哪股力量呢？第五集感善良，故事中的其他人物的良善举动在哪里？学生围绕着主题将自己的阅读内容和阅读体验通过接龙的方式在"初页"中分享出来时，我会点评一些做得特别突出的学生，以这样的方式来激励整体进步。

三、共享成果分析

共享成果分析表

主题	封面	感动	爱	忠诚	善良
分享人数（人）	41	41	39	36	37
被表扬人数（人）	9	20	34	31	35

　　从数据统计来看，每天一个主题，5个主题参与人员虽然从未达到100%，但是完成的质量在逐步提升，学生的语言表达也在不断提高。

　　主题确立重在通过阅读目标来评估学生5个方面的能力，每个主题各有侧重。主题一重在培养学生提取、推断和解释的能力。显然在这一方面我们班学生的发现能力还不够，在所有的分享中，没有一名学生对作者产生兴趣，这是让人遗憾的。这个故事发生在日本，却是由一位西班牙作家写出来的，这是多么值得研究的问题，可惜没有一名学生就这一信息产生联想和猜想，以至于我无法依据他们的阅读分享水到渠成地介绍电影。这再一次表明学生的阅读习惯往往不是从封面开始的，尽管二年级时我就引导他们读封面，但是显然效果没有形成成果，也是我的教学失败。这引发了我的反思：课堂上教的如果与学生的实际生活不吻合，效果往往会是零。第二个主题意在考察学生的整体感知能力和联结运用能力。很显然，学生在诸多情节中如何比较阅读的能力还是有待提高的，如何结合自己的生活理解文字还需要再实践，这方面的指导还是需要加强的。后三个主题着重评估学生的评价鉴赏能力，结果超出我的预料，学生对于意义的理解和掌握还是比较得心应手的。

学生的分享得到及时点评后，能够起到相互学习借鉴的作用。譬如主题四中，彭楚轩用了拼图的方式来分享自己的阅读发现，我特别赞扬了他。到了主题五，由于表现细节非常多，用拼图展示的方式很有必要，我又表扬了用拼图的王梓凝，接着就有10名学生非常有学习力地采用了这一方法。其实有心的学生，即便我不提醒，只要用心阅读我发布的首页，就不难看出我选用的就是拼图方式，这就是一个例子的暗示。学生的阅读提取能力在主题五中得到了提升。

阅读首先培养的是学生的欣赏能力，在欣赏的基础再逐步培养批判能力。因此，我在《忠犬八公》共享阅读的主题选择上更侧重于正面引导。在阅读中也鼓励学生用自己能办得到的方法去表现，所以分享中能够看到学生的圈画，也能看到学生的摘抄。

这次基于阅读成果个性化的共享阅读，让每名学生真正拥有自主阅读实践的机会，自由选择阅读方式并有其个性化表现。富有个性化的阅读让学生能够体验成功，从而在分享中自我感知"书不尽言，言不尽意"，更期待下一次的阅读。我们相信，当学生的阅读活动有了足够空间、足够机会，真正成为个性化活动的时候，阅读必能切入学生学习的经验系统，做到以参与求体验，有效地促进学生的发展。在"初页"里第一次共享阅读，参与者深得吾心，我与之悠然心会又怦然心动。我们与书中人物心灵共鸣和思维共振，我们在《忠犬八公》"爱和忠诚"的世界里体验着内心澄明与视界敞亮，是何等快乐！

（2017年11月5日）

控制自我　抵制诱惑

二年级时，我为学生用心挑选了故事《了不起的狐狸爸爸》，由班级的妈妈故事团精心为学生朗读，并在班级观看了同名电影。就这样，英国杰出的儿童文学作家罗尔德·达尔轻而易举地走进了许多学生的阅读生活。他以构思奇特、想象力丰富的故事情节，富于夸张、荒诞的叙事形式和机智幽默的笔触，在我们二年级时掀起了一小波"达尔阅读狂潮"。三年级我就不必费气力去导读了。11月又是深圳读书月，我们这些校园里的人，自然少不了书香浸润，所以我就直接指令阅读《查理和巧克力工厂》，学生接到阅读和分享指令后就开始读了。

在这部小说里，罗尔德·达尔巧妙地运用一个个普通的文字为我们讲述了一个生动有趣又耐人寻味的故事，边读还会边流口水呢！选择全班分享这本书，我确立的目标有以下3点：

（1）用要求来提示学生阅读得有一定的速度。

（2）不仅读故事，还要读懂故事。

（3）不仅读懂故事，还要运用自如。

为此，我设计的每日阅读量和分享主题如下表所列。（为方便下文描述，将分享人数和分享完成情况一并呈现）

日阅读量表

阅读分享日期	11月6日	11月7日	11月8日	11月9日	11月10日
阅读范围	封面~45页	46~82页	83~137页	138~192页	193~封底
分享主题	主要人物	金奖券	奥、维不幸理由	维、迈父母表现	不可思议
分享人数（人）	38	39	42	41	40
优秀人数（人）	10	30	37	34	40

阅读对于学生来说，最先关注的一定是情节和自己感兴趣的一些小细节，可我为什么要将"人物"这个最难准确把握，又带有文学鉴赏性质的话题

作为第一个分享主题呢？这就要从我选择这本书的初衷说起了。世界那么大，但不是学生的，永远都是成年人在主宰。诱惑那么多，其实就是在挑战学生的好奇心，能找到一条通道既满足又不被诱惑吗？在科幻故事里，学生明白了一个非常现实的道理：成长不易，性格决定命运。

我设计的第一个分享主题即是5个金奖券得主，聚焦他们的个性并设计了相应的阅读单，让学生有的放矢。但分享的结果如我预期，不是很好。学生对于导读单上的"个性"一词没有理解，多数将书中每个人物的爱好和特长写在了"个性"这一栏中。显然，学生的阅读是浅层次的。要读懂5个金奖券得主的个性，学生必须要揣摩《晚报》的报道和查理一家就报道本身交谈的细节。第一晚分享后，我做了阅读指导：选择相关段落，绘声绘色地大声朗读，然后一起讨论，并明确一个概念，即个性就是一个人在思想、性格、品质、意志、情感、态度等方面不同于其他人的特质。最后一起得出结论：这5个金奖券得主中，贪吃的奥古斯塔斯性子急，不懂控制（包括体型和妈妈说他的习惯）；被父母极度娇惯的小女孩维鲁卡蛮横无理，任性妄为（找到金奖券的方法）；因为自己的成就而骄傲的维奥莉特虽敢于冒险、乐于挑战，但爱显摆，又得意忘形（被采访时的话语）；总认为自己比别人聪明、别人都是傻瓜的小男孩迈克除了自以为是就是自以为是，不服管教（被采访时的态度）；家里贫穷的查理孝顺、懂礼貌且体谅他人，最关键的是他特别有自制力（吃生日礼物巧克力）。这样5个性格迥异的孩子都得到了金奖券，之后会发生什么？学生做了大胆地猜想。

从读到写是我们语文课上最终的指向，所以第二个主题围绕着金奖券做文章。正好11月8日是记者节，于是我结合故事重复性的情节给学生的暗示效果设计了阅读单，就是自己做一回记者，为第五个金奖券得主写一篇报道，然后依据每名学生的报道评出"五大金牌记者"。与第一主题不同的是，这一主题指导在前，所以完成情况非常好，学生顺利地评出了班级的大记者，且分享中读懂了一个道理：一个人的不幸是他自己造成的。5个金奖券得主进入巧克力工厂后，参观了许多不可思议的景象，但除了查理以外的4个孩子都因为不听威利·旺卡的话，对眼前的诱惑失去了控制，最终得到了应有的下场。奥古斯塔斯掉进了巧克力河是因为他不计后果地贪吃，无视威利·旺卡先生的警告；维奥莱特因为争强好胜，只听威利·旺卡先生说了一半就抢先吃下口香糖，威利·旺卡先生制止她继续吃但她却完全不听，最后变成了巨型蓝莓糖果。

接下来的情节中，一旦父母未能满足维露卡的要求，被宠坏的维露卡就会立刻大哭大叫起来。在巧克力工厂的杏仁车间，她见到了让她心动的松鼠，一定要拥有它，结果因为贪婪被送进了废品炉。第四位是迈克，他每时每刻都想表现得比别人聪明许多，因为酷爱电视，最终不听劝阻钻进电视变成信号微粒。他们有这样的遭遇，除了自己的原因，身边的父母要不要负相应的责任呢？这就是关注"性格塑造"的大命题了，但学生无法抽象地去看，只能具体化，从父母的表现里间接感知一些对自己性格塑造的积极因素和消极因素。为了让学生对此有准确的把握，我在第四主题分享前，全班师生一起看完了同名电影。所以当晚分享的尽管是触摸"父母心"，但从分享的结果看，其实学生都是明白的，父母爱孩子是对的，但不能宠溺、不能惯着，否则吃苦头就在所难免。这神奇的巧克力工厂会创造奇迹，这神奇的巧克力工厂也是魔法无边的，让这么小的学生能清楚区分"真正的爱""宠溺"和"娇惯"。

弱小的查理在参观巧克力工厂的过程中顶住了各种诱惑，又非常听话地通过了所有考验，最终幸运地成为巧克力工厂的主人。可是再认真想一想，幸运只是一种巧合吗？那查理的幸运为什么没有降临在拥有相同机会的另外4个人身上呢？所以说，能够幸运地取得成功，关键还是自己的性格。认真听别人说，尊重别人、关心家人，乐观而积极，在约瑟夫爷爷的陪伴下，查理实现了自己的梦想，更意想不到地帮助家人脱离了贫穷和饥饿。

电影和书本最大的不同就是结局的处理。提前看完书的学生在看完电影后就和我讨论起来，尤其是威利·旺卡先生和小查理最后到底住在哪里这个话题，许多学生看电影都没看明白，所以不断问我。我乐于在这个时候告诉他们电影结尾的温馨感——工作时他们在工厂，忘我地工作；但回到家，就是和家人吃饭、聊天，不再谈工作，这才叫幸福甜蜜，这才是理想人生。电影只是为了让学生可以更直观地理解文字，最终我们还是要阅读文本。

阅读本身是愉悦的，所以，最后一个主题——故事里最不可思议的情节大搜查，我将留给学生。从学生的分享来看，我的预期达到了。最会分享的当属以下几名学生了：

王梓凝配图说："啊！迈克·蒂维被缩小了！"

张育尘拍下整页图片写道："玻璃电梯居然飞到了300米的高空！"

林怡丹表达出不相信："查理竟然拿到金奖券了。"

许佳好奇："不知道旺卡先生哪来这么多金子，还有这么多巧克力。"

王琦配图指出："这个电梯都能飞，好奇特啊！"

董梓杰对结局显然既高兴又惊讶："最穷的查理·巴克特胜利了，这是一件不可思议的事。"

何炫余拍下配图对比着："这4个孩子原来不是这样的！"

潘锦雄这么看："迈克被吸进了电视里，真不可思议！"

肖梓鹏看到的都是好玩的："正方形的糖，还能在地上滚，真奇妙。"

如林航一般的孩子有近10个吧，他们觉得神奇的是："一个在床上躺了20多年的老人，一看到金奖券竟然在床上蹦了起来，真不可思议啊！"

戴菁雯竟然能总结："一个个幸福的孩子都遇到了不幸，只有不太幸福的孩子留了下来。"

……

读书就是这么快乐的一件事情，分享读书就是这么简单快乐的事情。这一期接龙，我们边读边分享，话题已经在一点点变深刻了。同学们，你们也在不知不觉中学会了深入思考，每天与你们一起读书，是件幸福的事情！我们中的大多数学生和书中的小查理一样，在很好地控制自己、抵制诱惑，不断地进步。还记得你们没有读懂分享主题，就按习惯进行分享，老师在群里提醒后，你们会自觉主动地修改吧？一次不行，改第二次，直到改正确了为止；还记得有个别同学不参与接龙，老师提醒后主动加入，但因为操作不对，再次提示指导，自己一点点进步吧……其实一切奇迹都是自己创造的，你信吗？不信？那就再读读《查理和巧克力工厂》吧，改造自己，刻不容缓！

（2017年11月12日）

作文教学

汉字趣味童话

——小学四年级"想象作文"习作教学设计

【习作内容】

由一个汉字展开联想，编写童话。

【设计理念】

"写什么"在四年级最后一个单元习作教学中没有规定，考虑到与五年级的语文综合活动单元的衔接和学生容易遗忘最熟悉的写作素材的现象，这次习作在设计时将"汉字"作为写作对象。一方面用任务驱动的方式让学生对语文学习有个整体观，把所学知识能够合理整合并发挥想象，把形象和思考相结合后，训练其逻辑思维；另一方面也为学生开拓思路提供一个方向：往往最司空见惯的事物里都蕴藏着许多学习资源，要善加利用。

【教学目标】

（1）用童话精神引领学生对汉字学习保持持续的兴趣。

（2）拓展学生写作的取材空间。

（3）用想象和联想的方式写作文。

【课前准备】

生字单（一些简单的汉字）和词语单（相关的成语见附）。

【教学过程】

（一）激趣揭主题（2分钟）

师：同学们都看过童话故事吗？在童话故事里你都见过谁？（童话形象）

学生依据自己的话回答即可。老师尽量把学生往类别上引导，童话形象最为自由和广泛，上至日月星辰，下至鸟兽虫鱼、花草木石，不论有生命还是无生命、有形还是无形、具体物质还是抽象概念，都可以通过"人格化"，作为有语言行动、思想性格的人物出现在童话中。

师：今天我们用最熟悉的汉字来编写趣味童话。就我知道的情况，像一生写过168部童话故事的安徒生都没写过用汉字来做主角的童话呢，要是我们把汉字趣味童话写好了，说不定能因此而成名呢！

（二）找主角——汉字简介

过渡语：说到字，你了解哪些？要介绍一个你熟悉的字，你会怎样介绍呢？请认真读一读生字单，选择其中一个字做介绍。（也可以选择生字单以外的你熟悉的字）

（1）学生介绍汉字。（老师点拨要点：构字法、字义、字形、字音等）

（2）老师例话："包"字简介。（见附）

（3）学生写简介。

要求：

① 尽量和老师的例句不同，把能想到的与选择的字有关的内容，用有趣的方式表达出来。（写出自己的特色）

② 写三五行就行，拣重要地说。

（4）学生读自己的简介（同桌互读—推荐朗读—评读），并点评（抓语言表达和特点）。

（三）找关联——编写故事

过渡语：读过童话故事的人都知道，要让故事吸引人，就要有出人意料又让人感同身受的情节。在汉字童话里，情节要怎么编才能合理呢？我的想法之一是找和这个汉字相关联的词语、诗句等，把它们之间的关联性作为编故事的依据，再做合理地想象就可以了。你的想法呢？

1. 学生畅所欲言（王国、学校、迷宫……）

方案一：因为课堂时间有限，咱们现在就依照关联性来想象好不好？请大家认真读词语单，看看生字单上的字和哪些词关联性最大。

学生读词语单，想关联性，并随时发言。

方案二：同学们想得非常好，老师也有个写故事的想法——用字和词的关联性来编故事。下面是老师在走路的时候编的一个故事开头，请认真听，看看对你有什么启发。

2. 老师例句（见附），学生发表感想

引导学生注意写作技法：

（1）过渡衔接自然、合理。

（2）表达流畅有趣。

3. 学生自行编故事（主要是开头）

要求：

（1）将自己的故事简单地写一写，把大概的故事轮廓编写好。（200字左右）

（2）尽量做到文从字顺，清楚地表达自己的构思。

（3）学生读自己的故事，老师趁机指导。

（四）作业和鼓励

过渡语：作文构思出来写成初稿，是成功的第一步，但真正的好作品是要不断修改、润色的。所以，下课后请将自己的第一步劳动成果当作起点，再做认真修改直到自己满意，然后交给老师。

每天的学习生活中有许多素材等待着你用聪慧的眼光去取舍、加工，通过你的创作变成一篇篇精致的文章。用你的眼睛去发现吧，用你的心去留存吧，祝大家在作文中获得创作的快乐！

【设计评述】

整个教学设计非常简单，分为四大板块。这四大板块的存在主要考虑的是作文梯度问题——明确写什么和知道怎么写，而写作文对于四年级学生来说难度之一还有过渡衔接的问题。所以，在教学中老师要用示范给学生一定的启发和引导，尽可能在互动中激发他们自己的思维和想象，让他们能够很自然地用自己的方式表达出一定的内容，而不是漫无边际地想象。

本次作文选定这样一个内容，也是对在教学过程中看到学生对于所学知识经常不能合理利用的现象的一个思考结果。所以，在教育教学中应尽量用比较具体的指导教会学生怎样去"学以致用"，创作要源于自己丰富的积累才有分量。

这次作文是学生四年语文学习的一个小结，也是引发他们更加深入学习的起点，为五年级"遨游汉字王国"的综合性语文学习做一个必要的铺垫。在任务驱动的方式下，让学生自然地对所学汉字做相应的思考，从而获得快乐。

附：

1. 生字单

丁、目、千、一、大、小、日、月、木、不、下、手、足、包、雷

2. 词语单

黑白分明、一日千里、目不识丁、水火不容、本末倒置、大材小用

不耻下问、大同小异、大惊小怪、大呼小叫、大街小巷、得心应手

3. "包"字简介

我是一个字,一个出镜率非常高的字:学生的肩膀上有我,面点摊上有我,相声的笑料里也有我,就连明星大腕出场也要有我……我叫什么,你猜出来没有?对,我就是"包"字!在汉字王国里,我可是身兼数职的:名词我当,动词我干,就连中国人的姓氏里我也占着一席之地呢!所以啊,有时候,我真觉得自己就是无所不能的包大人!

4. 特殊任务

阳光明媚,出去散散步吧!谁在说话?

"真是水火不容!"

"是啊!看看他俩,是绝对不能共存的……"

我听不下去了:什么水火不容?我们汉字王国里每个字都是有他的作用的,大家从来都是和平相处的!水和火怎么可能……我得去看个究竟,要是真的,我就不能不管!

我是谁呀?汉字王国里无所不能的包大人啊!这可不是吹牛,看看我的出镜率就知道了。人们生活学习常常离不开我的:出门就把我提在手上或背在肩上,饿了可以用我充饥,闷了可以拿我取乐,想成名什么的,我可以帮你包装包装啊!我身兼数职,动词、名词不用说,就连百家姓里我也有一席之地。今天,我要用我的另一项本领来充当和事佬,化解水火不容的矛盾,让你们看看我包大人的实力。

说干就干,我边走边给水和火打电话。

(2009年11月3日)

看图写话——长大以后做什么

【设计理念】

看图写话是一项很好的写话训练。观察是一切的基础,教学中要重视观察的顺序、观察点和观察与想象结合的指导。本单元的写话恰好就是一幅非

常有趣又与学生生活和未来相关联的图画，它是日本寮美千子创作的绘本——《长大以后做什么》的最后一页画面。画面上有蓝天、各种有趣造型的白云、一个男孩、一个女孩和一片草地，还配着一行话："喂，长大以后，你想做什么？"单看图还以为是男学生和女学生在讨论梦想呢。但是如果是两个快乐的小伙伴的对话，是不可能用"喂"来打招呼的，那太不礼貌了。那这句话是对谁说的呢？到底是男学生说的，还是女学生说的呢？说完后又会怎么样呢？这一切都是可以依据画面去想象的！图上的白云有各种造型，要求里又提到了"故事完整"，这显然不是我们日常理解的"看图写话"，而是以画促思，要带着一颗童心来发现图画里的"想象"点，从而创作属于学生自己的"梦想"故事。

【教学目标】

（1）单图与绘本结合，在故事启发下培养学生的发现力，在观察中学会捕捉有用细节。

（2）图、文对照着激发学生的想象力，合理而有创造性地编故事，表达通顺，富有童趣。

（3）通过阅读写话要求，做到格式正确、字迹工整地写话。

【教学过程】

（一）激趣引入图片，观察

师：喜欢画画的小朋友请举手！（生举手）爱画画的孩子想象力一定很丰富！喜欢看绘本读故事的小朋友请举手！（生举手）爱看绘本读故事的孩子一定非常会表达！"图画故事大王"就是会想象、善表达的孩子，你们想当吗？（生答）真是有梦想的孩子们！要怎么实现这个梦想呢？今天老师就给大家带来一幅画，它来自于一个非常非常有趣的绘本故事。大家看！（PPT出示图片）

师：有人知道是哪本绘本故事吗？（如果有，请学生大胆地说，预设为没有）没关系，那让我们从下到上，注意是从下到上的顺序观察图片，看画面上有什么。

从下到上依次出现：绿草地、男孩和女孩、两行字、蓝天和白云。

师：这两行字是——（生读）这话会是谁说的呢？又是对谁说的呢？说说你的理由。

引导学生发现图画里的景物和人物与众不同的地方。

男孩和女孩：面对着面，双手舞动。男孩子仰着头，女孩子看着男孩子，他们俩都张大了嘴，非常开心。

白云：像狮子、像鲸鱼、像……

猜想一：男孩对女孩说的话。男孩和女孩面对面，他的手抬得高高的，像在和女孩高兴地打招呼。

猜想二：女孩对男孩说的话。女孩的眼睛平视着男孩，身体还微微向男孩弯曲，她的嘴巴也是张开的，就好像要和他握手说话呢！

猜想三：男孩对天空说的话。男孩的头是仰起的，手还举向天空。

猜想四：男孩对白云说的话。天空没有表情，可是云有表情，还在动，好像和他们一起玩耍，所以男孩要打招呼应该是跟白云打招呼才对！

……

过渡语：云怎么会是狮子呢？怎么会是鲸鱼呢？让我们听一听故事，看看到底是怎么回事吧！

（二）听绘本故事，合理续编故事

播放视频，讲述绘本故事《我长大以后做什么》。

1. 看后交流

师："长大以后，你想做什么"的问题，他们问了谁？

生：蒲公英、小鱼……

师：他们问蒲公英问题时，是怎么说的？问小鱼时，又是怎么说的？你发现了什么？

生：有称呼。

师：可是我们看的图里，问话可没有称呼哦，只喊了"喂——"，你想想这话到底是对谁说的呢？

模拟情境，帮助理解：学生由近及远地打招呼，感觉声音的变化。

2. 依据绘本故事，确立基本框架

地点：绿油油的草地。

气氛：特别高兴。

人物：男孩、女孩和白云。

对话：男孩对白云呼唤，"喂，长大以后，你想做什么？"

白云：_____

女孩：_____

白云：_____

3. 根据图画，你还有别的编故事的方式吗？

重点提示：结合自己的梦想。

（三）读要求，写故事

（1）读要求，强调格式正确、字迹工整和句子通顺、故事完整。

（2）学生写故事。（播放背景音乐）

（3）展示写的故事，并对学生赞扬和奖励，封为"图画故事大王"。

（4）欣赏老师的下水文，谈谈感受。

（四）小结

1. 看图写话的诀窍

按序观察细致看，（画上有什么？）

善于发现找关键，（怎么画的呢？）

合理想象巧关联，（为什么这样画？）

动手写出文一篇。（完整具体又有趣）

2. "图画故事大王"大合影

带上自己的作品，一起合影留念吧！

（2018年5月28日）

我们组合写作文

我们班的作文水平良莠不齐，对于写作文这个事情，许多学生既是躲，也是怕。为了提高他们的作文水平，这个学期我尝试了下水文示范，这个方法让原来作文有一定基础的学生的作文水平有了明显提高，但是那些对作文不入门的学生还是写不到100字。我也尝试过赏析学生中的好作文，这巩固了处于上游的学生，激发了一批学生走进作文的世界里，但是"固执"不会的还是不会。这个学期，我让学生每周往我邮箱里发一篇文章，共计12篇，我会个别反馈再集体点评，甚至将修改过的优秀文章发到家长群，鼓励家长给学生引导。但是班里学生之前养成了拖拉的习惯，总有几个没有按时发，我也就因为忙别的事情而错过了追究，所以受惠面也非100%。

统观教授新课时学生写出的作文，我发现问题的关键在于学生"缺乏观察力"，不那么留意身边的事和人，对自己亲身经历过的活动细节在写的时候都是错的，用一句话说就是"不用心"。所以作文难不是一般意义上的"巧妇难为无米之炊"，而是"有米不会煮饭"，有素材却写不出来，或者根本就没有意识到那是素材。培养学生要因材施教，针对他们的作文难题，我打算不走寻常路，在复习阶段尝试各种方法，以求"润物细无声"地改变。我只追求一个结果：让会者更优秀，让不会者走进作文中，让害怕者敢大胆尝试。作文应该成为学生擅长的能力，并饶有兴致展示的才华。12月31日，我做了第一次作文教学的尝试——自由组合，找水平相当又志趣相同的同学形成志同道合的创作团队，然后续写。续写分两种：写人和写事，所以组好队后可以选择。

上课伊始，我将选择组队权和选择写文章类型权交给了学生，并提出要求。"选择是双向的"，让学生在选择中学会尊重和维护权益。可能是由于这种写作文的方式很新鲜，学生第一次尝试，都兴奋不已，在规定的时间里很快找到志同道合的伙伴，组建好队伍后迅速找到地方开始创作；还有的因为是双向选择，有些不那么顺利，但通过协商也组好了队。最后只剩下两个孩子，一个是这学期转学来的赵俊名，大家不太了解；还有一个是之前不太敢展示自己、缺乏主动的王子睿，在这双向选择中因为缺乏主动意识而错失良机。看着他们失望的表情，我建议他们俩组合，共同创作，我以为他们会别扭，但两个人很快乐地组合起来，也进入写人的文章创作中。全班49名学生，原则是5个人一个创作团队，但是有三个小组偏就只有4个人，也罢！在自由组队中，学生意识到自己的行为决定了自己的"受欢迎程度"。有些学生被"抢"，因为他们能力强，且性格好、宽容；有些学生被"弃"，表明他们还有更多的事情要修正了。在这样的学习过程中，我希望学生能够自我觉醒，让自己变成一个受欢迎的人。当然，这是我做作文教学时附属的一个教育用意，学生能否体会呢？就看他们的观察力了！

进入到创作中，学生各有分工。在同伴写的过程中，其他人会不时提醒"你注意写细节啊！""多用点比喻，这样才生动！""用成语，用成语！"……创作与鉴赏、创作与修改齐头并进，弄得第一节课下课后竟只有我一人走出了教室，他们还在继续呢！看着这样的他们，我忍不住用手机记录下他们的状态，及时和家长分享着他们的快乐和认真。30分钟创作好后，"志同道合者"团队作品要公之于众了！每个小组派一名同学宣读，然后经大家评议，评出最佳创作。我没有想到，在这个环节里，吴玉芳、熊凌馨等平常胆怯的学生组建的团队竟争得了第一个朗读的机会。朗读中，我被他们进步的表现感动了。他们开了个好头，于是，"八仙过海，各显神通"，各创作团队互不示弱，将自己共同的心血对着全班同学读出。评议中，王天胤的团队创作获得了最高票数，获得了"降温"奖——一盒王老吉饮料。为什么叫"降温"奖呢？因为获得最高奖容易激动，情绪高涨了影响下面上课！得奖和没得奖的学生都非常高兴，因为他们的作文水平真的提高了，而且是每一个人！

　　作文难不难？不难！难的是学生"不想写"。所以，我要做的就是调动他们的"热情"，把他们的心"拨"回来。这两节课上，学生的心在了，写出来的文章也就有模有样了，有的写得滋味浓郁，还真让我佩服！其实，五（1）班学生的写作潜能是无限的，只要心在，这是学习任何东西的关键。尽管这次又有一个团队写跑题了，但我还是很骄傲，因为他们下课告诉我："写作文好好玩啊！"还有比这更好的吗？

（2015年1月8日）

随机教学

没有物质奖励　只为进步而为

——记"不忘国耻　振兴中华"主题演讲

　　和第一次的演讲会相比，这次的演讲会办得非常低调，我甚至没有告诉他们写演讲稿，只是布置了"收集相关资料，为演讲做准备"的作业后，学生就自发地在小组长的带领下开展了活动，在上个周末就将自己的演讲稿发给了我，令我异常欣喜。因为这一次我根本没有讲什么时候演讲，也没有讲演讲的规则和奖励办法，但是学生一看到"演讲"两个字，竟然能够如此认真自觉地开展活动，这是我带班以来第一次感受到他们高涨的学习热情。被他们推动着，我只好在周二的时候宣布周四，也就是今天，即12月15日下午开展演讲活动。各个小组纷纷准备，想让自己的发挥更加出众，这种你争我赶的学习氛围在三班逐渐形成了，委实不易！我看着他们的进步，心中难抑喜悦，但是表面上却不能表现出来。因为他们一看我高兴了，神情放松了，就容易放纵自己，缺少对自己的约束，所以这次我得绷住，好让学生持续进步！但是看着他们，我还是会偷偷地喜不自禁。

　　下午我刚到班里，就被主动来背诵的学生包围了。本来想在学生安静的午自习时间里安心地看看书，可是……没办法，他们急切等待的队伍已经排到了门口。学生的积极性还是需要好好保护的，所以我将书放在一边，听他们背诵。检查到了一定程度，因为要听写，所以交代刘佳昕后面的同学都回座位，于是听到一片预料中的叹息声。我知道这样做对学生有些残忍，但是其他任务也还是要做的，只好忍痛割爱。听写本交上来后，学生自发地准备演讲稿了，同组帮助背诵的同学也跟着出去了。等我一抬头，班里只剩下不到10个人，我忍不住说："啊？唱空城计啊？！"转过头看到了门外，学生相互之间积极做着准备，这情绪难以控制啊！一看这个情况，我预计这次演讲会的纪律会很乱，能放不能收是这个班的"最大特色"。看着他们，我边看书边思考如何管理这次演讲会的纪律。

上课音乐一响，学生虽然归位了，但是嘴里还是不停地发出声音，尤其是当我转身背对他们，在黑板上写"不忘国耻 振兴中华"并修饰的时候，他们更加无法做到"静息"，群情难抑。我边写边安慰自己要忍耐，一直等到学生喊起立后才开腔。针对他们的行为，我让他们看了一篇文章《假如我在战场上》，这是我之前带的学生在五年级的时候写的，主要内容为与自己较量，因为人生最大的敌人是自己，文章写的就是在这场较量中人应该怎样做。对比班里学生的精神状态，再看看文中同年级师兄的思想深度，我让学生思考我对他们的要求："自己管好自己，降低音量说话，减弱幅度做事"，看看自己做到了哪些。显然在对比中，学生意识到自己的不足，因此，刚刚还躁动的班级一下安静下来。水到渠成，符合了演讲时要求"安静、礼貌、与自己好好做斗争"的规则。然后简单地安排了演讲顺序，演讲会在没有主持人、没有开场白，也没有评委出席的情况下正式开始了。

八个小组悉数登场，我很享受学生按照"安静、礼貌和与自己好好做斗争"的要求为全班营造的听演讲的良好氛围。全场安静得让我对每个组的演讲听得真真切切，也在他们的演讲中深受感动。这次演讲有三组采用了双人同时上台、配合演讲的方式，相互之间非常默契。演讲中有之前就参加过演讲的学生：潘泫冰、朱浩韩、李一诺和张映冬。他们的进步非常明显。而更多的是新人登台，第一次亮相就语出不凡的庄荟怡、许佩岚和周思颖。还有些扭捏的曾智相，平时就有很多锻炼机会的张晗祺、梁雨茵和童心宇等，他们给我们呈现了精彩的演讲。这次演讲较第一次演讲更成功的地方是演讲稿的写作水平提高了。学生在收集了大量的史实后，小组讨论定稿，写出了内容丰富、特色鲜明的演讲稿。张晗祺和梁雨茵将大量的史实与现代的生活进行对比，在对比中紧扣主题，表现出作为中国人的自信和自豪；朱浩韩在列举百年噩梦中的特别事件后，写出了现代人应该怎样振兴中华；潘泫冰更是饱含深情地痛诉了在那个"百年噩梦"期间给我们带来深重灾难的列强的罪恶行径，痛惜在整整百年中我们祖国被侮辱的原因，并明白振兴中华应该从哪里起航，如数家珍似的将现代中国的自豪事件一一呈现；张映冬他们更是从五千年的文明史中找到作为中国人的自豪感，然后再来看历史长河中那最难承受的百年；童心宇把视角落在了日本对中国犯下的种种罪行上；李一诺和庄荟怡从历史事件中为我们慢慢展现"国耻"时，更让我们清醒振兴国家的必要感和紧迫感；周思颖和许佩岚虽然是女生，但是痛诉罪行也是毫不口软；曾智相代表的小组将振兴中华的使命非常现实地归到同学们的肩上，并强调作为学生就要好好学习、天天向上。他们有的从历史的长河中找到根源，有的从现实层面剖析意义，有的在用史实说话，有的却用情感动人……精彩各不相同，进步却是实实在在的，有章有法。所以当学生演讲完毕，我的点评中不乏溢美之词：以情动人的潘泺冰，很有现场感表现力的张映冬，以老带新的李一诺、庄荟怡……

最后还是要说奖励："这次比赛我们的奖品到底是什么？"我抛出这样的问题，学生的回答也是非常令我满意的："在做的过程中了解了很多知识。""得到了成长锻炼的机会！""我们进步了！"……是啊，物质能够衡量这些价值吗？"上一次你们为了奖励，积极努力，而这一次没有奖励，你们仍然保持浓厚的兴趣和高度的热情并努力去完成，这就是无价的、无与伦比的！"很多时候，进步本身就是奖励，获得知识本身就是奖励，如果补充一定的物质，那是锦上添花，但绝对不是完成一件事情后我们一定要追求的东西。这次演讲，我将这个想法带给学生，希望他们以后能够为了自己的成长去做对他们有益的事情，就像今天这样！

（2011年12月15日）

我创作 我表演

单元学习进入到"感受语言表达的艺术"，课文中营造的各种情境，呈现出不同风格的语言带来的效果：《打电话》用相声的"笑料"告诉我们精练得当的语言才能促进人与人之间的有效沟通；《晏子使楚》的古老故事将机智巧妙的语言摆脱尴尬的艺术效果铺展在我们面前；《杨氏之子》中幽默风趣的应对语言不仅展示了一个孩子的聪明才智，更让孔君平被反驳得心悦诚服；《半截蜡烛》里解决危机的也是天真烂漫的杰奎琳不着痕迹地闲聊，让德军少校放松了对法国小女孩的警惕，从而完成了守秘密的使命。

语言被纯熟地掌握后，恰当运用就能够达到意想不到的效果。这一点学生有感受，但是真的领略语言的精粹还是需要花时间去努力学习。学习靠什么？兴趣是最好的老师。为了让学生喜欢"语言艺术"，我尽可能找到他的兴趣点，引导他们走进语言的世界。古文精简，但空白的"想象空间"充足，何不用古文的故事框架创作一些现代的表达呢？于是课堂上就有了"意译"的效果，但是学生毕竟是第一次正式接触古文，这种精练的表述还是个"新鲜"玩意儿。这么大的学生对新鲜感有兴趣是再自然不过的，所以就有了学完课文后的创作——《杨父归来》。学生设计的故事情境真是五花八门，最典型的是孔君平还没有离去时杨父归来，孔君平这一番好夸！显然创作者扣住了"甚聪慧"一句，还有过几日后杨父归来，杨氏之子与父谈及孔君平造访之事，颇有情趣，创作中带出了对孔君平的全面认识，将其"打趣逗乐"的个性展示出来……小试牛刀，学生的创作真是像模像样，很有"古文味"。当我读到那些创作好的文章时，下面的学生好不羡慕和佩服！原来语言因为特色不同，呈现的是这么好玩儿的味道。《晏子使楚》是在古文的基础上想象创作出来的现代文，其形象在创作中其实并不丰满，为什么呢？因为学生对那时候的历史并不完全了解。比如，"五尺之洞"为什么是侮辱？比如，宴会中审犯人为什么是"不尊重"？这些都需要有足够的历史知识。在闲谈这些相关的历史知识后重新去读课文，理解君臣之礼和礼仪之道后，学生再去读课文就更加佩服晏子的胆量和机智，也理解了楚王为难晏子的用意，从而更全面地认识楚王性格的正反两面性。在此基础上让学生写读后感的时候，他们自然就会在人物的不同表现中找到自己可以学习的地方：学会用巧妙的语言化解危机是他们共同的认知，因为在集体中学习时，难免不被同伴挑出毛病，是生没用的气还是恶言相向？似乎都没有用智慧的语言让对方"搬起石头砸自己的脚"来得巧妙，古老的传奇人物对今天的学生照样有着很好的行事指导。

剧本和相声都是学生第一次接触的文学样式和艺术表演方式。这种新鲜感会因为陌生而渐渐失去吸引力，所以得先让他们熟悉。于是通过多读多看，他们终于明白了原来有声的剧本和相声才使这种文学样式和艺术方式产生无限的魅力，语言的力量也才真的体现出来。课堂中，依据剧本的提示，让学生把静静的文字发出声音来："屋外的风猛烈地吹着"，我就用手势指挥他们用嘴制造出"呜——呜——"的效果；"一阵粗暴的敲门声"，我就用我的拳脚示范引导出"粗鲁"的效果……学生在我一遍遍地指导表演中终于感受到剧本原来就是为表演服务的。课堂上，将课文分成3个表演片段，不停地指导表演：表情、动作、站位、台词、环境营造……他们在下课了还意犹未尽。我再给足时间准备，专门让他们自己找剧本或创作剧本后，自己组合表演，展示语言艺术。而相声是什么？什么是"抖包袱"？有哪些表演方式？我们在最有兴趣的时候将这些关键点在《打电话》里找到相应的地方，以加深理解。

2012年3月20日，学生进行了4天的排练后，表演正式拉开帷幕。我无法预测学生的表演，因为多次的活动中学生虽说有了进步，但是这种紧扣"语言艺术"的表演，他们真的能用准确到位的表演展现吗？我在怀疑中期待着，在期待中不断给自己安慰：要相信学生的创造力和理解力，更要鼓励他们的表现力。下午上课，一开始说了规矩：观众要文明地、评判地看表演，做到心中有数、嘴上留德；表演者要注意讲清楚表演内容和角色，表演完要谢幕。然后以学生自愿主动的原则定下表演顺序，汇报表演正式开始。

表演单口相声的竟然有3个人，其中黄奕霖是因为伙伴临阵逃避，他只好自己挑大梁，变双人相声为单口相声。显然，因为准备不充分，效果并不那么令人满意，但是他勇于承担的行为却值得嘉奖。我们要培养的就是有责任感、有自信的人。今天的黄奕霖是好样的！《幸福鞋垫》的创意表演让全班捧腹大笑的次数简直数不胜数。5个女孩精湛而精心的表演让我惊叹，原来她们一直是深藏不露啊！李一诺、陈欣的大胆表演很出彩，潘泺冰、许佩岚和庄荟怡亦庄亦谐的表演很博彩。5个人精彩纷呈，各有特色，集体效果更加出彩，让大家羡慕不已。我们在她们的风趣中感受到方言的魅力，感受到语言节奏不同的表现效果，感受到谐音带来的快乐，更加感受到语言在推销时得天独厚的艺术感染力。各种名人在一块小小的"幸福鞋垫"上成为笑料百出的道具人物。语言真是个好玩儿的艺术！《半截蜡烛续集》是7个孩子集体智慧的结晶，他们竟然能想出这么好的情节来：德国兵假装离去，米德叔叔来取情报，结果被3个德国兵当场抓获，被逼无奈后只好鱼死网破，直接干上了！他们从服装、道具、化装等方面都准备得极其充分。汪波霖这个大小伙演起娇滴滴的小姑娘来还真是惟妙惟肖，和郝思远扮演的哥哥之间争功劳斗气，还真让我们印象深刻。韩振球、肖泽响和曾智相将粗鲁而狡猾的德国兵演绎得不仅形似，而且神似。当然，这种人最后的下场也不好，被扮演米德叔叔的童心宇当机立断，用神枪将其了断。肖泽响将"死"表演得淋漓尽致——他刚拔出枪，还没来得及扣动扳机就被击中，踉跄到门边，斜倚着门，身体一点点地下沉。最终也没想明白3个人怎么就打不过一个人。因为米德叔叔是在用话语迷惑他们时眼疾手快趁其不备动手的，还有廖舒妮扮演的妈妈在近旁不停地东拉西扯，德国兵哪想到就被突然开枪击中啊!

表演完毕,让学生评述。学生观点很明确,好和不好并不能一眼见分晓,但是语言的魅力还是在表演中呈现了,这就是最大的收获!不管是表演者还是观看者,都能得到快乐!我很高兴,我的学生这样认真地对待着任务,这样在实践中体验着语言本身的能量,希望下一次表演者更多、成功者更多!

(2012年3月20日)

这个雨天,我们没有错过

这两日的雨下得非常密集,甚是透彻。相较于昨日,今天4月20日,谷雨,雨来得更是诡异。非常幸运的是,今天雨来的时候,我正和学生一起上课,也就有了一同观雨的兴致。因为我,同学们没有错过这场"魔幻版"的雨。

上第一节课时天阴阴的,我正在讲"武松打虎",学生被文字世界里的"紧张、激烈、猛"吸引着,课上"热血沸腾",并不在意屋外的风云变幻。第二节课,他们也从梁山好汉36位天罡星的名目里回归到写作业的状态,没有谁感受屋外的变化,只有我一个人注意到了窗外。"快看外面的天!"一语刚出,学生随着我的视线看向北边的窗户。"哇,好漂亮!""啊,好黑!""啊,这是白天还是晚上?"……是啊,此时天幕乌黑,乌云压顶,但文德福小区后的天却是晕黄中透着亮,闪闪的,将文德福北欧风格的红色屋顶映得鲜明,轮廓硬朗……这一幕只有在《哈利·波特》的电影里出现过。于是,我忍不住说:"像不像《哈利·波特》里描述的城堡?""像!"学生被我这一激发,更是收不住了,全部挤到北边的窗台,纷纷想占据有利的观察位置,相互间肆意谈着感受。

"管老师,那边的天更好看!"沈飞龙从后门走出教室,在走廊上看过了天空后回来向我报告。这个机灵鬼,知道哪里有空就钻向哪里,而不是大家都扎堆在一起挤着看不清。"是吗?我看看去!"于是,我来到走廊上,透过风雨操场的屋顶看天幕。说来也奇怪,只有头顶被乌云笼罩,而乌云的边际有一圈亮白,对比中,气氛更鬼魅。"怎么只有我们头顶有乌云呀?"我看围过来的孩子增多，故意问。吴彬听了马上说："对啊，现在我们是在晚自习吧？好像是晚自习的时候啊！"正说着话，雨滴飘落，随风飘到我们身上，舒服清凉。还没来得及说点儿啥，张映冬便挤了出来，背对风雨操场，贴着护栏，让雨洒在背上，喜滋滋地说："啊，好舒服啊！"他总是会在这种时候冒个尖。我感觉雷电要来，所以就走了进去，这时候堵在教室外的孩子们也跟我进了教室。

"在窗台边的同学注意，别靠墙太近，一会儿会打雷、闪电。"他们马上离开窗边，班内开始说着这雨，生怕我再让他们写作文，因为昨天中午我们就是趁着雨势写了一篇题为"雨——这专门作对的雨"的现场作文。学生觉得已经写过了，再写就太可怕了，看我让他们观察雨，还是上课时候，不免会揣测我的心思。可是我是谁啊？是他们的管老师啊，能让他们猜对心思的时候还没出现呢！我故作神秘，就是不应声，也和学生一起看着雨，心情愉悦地观赏这瞬息万变的雨天……终于，雨痛快地下了起来，密植在天宇，让眼前除了茫茫一片，就是紧闭的窗玻璃上不断下滑的水珠更替着。

已经看不到什么了，那么就收回心吧！可是放飞容易，这收心的速度可就慢了。"看着这场雨，我联想起一个笑话……""老师继续说！"学生被我卖的关子吸引了。"也是一个下暴雨的日子，在一间精神病院，院长很担心病员，就巡查病房。到了院子里，发现人人手上拿着毛巾、肥皂站在雨里，正热火朝天地洗澡呢。就在这时，他发现一间病房里有一个人看着窗外，他很高兴，就走过去问：'你怎么不去啊？''他们都笨得很……我等水热了再去！'"班里立即爆发出欢乐的笑声。学生心领神会，都不想做那个"神经病"，自然不会明目张胆地去看窗外了，趁着他们坐正，我开始听写《草船借箭》的生字词，"现在看外面才有看头啊，白茫茫的……"班长肖泽赶快写完，忍不住看着窗外，也不顾上课，就难以自抑冲口而出。"让它下着吧，下雨是很自然的事情嘛！"我轻描淡写地扭转着学生的注意力。

听写完了就是他们自己做作业的时间，大多数学生都在边听着雨，边完成着任务，做着《知识与能力训练》，我很满意。能放也能收，班里学生的表现已经很好了。就在我感叹时，被一个盘坐在书柜旁的桌子上的身影吸引了。张映冬！他是什么时候走过去的？这么悄无声息地坐在窗台前，痴痴地看着窗外越下越紧的雨，他在想什么呢？为了维持课堂纪律，我没有支持他的行为，将他"请"回了自己的座位。

下课了，楼道上已经积了许多水，班里学生在陈欣和林洪基的带领下，拿着拖把在清理走廊，干得热火朝天！潘班长赶紧报告我这件好事。我走出教室，看到无法下脚的走廊上积水已经清得差不多了。他们费劲地用着拖把，"用扫把可能更快些！"我刚出完主意，林洪基就将拖把架好，取了扫把，果然迅疾！学生和雨有了一次欢快的接触，有意思！我也忍不住要来扫把，将下水道上堆积的杂物清理了，再让他们清理雨水。和学生一块游戏了一把，快乐极了！

这个雨天，我们没有错过。比起昨日给学生即兴写雨的叙事诗，今天可算过得太丰富了！尽管课上得有点儿"不务正业"，可是我还是觉得很值得！

（2012年4月20日）

"梦"一改再改

正式参加建队日活动彩排。

第一次彩排：2013年10月8日下午，学校大队部看彩排。评语：太棒了！打破了一个个俗套，形式多样，真好！

第二次彩排：2013年10月9日上午，学校大队部和校长一起看彩排。评语：好得很，精彩！

第三次彩排：2013年10月9日下午，学校大队部和区少先委一起看彩排。效果很好，我也就没有再在意什么，所以下来训练孩子们做得不熟的地方。可是噩梦却在2013年10月10日早晨开始。

校长和大队辅导员亲自来到教室，和我谈"南山梦"的改动："付出了很多，效果也好，很感谢！区里的领导看后觉得PPT很好，已经放在大队部微博里共享。但是现在要全部推翻，重新来弄……要改成配乐朗诵，所以文字要压缩，时间在2分钟左右，再找一名学生现场用iPad打作文……到那天也不是全体六年级学生到会场了，就你们班学生去……"我的天！8分钟的内容压缩到2分钟，还不让用PPT，那我们的学生到南山各个地方拍的那么多好照片不都浪费了？还要现场打作文？我无法理解领导的改动意见，但是细想领导说的

"用新技术"，还是不得不接受了更加艰巨的任务，同时不能全听领导"瞎"指挥，要是再过不了呢？还是要自己拿主意。

毕竟学生付出了、准备了，也充满期待地参与这个活动，不能因为学校和区里的意见不一致，就将学生的辛苦抹掉，还是要说明白些，请求他们的理解。学生在我的解释中理解了，于是定下让刘欢仪、杨小雨继续担任讲述者，作文能力好的同学推选了刘欣和孙嘉炜。我上完第一节语文课后迅速动手，先改稿件。将8分钟内容的精华浓缩在2～3分钟内，还要找到相应的配乐，然后找到刘欢仪和杨小雨训练朗诵。做完这个事情，我又迅速盘算着"用新技术"的问题，学生现场用iPad打《我爱南山》的作文太单调了，也不符合要求，于是我打算找两名学生用QQ聊天的方式进行。这种方式是展现新技术的，可是现场能够得到技术支持吗？我需要找领导和相关的技术把关者沟通。和孙嘉炜、刘欣谈完我的用意后，我就马不停蹄地找领导和技术顾问进行沟通，在确定技术有保障后，我又想再扩大范围，建立一个讨论组。于是又到班里选了周芷逸、陆海鹏和朱胄涵。有人员了，有技术保障了，有构想了，就是没有工具，所以要等到下午再去做实际指导。于是再找林总，请他下午帮忙培训，他满口答应。

2013年10月10日上午第四节课，还要彩排，这是第四次。既然班里学生只是当观众，那就没有必要全体出动，于是只让杨小雨和刘欢仪过去彩排了。最后的评语是："内容时尚，切合主题，亮点多！但音乐要更现代些、动感些，这个交给音乐组去弄吧！"看来第一关过了。

2013年10月10日下午，第五次彩排前，我带着要群组讨论的5名学生找林总，要将素材装进他们的iPad，同时要检测网速。最终林总帮我将学生拍摄的照片进行了压缩，以免传送速度过慢，影响讨论速度。但是用QQ群组讨论的方式仍然做不到传送及时，怎么办？我当机立断——用微信。可是只有两名学生用过微信，我要在40分钟内教会他们下载、建立账号、使用和讨论主题。还好，我们这几名学生很聪明，终于在彩排结束前将微信群建立并顺畅讨论起来。到达彩排现场，我们的环节已经过了，学校领导、区市领导正在热烈讨论呢，因为对展示方式不满意，怎么办？区市领导要看用iPad的全过程，可是我们彩排中展示的都是结果，让他们感受不到在用新技术。我和我的孩子们就在旁边看着他们激烈地争论，终于我等不了了，还差20分钟就放学了啊！我要求先将我们的"南山梦"完整展示一遍，可是……再三请求后终于上场了。区市领导一看这形式，露出了笑脸："这多好！我们要看的就是这个！就是这样！"我们顺利通过了彩排，第五次彩排结束。

2013年10月11日下午3点，"红领巾相约中国梦"建队日活动正式开始，4点30分正式结束！这3分钟的展示和全程充当"绿叶"虽然让我们整个六年（3）班累到想逃，但是我们还是负责地坚持下来了，最后的收场也很圆满，感谢我们班的重要红花和重要绿叶们！

我们班是唯一整班进入主会场的，从主角换成了配角，充当绿叶。从活动开始我们用军训学回来的鼓掌方式欢迎着入场的领导和嘉宾，给展示的同学及时的鼓励掌声和赞扬支持，做最有文明素质的观众……作为全校少先队员的代表，我们出色地完成了任务。这是我和我们42人的新集体一起完成的第一次大型活动，我忙得像陀螺，但是想到学生从中有所收获，我还是挺高兴的。

"绿叶"也许是我们人生中最常充当的角色，做我们不想做但又不得不做的事情也是我们无法回避的困境。虽然自己准备充分，但是这个团队没有达到一致，需要我们等待的状态也是我们必须经历的……在这次活动中，我带着学生体验并提高，引导他们思考着作为社会人必须要思考的人生命题，也许他们懂得，也许他们懵懂……但是他们一定记得我们在经历中一起关注过这些，一起讨论过这些，这也是这次活动让学生获得的另一份馈赠！

（2013年10月11日）

附：配乐朗诵

南山梦

刘：鹏城亮翅正腾飞，南山着力创新区。毫不夸张地说，如今的南山，那真是十里不同景，无处不飞花，车在林中走，人在画中游。

杨：那我们就去看看新南山吧！"文化立区"是政府的战略，南山应运而生了许多文化园、休闲带。

刘：是啊，离我们后海小学最近的文化园就不少：深大艺术村、南山文化中心、华侨城创意文化园、南海意库，等等。

杨：走进华侨城创意园，我们看得到科技；走进南山文化中心，我们能享受科技带来的便捷和快乐；走进南海意库、招商博物馆，更能感受到科技发展的生产力。

刘：这真是——文化园里开眼界，科技嵌入献精彩！

杨：梦想在文化中精致优雅，科技在梦想里创意发展！

刘："读万卷书，行万里路。"要是你喜欢旅游，就不能错过我们南山区的"世界之窗"。

杨：它是深圳的形象，它是欢乐的焦点，它是文化的荟萃。比邻的还有民俗文化村、锦绣中华等。

刘：南山怀抱世界窗。

杨：品牌旅游乐欢享！

刘：走进我们南山的旅游景区，你快乐的梦想一定能实现！

杨："文化立区"改变着南山的容貌，也改变了南山市民的生活。2011年的大运会留给南山一座春茧，它和深圳湾公园紧连，构建了新的市民休闲带，看海、听风、赏鸟、运动，欢乐又健康。

刘：有空请您到休闲区，跟着跳跳广场舞，跟着滑滑踏浪板，跟着踩踩脚踏车，迎着海风张扬梦想。

杨：搭上梦想，开启幸福。

齐：南山梦——蓝图已绘就，我们激情澎湃；梦想正启航，我们阔步前行！

用喜欢的方式做不得不做的

在进入社会之后，我发现人可以任性的机会越来越少，每天的工作难免会遇到一系列不喜欢但又不得不做的事情，怎么办？简单，就是取舍，就是选择，既然做不做的选择权我没有，那就选择怎么做。不累积负面情绪的唯一方法就是用自己喜欢的方式做，要越做越开心才好。尤其是我们老师，一旦有了负面情绪，被波及和遭殃的学生就很无辜了，调整情绪、智慧做事是我们必须要做到的。只有快乐相随，才有创造幸福的能力，而我们做一切事情不就是奔着幸福感去的吗？多年来，无论在工作中面对什么，我都用这样的思维方式取舍，用这样的思维方式选择。这个月，繁忙、劳累在所难免，但所幸心情舒畅。就拿学校安排的体育节来说，有太多的出乎意料……

一通飞鸽消息，公布了10月份的重头戏——体育节，为期3周。这是前所未有的拉锯式活动安排，对于小学来说，这份安排确实有思虑不周之处。首先，小学生十分好玩、好动，其自控力和自律性刚刚起步，持续3周势必会让其心思随着快活的心情涣散于课堂之外；其次，小学生的各种能力还在初步发展，无法独立完成任何一项特别的活动，需要有成年人相助才行，这就让平时有确定教学任务和教育责任的老师们必须额外付出精力和精神；再次，本校从创办开始，在体育方面就没有大张旗鼓地做过展示，没有文化积淀，也缺乏群众基础，要立即出成果，谈何容易？最后，本次运动会还要做得有文化，结合教育国际化和课程整合来展示后海学子的精神风貌，虽然点子很时髦，可是容易被简单化操作，造成铺张浪费的后果。如此看来，这次活动是不是就不该办了？当然不是！重视体育是学校应该落实的，运动会本来就应该每年开办，学生可都盼着呢！做，还得快乐地做，让学生充分感受其快乐。作为班主任，我还要牵头做好。

做一件事情，如果只是自己做，那是很好办的。但这是运动会，还是学生运动会，更重要的是小学生运动会，要考虑的细节就会非常多。所以，当我们班热情的家长们要承担下来时，我并没有痛快地答应。这是学生盼望了那么久的运动会，主角应该是他们，借着活动，我得让他们"活"起来——不仅身体活，脑子也要活！首先，找班委商量方案，确定方案后进行分工：体委负责运动员挑选、报名和训练；各学习组长负责领导各小组结合项目进行相关学习，并确定特色展示内容；宣传委员负责板报宣传；班长负责班级特色介绍和口号设定……我们的家长是强大的后备军，帮我们采购文化衫和制作文化衫的材料工具，并且随叫随到。活动将学生、家长和学校紧紧连在一起。

结合体育节方案的精神，我们班将课程整合集中在开幕式上的班级服装——自制文化衫。当所有的材料汇齐，并征询美术教师的意见后，我们分两步完成文化衫的制作：铅笔构图和集体上色。本来想让学生将服装带回家和家长一起来构图，这样所有的家长都有参与感。但是考虑有些家长忙于工作难以分身，学生一个人做又会成为负担，所以最终还是决定在班级里大家分组一起做。10月29日下午放学，邀请了从事设计工作的王天胤妈妈和我一起来陪伴学生设计文化衫。

第二节课一下课，我就将基本准备要求写在黑板上，从电脑教室陆续回班级的学生很快就将教室变成了文化衫制作工作坊。每个人领到自己尺码的白色T恤，就开始发挥脑力和动手能力了。哇，那场面真是热闹啊！同学们个个认真对待，设计完前面，设计后面。本来就是让他们设计我们计划好的澳大利亚的英文字母，但是制作中，学生竟讲究起设计感来。大家都在画着，王天胤突然从自己的位置上离开，走到班级电脑前，找到了之前我们一起看的澳大利亚图片，点开一张澳大利亚地形图后又跳回自己的位子，继续干活。他这是要干什么呢？我离开教室给部分用活动铅笔的学生借铅笔，回来后就看到他拿着构好图的文化衫给我看。呀！他竟然将澳大利亚的地形图放在了字母后作为背景，既显眼又漂亮，我忍不住夸赞起来，引来小伙伴的围观和惊叹，倒弄得他不好意思了："有那么好吗？"小伙伴们异口同声称赞："嗯，有那么好！"教室里充满着快乐。或许是受了他的启发，更多的学生也开始用各种澳大利亚元素来设计文化衫，而不只是简单地画画了。王天胤妈妈对着学生稚嫩的设计感慨着："孩子们给了我好多灵感，我也想画画！"当然，也有绘画水平不高，生怕自己画脏了白衣服而不敢动手的，幸好有王天胤妈妈从旁指导，学生很快找到了自己的感觉。"赵俊名穿上了！管老师快给拍一个！"大嗓门的学生呼喊着我。循着声音，只见胖墩墩的赵俊名早将画好的文化衫套在身上，让伙伴们评价。看我给他拍照，他竟有些不好意思，但还是笑容灿烂地看向我……

创作总是会给人带来快乐，和学生一起创作，这快乐就更多了。连数学老师和英语老师也被大家感染着，走进我们的文化衫制作教室。而六年（2）班的孩子放学列队看到我们班的一幕幕，都羡慕地张望。我也忍不住把这份快乐通过工作群发给全校老师看，通过班级群现场直播给家长看。这种有意思的方式让本来头疼的任务变得乐趣多多了，下周一，我们邀请美术组老师来指导学生上色，之后我们班的文化衫将飘在学校的某个角落晾晒，那时候又会成为一次幸福展吧！

（2015年10月30日）

附 录 已发表的文章明细

教育故事

我与文本

《"走进"又"走出"的快乐》

《学生的个性化理解和文本的价值导向有出入的时候》

《等待》

《教学中来点迂回战术》

《喜不自禁》

《偶遇》

《易读文章的另类教法》

《文字里的情义》

《妙语成趣话春天》

《在想象中领略文字的魅力》

《书后附文,写作起步的好例子》

《解读,正在进行着》

我与学生

《不敢生病》

《一只牵我衣角的小手,一颗找回自信的童心》

《我们是"清洁工"》

《我与学生同写》

《打开眼界看到自己》

《意外,意外》

《我们的"鹰"老大》

《理解,拾回学生的自信》

《选择》

《雾里看"花"》

《走进心灵的另一选择》

《调整》

《让学生学会守信》

我与家长

《诚心，搭建与家长沟通交流的桥梁》

《我"留级"了》（发表文章名称更换为《接手新班之后》）

我与同行

《语文课上的数学等式》

《声音的魅力》

思考教育

《作文课是应一时之需吗》

《学生也是一个可以利用的教学资源》

《入境悟诗情》

《"兴"起"乐"动"志"于学》

《一次校外行为引发的思考》

《给要求换件"外衣"》

《微讲堂大声读》

《浅谈一年级的创新"作文"教学》

《我对"幸福"四追问》

《教学语文园地，关键要有训练意识》

《形式和内容》

《真心、智心、平常心》

《让课堂自然些》

《博弈》

《好书伴我成长》

《小学语文学期的三个层次研究》

青春，因你而绚丽

从1999年7月大学毕业至今，我一直就职于南山区后海小学，不短不长的20个春秋里，我在工作中留下了什么？是否有值得纪念的？我是一个工作中善于思考的人，日常会习惯性地"敲击"一些工作随想。只是我太随性了，写完了也不是非常在意其价值，更没有用心保留。当决定将20年间的工作随笔结集成书时，才发觉寻找文稿的艰辛。从2018年7月25日开始，我于无数个U盘、QQ空间、个人公众号、电脑、手机、iPad等工具上尽可能地搜集自己的随笔，到8月8日，初见格局。结果远远超出预期，我以为不过十三四万字，没想到越找越多，初步计算竟超出20万，尽管还没有囊括所有，可足够成书了。更叫我意料不到的是最后统计的字数竟超过40万，最终因排版要求保留到20万字以内。这些文字汇集了我整整20年的青春，我的坚守和我的忠诚都在其间。20年，只与一所小学结缘；20年，只与教育休戚与共。在一篇篇文章中寻找自己：我都做了什么？是怎么做的？又做得怎么样呢？

始终没有忘记我的教育初心只有一个，那就是"不误人子弟"。一入教坛，减负增效的教改春风猛烈地刮过来。"要做教育家，不做教书匠"是时代对老师们提出的要求。我要怎么办到？要具有匠人精神，以教育家的情怀去实现教育理想，就必须"内修功力"！要虚心好学，既深研教材，又聆听学生。从当老师的第一天开始，我就思考不止、笔耕不辍，所以稿件中最多的就是我和文本、我和学生的故事。从这些故事里不难看出，后海小学真是个优质平台，我在此期间非常感恩并珍惜一切机会去实践、思考、创新、展示，更多地反思和批判自己，一步步把自己变成一位不误人子弟的人民教师、合格的人民教师、骨干教师……

　　都说"助人者自助"，在专业成长的道路上，我受惠于多少大师、专家、领导、同行和家长，甚至于我的学生。常怀感恩心，总有回馈时。同事要赛课了，要参加班主任技能大赛了，我都会毫不保留地奉献我的所学所知；来校参观考察学习的同行，随时可以推开我的门走入我的课堂听课交流……在这样的过程中，我也在提升实力。还记得2007年，北京师范大学博士赵明仁老师因要完成香港中文大学的研究课题，在我校蹲点进行田野调查，就曾建议我将教学随笔整理出书，并极力举荐。受其鼓舞，我做了第一次文稿整理，也为我找文章提供了便利。"行是知之始，知是行之成。"在教育界，同行绝对不是冤家，而是"三人行，必有我师焉"的帮助者！

　　用我们的专业知识影响家长，言传身教，那么家庭教育就会与学校教育相得益彰，各放异彩，让"每一个孩子精彩绽放"！

　　教育从来不能关起门来做，需要用包容和开放的心态去为人服务。还记得2009年4月，我们受邀给香港圣公会静山小学送课，并就深圳、香港两地的语文教学进行交流。在那里，我开始清醒地意识到，我们的教育更需要尊重！教育不能保守，但需要冷静，不思进取从来是没有出路的，它需要与时俱进，需要不断学习提高。一次次交流学习总会触发我的教育神经，让我从不停歇。不守底线从来没有发展，遵循教育规律做教育就是在各种思潮中必须要掌好的舵！这些年，看到的、听到的与自己实践相结合的文章也不少了，它们就是我的"思考教育"和"创新教育"。

　　教育有沃土，求是奋进，追寻理想，或独立前行，或结伴而至。20年，自信踏实，青春阳光，我不误人子弟，足矣！

管　丽

2018年8月8日匆笔